"十三五"国家重点出版物出版规划项目
高等教育网络空间安全规划教材

电子政务理论与工程实践

李建华　伍　军　主编
唐俊华　张全海　参编

机械工业出版社

本书从电子政务的基本概念开始讲解，通过国内外电子政务的应用实例、现存安全问题以及展望，系统地介绍了电子政务目前在全球的发展水平以及现存问题。全书共 8 章，包括电子政务概述、电子政务的体系结构、电子政务基础设施平台、电子政务的应用系统、电子政务的安全保障建设、电子政务标准化建设、电子政务系统工程的运行与管理以及电子政务的服务体系。每章均配有思考题，以指导读者进行深入学习。

本书既可作为高等院校信息安全类、电子信息类、计算机类等相关专业的教材，也可供从事电子政务以及相关工作的人员参考和使用。

本书配有授课电子课件，需要的教师可登录 www.cmpedu.com 免费注册，审核通过后下载，或联系编辑索取（微信：15910938545，电话：010-88379739）。

图书在版编目（CIP）数据

电子政务理论与工程实践/李建华，伍军主编 .—北京：机械工业出版社，2021.6

"十三五"国家重点出版物出版规划项目　高等教育网络空间安全规划教材

ISBN 978-7-111-68415-2

Ⅰ.①电…　Ⅱ.①李…②伍…　Ⅲ.①电子政务-高等学校-教材　Ⅳ.①D035-39

中国版本图书馆 CIP 数据核字（2021）第 107860 号

机械工业出版社（北京市百万庄大街 22 号　邮政编码 100037）
策划编辑：郝建伟　　责任编辑：郝建伟　陈崇昱
责任校对：张艳霞　　责任印制：单爱军
北京虎彩文化传播有限公司印刷

2021 年 6 月第 1 版·第 1 次印刷
184mm×260mm · 12.5 印张 · 307 千字
0001-1500 册
标准书号：ISBN 978-7-111-68415-2
定价：55.00 元

电话服务　　　　　　　　　　　网络服务
客服电话：010-88361066　　　机 工 官 网：www.cmpbook.com
　　　　　010-88379833　　　机 工 官 博：weibo.com/cmp1952
　　　　　010-68326294　　　金 书 网：www.golden-book.com
封底无防伪标均为盗版　　　　　机工教育服务网：www.cmpedu.com

高等教育网络空间安全规划教材
编委会成员名单

名誉主任 沈昌祥 中国工程院院士

主　　任 李建华 上海交通大学

副 主 任（以姓氏拼音为序）

　　　　　　崔　勇　清华大学
　　　　　　王　军　中国信息安全测评中心
　　　　　　吴礼发　解放军陆军工程大学
　　　　　　郑崇辉　国家保密教育培训基地
　　　　　　朱建明　中央财经大学

委　　员（以姓氏拼音为序）

　　　　　　陈　波　南京师范大学
　　　　　　贾铁军　上海电机学院
　　　　　　李　剑　北京邮电大学
　　　　　　梁亚声　31003 部队
　　　　　　刘海波　哈尔滨工程大学
　　　　　　牛少彰　北京邮电大学
　　　　　　潘柱廷　永信至诚科技股份有限公司
　　　　　　彭　澎　教育部教育管理信息中心
　　　　　　沈苏彬　南京邮电大学
　　　　　　王相林　杭州电子科技大学
　　　　　　王孝忠　公安部国家专业技术人员继续教育基地
　　　　　　王秀利　中央财经大学
　　　　　　伍　军　上海交通大学
　　　　　　杨　珉　复旦大学
　　　　　　俞承杭　浙江传媒学院
　　　　　　张　蕾　北京建筑大学

秘 书 长 胡毓坚 机械工业出版社

前　言

在当今世界，随着各种多媒体技术与网络的高速发展，人们可以通过更快速、更方便、更安全的方式进行沟通交流。信息通信的便利得益于微电子技术、计算机技术、IT、互联网及电子商务的发展，如果政府部门全面实行政务电子化，无疑会使社会生产力在信息时代中焕发新的活力。随着改革的深入，越来越多的公民、法人和其他组织迫切希望在网上获取政府信息，享受政府提供的服务。一方面，政府享有得天独厚的信息优势来进行内部信息交流；另一方面，政府也对全社会负有及时提供和发布信息的重要责任。因此，如何运用互联网技术构建电子政府，实践电子政务，以电子化、自动化的手段提高行政效能和行政管理水平，从而更科学、更有效地为企业、公众、社会和整体经济服务，已成为各国政府越来越紧迫的一项工作。

电子政务是一种国家机关在政务活动中全新的管理模式。在这种模式中，政府机构全面应用现代信息技术、网络技术以及办公自动化技术等进行办公、管理和为社会提供公共服务。电子政务体系必须满足以下4个条件：借助于电子信息和数字网络技术，离不开信息基础设施和相关软件技术的发展；处理的是与政府有关的公开事务，除了包括政府部门的行政事务以外，还包括立法、司法部门以及其他一些公共组织的管理事务等；不是简单地将传统的政府管理事务原封不动地搬到网络上，而是对其进行组织结构的重组和业务流程的再造；在电子政务系统信息畅通的基础上，有效阻止非法访问和攻击对系统的破坏，合理地解决网络开放性与安全性之间的矛盾。

对于从事电子政务相关工作的人员，除了要了解目前电子政务的发展现状和技术之外，还需要系统地掌握电子政务的理论与工程实践情况。本书系统地叙述了电子政务的框架以及涉及的新兴技术，并以具体实例进行说明。本书是一本系统化、全面化介绍电子政务的书籍，可以使读者认识电子政务的重要性及其内涵，掌握电子政务体系的基础知识，了解电子政务未来的发展方向，指导从事电子政务相关工作的人员更好地实现电子政务体系。

本书第1章介绍了电子政务的内涵以及现状，充分阐述了电子政务的重要性与紧迫性；第2章从电子政务的总体要求、体系结构和技术框架3个方面叙述了电子政务的体系结构；第3章介绍了电子政务基础设施平台，包括网络设施、数据平台、应用支撑平台和移动办公平台；第4章介绍了电子政务中涉及的不同功能和服务的应用系统；第5章介绍了电子政务的安全保障体系与技术；第6章介绍了电子政务的标准化体系结构，包括网络系统、应用系统、安全保障和管理系统等方面；第7章介绍了电子政务系统工程的运行与管理；第8章介绍了电子政务服务系统的框架和实现。每章均配有思考题，指导读者进行深入学习。

本书由上海交通大学李建华教授、伍军教授主编，李建华教授主持制定了编写大纲，并对全书进行统稿和修改。此外，唐俊华、张全海参与了本书编写工作，李佳纳、冯心政、叶天鹏、韩为祎、何珊、林庚申等也为本书的顺利出版做了很多工作。最后，还要感谢上海交通大学给予的大力支持和帮助。

由于编者知识水平有限，书中难免存在不妥之处，恳请广大读者给予批评指正，并提出宝贵意见。

编　者

目 录

前言
第1章 电子政务概述 1
1.1 电子政务的概念与内涵 1
1.1.1 电子政务的兴起背景 1
1.1.2 电子政务的定义 2
1.1.3 电子政务与电子政府的区别与联系 3
1.1.4 电子政务的主要内容 3
1.2 国外电子政务 4
1.2.1 国外电子政务发展历程 4
1.2.2 国外电子政务发展状况 7
1.3 我国电子政务 11
1.3.1 我国电子政务发展历程 11
1.3.2 我国电子政务发展新趋势 13
1.4 新时代电子政务中的网络安全 14
1.4.1 网络安全问题 14
1.4.2 我国电子政务安全现状 15
1.5 我国电子政务发展目标 15
1.5.1 目标 15
1.5.2 阶段成果 15
1.5.3 展望 17
1.6 小结 17
1.7 思考题 17
1.8 参考文献 18
第2章 电子政务的体系结构 19
2.1 电子政务建设的总体要求 19
2.1.1 指导思想 19
2.1.2 实施原则 20
2.2 电子政务系统的体系结构 21
2.2.1 功能定位 21
2.2.2 系统体系结构 22
2.2.3 电子政务外网 26
2.2.4 电子政务内网 31
2.2.5 电子政务信息资源库 37
2.3 电子政务的技术框架 40
2.3.1 逻辑模型 40

  2.3.2 基础设施建设 ··· 42
  2.3.3 电子政务顶层设计 ·· 43
 2.4 小结 ·· 46
 2.5 思考题 ·· 46
 2.6 参考文献 ··· 47

第3章 电子政务基础设施平台 ··· 48
 3.1 电子政务的网络设施 ·· 48
  3.1.1 电子政务的网络设施概述 ··· 48
  3.1.2 电子政务的网络结构设计 ··· 49
  3.1.3 电子政务的网络接口设计原则 ··· 51
  3.1.4 电子政务的网络管理平台建设 ··· 52
  3.1.5 电子政务的网络设施建设模式 ··· 54
  3.1.6 电子政务的网络设施建设中的关键技术 ····································· 55
 3.2 电子政务的数据平台 ·· 64
  3.2.1 数据平台的相关概念和理论 ··· 64
  3.2.2 数据平台的设计 ··· 66
  3.2.3 数据平台的数据交换 ·· 70
 3.3 电子政务的应用支撑平台 ·· 71
  3.3.1 应用支撑平台的关键技术 ··· 72
  3.3.2 安全 Web 门户 ··· 73
  3.3.3 工作流管理服务 ··· 73
  3.3.4 内容管理服务 ··· 74
  3.3.5 可信消息服务 ··· 74
  3.3.6 统一后台管理 ··· 75
 3.4 电子政务的移动办公平台 ·· 75
  3.4.1 移动电子邮件 ··· 75
  3.4.2 移动 OA ··· 76
  3.4.3 社交网络平台 ··· 76
 3.5 案例分析 ·· 77
 3.6 小结 ·· 78
 3.7 思考题 ·· 78
 3.8 参考文献 ··· 78

第4章 电子政务的应用系统 ··· 80
 4.1 电子政务的应用系统概述 ·· 80
 4.2 办公自动化 ·· 80
  4.2.1 办公自动化介绍 ··· 80
  4.2.2 办公自动化技术的三个层次 ··· 81
  4.2.3 办公自动化的意义 ·· 83
  4.2.4 办公自动化程度和自动化方法 ··· 84
 4.3 一站式服务 ·· 84

- 4.4 门户网站 ·········· 85
- 4.5 知识管理 ·········· 86
- 4.6 协同政务 ·········· 87
  - 4.6.1 协同政务的出现 ·········· 87
  - 4.6.2 协同政务的应用 ·········· 88
- 4.7 信息资源服务 ·········· 89
- 4.8 基于人工智能的政务决策支持 ·········· 92
  - 4.8.1 决策支持系统概述 ·········· 92
  - 4.8.2 人工智能的定义 ·········· 93
  - 4.8.3 智能决策支持系统概述 ·········· 94
  - 4.8.4 智能决策支持系统的未来发展方向 ·········· 94
  - 4.8.5 电子政务中的智能技术 ·········· 95
  - 4.8.6 决策支持系统在电子政务中的应用 ·········· 96
- 4.9 小结 ·········· 97
- 4.10 思考题 ·········· 97
- 4.11 参考文献 ·········· 98

第5章 电子政务的安全保障建设 ·········· 99

- 5.1 电子政务的安全保障体系概述 ·········· 99
  - 5.1.1 信息安全与电子政务安全的发展历史 ·········· 99
  - 5.1.2 电子政务的安全目标 ·········· 100
  - 5.1.3 电子政务安全隐患及安全保障的意义 ·········· 101
  - 5.1.4 电子政务的安全保障体系结构 ·········· 102
  - 5.1.5 电子政务的安全保障发展趋势 ·········· 103
- 5.2 电子政务的安全保障体系 ·········· 105
  - 5.2.1 物理安全 ·········· 105
  - 5.2.2 网络安全 ·········· 106
  - 5.2.3 主机安全 ·········· 107
  - 5.2.4 应用安全 ·········· 108
- 5.3 电子政务用户管理技术 ·········· 108
- 5.4 电子政务信任体系建设 ·········· 109
- 5.5 电子政务的主要安全技术 ·········· 112
  - 5.5.1 电子政务的病毒防范技术 ·········· 112
  - 5.5.2 电子政务的安全管理技术 ·········· 113
  - 5.5.3 电子政务的安全风险分析与评估技术 ·········· 116
  - 5.5.4 应急响应和事故恢复技术 ·········· 118
  - 5.5.5 电子政务的内容监控技术 ·········· 118
  - 5.5.6 无线网络安全技术 ·········· 121
- 5.6 安全保护机制2.0下信息安全的新技术 ·········· 122
- 5.7 典型安全系统举例 ·········· 124
  - 5.7.1 系统结构与技术框架 ·········· 125

    5.7.2 网络安全技术方案 ············ 127
    5.7.3 系统分析总结 ················ 129
 5.8 小结 ···························· 130
 5.9 思考题 ·························· 130
 5.10 参考文献 ······················ 130

第6章 电子政务标准化建设 ············ 132
 6.1 电子政务标准化概述 ·············· 132
    6.1.1 电子政务标准化的必要性 ······ 132
    6.1.2 国外电子政务标准化现状 ······ 132
    6.1.3 我国电子政务标准化现状 ······ 133
 6.2 电子政务标准体系 ················ 135
    6.2.1 电子政务标准体系概述 ········ 135
    6.2.2 电子政务标准的层次结构模型 ·· 137
 6.3 我国电子政务标准化举措 ·········· 137
    6.3.1 整体规划 ···················· 137
    6.3.2 我国电子政务标准化建设 ······ 138
    6.3.3 完善相关法律法规 ············ 138
    6.3.4 电子政务网络系统标准 ········ 139
 6.4 电子政务应用系统标准 ············ 140
    6.4.1 应用标准 ···················· 140
    6.4.2 应用支撑标准 ················ 141
    6.4.3 应用标准发展趋势 ············ 142
 6.5 电子政务安全保障标准 ············ 143
 6.6 电子政务管理标准 ················ 144
 6.7 电子政务外网技术规范 ············ 145
    6.7.1 国家政务外网总体框架 ········ 145
    6.7.2 电子政务外网组网基本原则 ···· 146
    6.7.3 电子政务外网设备选型原则 ···· 146
    6.7.4 电子政务外网功能要求 ········ 147
 6.8 电子政务内网设计规范 ············ 147
 6.9 电子政务标准化的展望 ············ 149
 6.10 小结 ··························· 151
 6.11 思考题 ························· 151
 6.12 参考文献 ······················· 152

第7章 电子政务系统工程的运行与管理 ·· 153
 7.1 我国电子政务建设现状 ············ 153
 7.2 电子政务系统工程准备阶段 ········ 154
    7.2.1 管理体制建设 ················ 154
    7.2.2 战略规划 ···················· 157
 7.3 电子政务系统工程启动 ············ 159

  7.3.1 识别潜在工程 ··· 159
  7.3.2 工程选择 ··· 159
 7.4 电子政务系统工程采购 ·· 160
  7.4.1 招标采购 ··· 160
  7.4.2 PPP 采购 ··· 160
 7.5 电子政务系统工程实施 ·· 161
  7.5.1 电子政务系统软件设计开发 ··· 161
  7.5.2 系统集成 ··· 163
 7.6 电子政务系统后评价 ·· 164
  7.6.1 系统后评价的目标 ··· 164
  7.6.2 系统后评价的参加者 ·· 165
  7.6.3 系统后评价的过程与内容 ·· 165
  7.6.4 系统评价指标的选择 ·· 166
 7.7 电子政务系统运营管理与维护完善阶段 ··· 168
  7.7.1 系统维护概述 ··· 168
  7.7.2 系统维护的对象与类型 ··· 169
  7.7.3 电子政务系统的可维护性 ·· 169
  7.7.4 系统维护的计划与控制 ··· 169
 7.8 电子政务系统的工程建设监理 ·· 171
  7.8.1 电子政务系统工程建设监理的基本框架 ······································· 171
  7.8.2 电子政务工程建设监理各阶段的监理内容 ··································· 172
  7.8.3 电子政务工程建设监理的依据 ··· 178
 7.9 小结 ··· 179
 7.10 思考题 ·· 180
 7.11 参考文献 ··· 180

第8章 电子政务的服务体系 ··· 182
 8.1 电子政务服务体系的框架 ·· 182
 8.2 面向服务的电子政务体系实现 ·· 184
  8.2.1 面向服务的电子政务体系结构建模与规划 ··································· 184
  8.2.2 电子政务服务体系的实施 ·· 186
  8.2.3 服务安全性考虑 ·· 187
  8.2.4 服务性能监管、评估与验证 ·· 188
 8.3 小结 ··· 189
 8.4 思考题 ·· 189
 8.5 参考文献 ··· 189

第1章 电子政务概述

随着高新电子技术的快速发展,电子政务已经成为提高政府工作水平的有效手段。本章主要从电子政务的产生、兴起背景、发展现状、安全现状及其发展目标等角度进行介绍。本章内容是学习本书后续内容的必要准备。

1.1 电子政务的概念与内涵

当前,信息技术使人们可以更快速、方便、安全地进行沟通交流,加速了人类社会各个层面信息要素的流通,并驱动了人类生活、生产、管理形态的创新发展。这对于政府而言,既是机遇,也是挑战。如何利用新技术提高政府自身的服务质量、办事效率,进而推进政府的廉政建设和行政监管,是值得深入研究的课题。在此背景下,电子政务应运而生。电子政务(Electronic Government)是指在国家机关政务活动中,应用先进的信息技术,如云计算、大数据、人工智能等,推动高效、智能、安全的办公和管理,并为"社会–信息"跨域资源系统提供一种高效便捷的全新管理模式和架构。

国内外通过新技术的应用来推进政府自身电子政务的普及与建设,并取得了许多重大成果。这些成果标志着在新时代,新型电子政务的应用和发展满足时代的需求。实际上,各国政府都通过应用新技术来深度发展和革新电子政务,提高政府的治理水平,从而稳定推进整个国家或地区的快速发展。

与此同时,电子政务已经逐渐成为世界各国政府行政管理改革的主要方向,各国政府都将建立政府网站、提供网络服务作为提高行政管理效率、加强政府、企业与公民联系的有效手段。无论是从范围还是从质量来看,电子政务所提供的服务都得到了极大的丰富与提高。在此背景下,一种新的、虚拟的政府政务形式正在出现,驱动现有的管理方式飞速发展[1]。

1.1.1 电子政务的兴起背景

电子政务的广泛兴起源于20世纪50年代,它是在现代信息技术的发展和广泛应用驱动下诞生的。到20世纪90年代,以互联网为首的信息技术革命席卷全球,这使得各类信息的传播、收集、整理、加工和分析变得更为便利,政府、企业⊖及公民之间的相对距离缩短了,管理主体和客体之间的信息沟通和反馈变得更高效了。同时,信息技术也提高了公民和社会在信息和知识方面的占有量。此后,各国政府就开启了政务信息化的进程。办公自动化(OA)被首先提出并得以应用。办公自动化是使用计算机技术和现代通信技术,将部分办公活动从人转移到自动化的办公设备上,从而提高办公效率,改进办公质量,改善办公环境,以实现办公活动的科学化和自动化。然而,办公自动化处理也带来了新的问题,即信息化的数据究竟该如何

⊖ 提及的企业不够全面,在国内应为企事业单位、民间组织和公益机构,在国外应为企业、民间组织和公益机构。——编辑注

加工和应用。于是，政务信息化过渡到了政府管理信息系统（MIS）时代。政府管理信息系统的目标是帮助政府制定政策和进行决策，履行政府的管理职能，从整体上提高政府公务活动的效率[2-3]。

自我国加入世界贸易组织（WTO）后，我国对于推进电子政务发展的要求显得更加迫切。为了保证贸易竞争的公平、公正、公开，WTO要求各成员政务活动的公开化，即除涉及自身安全及商业机密等不宜披露的信息之外，其决策和行政行为都应当以适当的渠道和途径告知国际社会。同时，WTO多边贸易体系要求建立开放的贸易体制，要求各成员提供准确的信息资料、充分的法律规章和透明的规则程序。WTO许多协议的条款明确规定了各成员的行为，必须遵守的时间期限等。这些都对我国各级政府的运行效率提出了明确的标准，需要我国各级政府和部门提高整体效能，建立协调高效的政府运行机制。推进电子政务的建设，将是提高我国各级政府管理水平、运行效率的有效手段。

经过几十年来在网络建设方面的发展，我国各级政府网站发展的非常迅猛，但是个别网站依然存在"重网络、轻内容、轻服务"的现象，甚至有的单位或部门网站的内容长期不更新，更别说通过网站服务民众了。而且现在还存在的一个问题，就是各单位或部门各自建设自己的系统，不少单位拥有多个系统，而这些系统之间因标准不一，资源无法共享，造成了较大的浪费。这就需要推动国家统一的电子政务系统的建设。

综上所述，电子政务的推进既是信息时代进一步发展的切实需要，也是国家提高竞争力的重要途径。

1.1.2 电子政务的定义

电子政务的概念于1993年出现在美国，时任美国副总统的艾伯特·戈尔受克林顿总统的委托，负责调研如何重塑美国政府形象，如何将克林顿所领导的美国政府建设成为一个利用信息技术来提高政务处理的有效性、效率和劳动生产率的政府。根据这一改革目标，戈尔领导的"国家绩效评审委员会"经过广泛的调研和经验总结，制定了一系列改革措施，这一系列的改革取得了十分明显的效果。四年间，克林顿政府减少了24万政府员工，关闭了2000多间政府办公室，减少了1180亿美元的政府开支，同时确立了3000多条新的居民和企业服务标准，作废了16000多页过时的行政规章，简化了31000多页各种规定。这一改革被命名为Electronic Government，美国政府将其视为政府改革的一个重要方向。通过这一次政府改革，美国联邦政府在成本和运行方面都得到了优化，这引起了世界各国政府的重视和效仿。而随着电子政务在各国的大力推广，电子政务概念的内涵和外延逐渐清晰。

作为电子政务的倡导者，美国政府认为电子政务为提高对公众信息传递的质量提供了更多机会。作为一种卓有成效的战略，它使得联邦政府管理发生巨大的变化，其典型内容包括：简化了对公众的服务传递，消除了政府管理中的层次性，简化了各政府结构间的事务处理流程，通过整合集成、消除冗余系统达到了降低成本的目的。

与此同时，联合国关于"电子政务"概念的定义是：政府通过信息通信技术手段的密集性和战略性应用组织公共管理的方式，旨在提高效率、增强政府的透明度、改善财政状况、改进公共政策的质量和决策的科学性，提高公共服务的质量，赢得广泛的社会参与度。世界银行认为电子政务主要关注的是政府机构使用信息技术（如互联网和移动计算），赋予政府部门独特的能力，转变其与公民、企业、政府部门之间的关系。

综合以上的几个定义来看，可以发现对电子政务的定义有如下共同点。

1）电子政务需要以信息通信技术为基础，借助以互联网为主的信息通信平台和相关软件技术，同时根据需求铺设合适的内部局域网、外部局域网、公用通信系统以及专用线路等。在电子政务中，政务信息化更需要从互联网和全球化的大环境来研究和建设，而不仅仅是考虑政府各部门的局域网内通信的问题，这更是需要成熟的且系统化的信息技术的支持。

2）电子政务是"电子"与"政务"的有机融合，"政务"是根本，"电子"是手段。电子政务借助的是现代信息通信技术，处理的对象是与政府有关的公开事务，这其中包括政府机构内部的行政事务，以及其他一些公共组织的管理事务。

3）电子政务并不是简单地将传统的政府管理事务直接搬到网络上，而是要对政府和部门进行组织结构重组和业务流程再造，从而提高政府与公民的交互效率，加强管理效能。

因此，电子政务实际上是利用信息通信技术，实现政府的组织结构和运行流程的优化，解决政府部门之间的时间和空间的分隔限制，使更多的公众更加容易获得政府提供的服务和政府发布的相关信息，提高政府的效率和效能，向公众提供优质且全面的、规范且透明的管理和服务。

1.1.3 电子政务与电子政府的区别与联系

在提到"电子政务"这一概念时，另一个概念——"电子政府"也常常被提及。电子政府常常被误认为就是电子政务。电子政务作为一个新生事物和一个新的研究领域，首先就概念本身而言，仍然存在不同的说法。从根本上讲，电子政务与电子政府的差异，在很大程度是由于对 Electronic Government 这个英文名词的中文翻译的差异，其从中文直译是"电子政府"的意思。当然这样的直译是容易造成各种误解的，在很多研究者的早期课题中，两者仅仅是翻译名称上的差异而已，对两者的本质和内涵的把握基本一致，并没有根本性的区别[4]。

那为什么在统一了 Electronic Government 的翻译后，电子政府的概念仍然屡见不鲜？其实这里的电子政府和电子政务并不是对等的概念。电子政府，是一种全新的政府管理形态，是一个理想化的目标，即一种以信息和技术为依托，以实现完善的政府服务为目标的"虚拟政府"。而电子政务，则是一个动态的过程，是实体政府利用信息和技术以提高政府效率的一种方式。从长远的角度来看，电子政务是电子政府发展的一个重要阶段；而电子政府，则是电子政务发展的长期目标。可以说，电子政务是架构在现实政府与未来政府之间的一座桥梁。由此可见，电子政务与电子政府之间有密切的联系，但绝不对等。但从根本上来说，电子政务和电子政府都意味着在信息时代，政府行政和管理的信息化、数字化和电子化，促进了政府体制结构与功能、方式的极大创新和改造，这对于推动政府内部实现网络化办公，为实现建成一个体系完整、结构合理、互联互通的电子政务网络体系，最终实现政务系统共建共享信息资源库和政府的信息化发展，具有重要而深远的意义。电子政府包含着电子政务，也代表着电子政务的发展方向或目标。因而，从电子政府实现的角度考察当代的电子政务建设，有利于明确电子政务发展的未来目标，有利于引导电子政务的理性发展。

1.1.4 电子政务的主要内容

电子政务的内容十分广泛，从电子政务服务的对象来看，电子政务可以分为3个部分：政府对企业的电子政务（Government to Business，简称 G2B）、政府对公民的电子政务（Government to Citizen，简称 G2C）、政府间电子政务（Government to Government，简称 G2G）。它们之间的关系如图 1-1 所示。

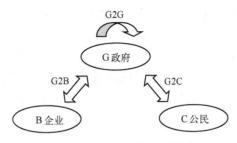

图 1-1 电子政务的主要内容

1) 政府对公民的电子政务（G2C），是指政府部门通过电子网络系统向公民提供一站式网上获取信息的渠道以及其他各种服务。通过 G2C 能够提高政府政务活动的透明度，有利于促进公民的民主参与和有效监督。G2C 的应用使公民在网站上拥有如下便利：向政府机构提问并等待相关部门的答复；向政府申报所得税，缴纳税金；交通管理服务（包括更新驾驶执照、变更驾驶员注册地址、预约汽车尾气排放检测和预约驾照考试等）；教育培训服务（新驾驶员交通法规培训、就业培训等）；公共信息服务（帮助公民增加就业机会、提供旅游和娱乐信息、提供健康和安全问题方面的咨询意见等）；社会保障体系服务（查看养老、失业、医疗等保险账户明细，办理保险理赔适应）等。

2) 政府对企业的电子政务（G2B），是指政府部门利用电子网络系统进行电子采购和招标，精简全程的业务和监管流程，提高办事效率，降低成本。对于企业而言，G2B 的电子平台提供了一个更加公开、公平和便捷的信息发布和互动平台，降低了企业负担和风险。G2B 的业务包括电子采购和招标、电子税务、电子证照管理、政府剩余资产拍卖等。例如，美国总务管理局利用在线网站拍卖政府部门多余的资产，包括汽车、地产等。

3) 政府间的电子政务（G2G），包括内部电子政务和外部电子政务两大类。其中内部电子政务涉及本政府的电子信息、电子公文、电子财务、电子劳保福利、电子后勤等方面；外部电子政务主要是涉及不同的政府或组织机构之间（如上下级政府间、不同地方政府间、同一政府的不同部门间）的活动，旨在打破政府各部门之间的封闭状态，加强政府内部信息的流通和运转，实现各级政府之间的信息共享和实时通信，提高政府的整体效率和效益。例如，G2G 的应用有美国的 Intelink，即美国不同的情报机构利用内部网（Intranet）传递并共享机密信息；美国总务管理局通过互联网统计不同政府部门的采购需求的数量、总额；另外，电子法规政策系统、电子公文系统、电子司法档案系统、电子财务管理系统等 G2G 应用能够帮助政府的不同部门间有效地进行沟通。

1.2 国外电子政务

1.2.1 国外电子政务发展历程

电子政务于 20 世纪 90 年代登上了历史舞台，通过几十年的发展，电子政务从一个概念成为世界各国致力发展的对象。回顾电子政务的发展历程，可以将其分为 4 个阶段：办公信息化基础建设阶段、"政府在线"（网络平台）阶段、整合转型阶段、智慧政府阶段。

1. 办公信息化基础建设阶段

20 世纪 90 年代中期，信息技术革命席卷社会的各个领域，政府机构也面临着各方面的压力。电子政务最初是作为一个面向未来的概念被美国国家领导人所提出的。早期的探索者在实践中对电子政务的先决条件达成了共识：最低限度的技术基础设施、人力资源和网络连接。因此在这一阶段中，主要的任务就是对未来会涉及电子政务的人员，进行最基本的，甚至是扫盲性质的计算机与互联网培训，并给他们配备连接互联网的计算机。于是每个国家都能以不同的方面作为侧重点，为电子政务的开展打下基础。

在这一时期内，加拿大政府就在其政府网站上发起了"连接加拿大人"的活动倡议，向公民、社区和学校推广互联网。而位于北欧地区的芬兰、瑞典、挪威和丹麦则投入重金，打造出让公民负担得起的宽带和无线互联网接入。这样的投入和努力不仅大大提高了整个地区的竞争力和凝聚力，也使公民拥有了一个广阔的上网平台，从而催生了对电子政务的强烈需求。在宽带上投入巨资的还有韩国，韩国政府不仅在政府内部推行数字化改革，同样也在全国铺设数字基础设施。据资料统计，截至2004年，有27%的韩国人上网，这一数字使韩国成为当时世界上上网人口比例最高的国家。

不可否认的是，基础设施构建阶段需要投入大量的财力物力。因此对于一些经济并不十分发达的国家和一些新兴的工业化国家而言，政府领导人的一贯承诺和长期耕耘也至关重要。以欧洲的爱沙尼亚为例，在这个仅有140万人口的国家，政府将电子政务作为国家整体公共行动和民主制度建设的重要组成部分，坚持长期投入，而全国上下也共同努力。爱沙尼亚在2004年之前就有占总数76%的税务通过网上进行申报，并首次试验了全国性电子投票。正是这样长期的投入，使其电子政务水平在全世界范围内名列前茅，高于法国、意大利和西班牙等欧洲传统强国。而沙特阿拉伯王国在经历了20世纪90年代末的政治动荡后，在全国范围内，长期致力于互联网基础设施的投资，并开展IT培训。IT在沙特的众多领域都得到了应用，提高了诸如金融、工业、商业、教育和卫生保健等领域的生产力。而在南非，该国政府在建设经济的同时，架设了最先进的数字基础设施，以政府之力，促进网络在南非的发展。

这第一阶段的电子政务建设主要包括两个方面：第一，政府领导人以及重要的相关负责人都有建设电子政务的远见和构想；第二，全面实现这一构想，不仅包括政府公共部门的互联网基础设施的建设，而且要制定政策并投入资源，使国家作为一个整体（包括私营业界和民间社团），变得更加紧密，使每个公民都掌握IT的基础知识。

2. "政府在线"（网络平台）阶段

随着大规模信息基础设施建设的初步完成，各国接入互联网的成本也开始大幅下降。另一方面，随着计算机的普及，各国都拥有了大量能够熟练操作计算机、管理互联网的人力资源，于是各国都雄心勃勃地提出了"电子政府"的战略构想，计划把政府部门部分甚至全部搬上网，利用便捷而低廉的互联网，既能降低政府管理成本，又能更好地为公民服务。

加拿大"政府在线"于1999年成立伊始，就提出了"加拿大政府要做使用信息技术和互联网的模范，计划到2004年实现政府信息和服务全部上网"的目标。加拿大政府设想："到2004年，我们的目标是让全世界都知道加拿大政府与其公民的联系是最紧密的，加拿大人民无论何时何地都可以了解到有关政府的信息并能接受政府提供的服务。"2000年9月，德国总理施罗德发布了"联邦在线2005电子政务工程规划"（以下简称"联邦在线2005"），要求联邦政府到2005年将所有可以在网上提供的服务在线提供。"联邦在线2005"是欧洲规模最大的电子政务行动计划，于2001年开始实施。1997年，澳大利亚总理霍华德在《投资以促进增长》政策声明中提出"到2001年底，联邦政府要将适合上网的服务全部搬上网"的目标。到2001年底，澳大利亚联邦政府已经可以通过互联网为公众提供一切适当的服务，在网上可获取的政府服务和信息资源超过1600项。日本政府于2000年3月正式启动了"电子政务工程"。具体落实措施是：实现行政内部电子化；官民接触的界面在线化；利用网络发布公告，传递行政信息；支持地方行政机构的信息化建设；改革行政管理和行政制度；重新修改政府采购制度等。按照该项工程的计划，日本政府会在2005年前使政府各部门的主要业务全部通过互联网进行，全面进入网上办公阶段。

发展中国家由于其经济基础较弱，人口教育和信息化水平偏低，构建"政府在线"就更加需要因地制宜的发展策略和模式，在这方面印度做出了有益的尝试。印度于1999年11月启动了名为"Gyandoot"的电子政务计划，该计划主要服务于Dhar地区的农村与部落。很多当地重要的人口信息如收入、阶层、籍贯、土地所有权、债权等都被存入计算机，实现计算机化管理。"Gyandoot"计划将地区首府与21个独立运营的信息中心连接起来，这些信息中心多设在村镇中心人们常走的路旁，进出都非常方便。农民花很少的费用和时间就能查询到市场的农产品价格，获取各种证明材料，向地区高层管理人员反映情况、申诉问题等。这些信息中心不但配备了专职操作员帮助不识字的农民使用系统，更是有专人负责对农民在系统中申诉的问题予以回复。

可以看到，在这一阶段中，各国政府的领导人都提出了各自的"政府在线"计划。公民能够通过互联网平台与政府部门"亲密接触"，政府竖立起全新的形象，电子政务也迈出了坚实的一步。

3. 整合转型阶段

"政府在线"的蜜月期过后，烦恼也随之而来。对公众而言，一个政府门户网站的确提供了一个全新的、统一的平台，使服务内容和政务信息一目了然。但是，在访问者真正打开了"政府在线"提供的链接，想通过各个直属部门的网页在网上办理业务时，却发现各个部门的网站之间互不相连。一个需要几个部门审核的业务，可能需要访问者反复在几个部门的网站间寻觅，这与当时构想中"以公民为中心""一站式服务"的服务目标还有一段不小的距离。而站在政府的立场而言，众所周知，之所以"政府在线"会受到各国政府的竞相追捧，其中一条重要的原因就是电子政务作为全新的政务方式，预期能够为各国政府有效降低行政开销。经过"政府在线"一段时间的运转，事实上降低了某些部门的政务成本，然而与在工程启动时的巨额投入相比，"政府在线"所降低的行政开销却微乎其微。

政府的各个部门虽然都按时推出了各自的网站，也将各自的政务放在网上，实现了网上办公。然而这种简单的"政府上网"的举措，带来的是政府各部门电子政务的重复建设和资源的大量浪费。而整个部门间没有统一的接口，造成相互资源的共享困难。而这种各自为政的状况，就造成了公众在政务网站间徘徊的问题。于是，各国政府纷纷提出了自己的解决之道。

如日本IT战略本部制定了《2006年以后的布局》。在这项计划中，日本政府提出，建立效率高的、简化的政府，彻底解决业务处理程序的重复问题，利用统一的电子系统对各个行政机关的部门业务、类似业务进行一元化、集中化的处理，将模式化的行政业务交给性能永远处于最佳状态的电子系统，提高行政经费的利用率，通过人力、物力资源的有效组合，精简行政，使行政合理化，实现预算效率高的、简化的政府。无独有偶，澳大利亚政府也提出了类似的以电子政务推动政府行政改革的构想。2006年3月，澳大利亚联邦政府的信息管理办公室发布了《2006—2010年澳大利亚电子政务战略——建设一个反应灵敏的政府》，旨在进一步提高澳大利亚联邦政府的电子化服务水平，并建成积极响应的政府。澳大利亚联邦政府相信，"关联的电子政务"在2010年会成为现实，到2010年，能够在政府服务流程中更多地融入互联网、电子以及基本语音服务。澳大利亚联邦政府计划，到2010年要取消50%的表格以方便公众。为了实现这一目标，不同政府部门所使用的各种表格之间要实现信息共享，从而尽可能地减少公民需要输入的信息。《2006—2010年澳大利亚电子政务战略》指出，无论是使用电话，还是借助互联网或者其他渠道，政府展现在公民面前的应该是一个统一的形象。2006年，新加坡政府公布了新的电子政务计划——"iGov2010"。"iGov2010"是新加坡政府的5年行动计划，是新加坡"智慧国2015计划"（iN2015）的重要组成部分，旨在利用信息通信技术继续深入服务新加坡民众。新加坡政府为"iGov2010"行动计划投资了20亿新元，该计划包括3个重要项目：移动政府（Mobile Government，M-Government）项目、新加坡政府组织架构（SGEA）和特别编制标识（UEI）。在电子政务"整合"方面，英国政府走在了前列。英国的"电子政府"战略构架中提出的首要问题就是要建立"以公众为中心的政府"，它贯穿了英国政府电子政务建设的始终。2006年，英国政府在"整合"的基础上更进一步，发布了题为《以技术推动政府变革》的电子政务新战略，提出了"变革型政府"的理念，它包含三层含义：按需设计、共享文化和专业化。"按需设计"是指深化对用户需求的理解和认识，并寻找现代化的服务渠道，积极促进渠道间的融合与切换。"共享文化"是指通过资源再利用和投资共享的方式推行服务共享，在政府中形成服务共享文化。"专业化"是指加强政府的专业化水平，包括领导和治理、项目管理等方面。

不难发现，在这一阶段，各国政府纷纷将"整合""共享""变革"作为新电子政务的关键词，电子政务从此也迈上了新的台阶。

4. 智慧政府阶段

互联网时代，大量来自公民、企业和政府的数据不断涌现，对行政决策和公共服务需求的及时性的要求不断提高。这使政府事务变得更加复杂，在以"体验"为服务和管理的基础上，要逐步转移到用"数据"说话，政府的各项决策需要通过大量的数据来支撑[5-6]。在这样的背景下，政府需要提高智能水平来处理日益复杂的政府事务，这就是提出"智慧政府"概念的由来。"智慧政府"是电子政务发展的高级阶段，随着更多的信息技术的涌现和高速发展，这些技术也逐渐以各种形式融入电子政务中。

近年来，随着物联网、大数据、云计算、移动互联网、Web3.0、语义网络等技术的不断发展和应用，政府公共服务变得更加智慧、效率更高、管理更透明，并且呈现出简便、透明、自治、移动、实时、智能和无缝对接等特征的智慧政府（Smart Government）公共服务范式。

可以说，智慧政府是政务信息化发展的新模式，是电子政务的更高级体现。它对政务信息化建设提出了新的更高的要求，也为政务信息化的发展明确了方向。

1.2.2 国外电子政务发展状况

经过近几年的发展，全球的电子政务正在逐步走向成熟，围绕电子政务的各种创新不断涌现，为未来的数字化政府打下了坚实的基础，尽管其中还存在着各种各样的问题。从目前的发展情况来看，各国的电子政务表现出如下的特点。

第一，总的来看，全球电子政务的发展很不平衡，国与国之间的差距非常明显，国际"数字鸿沟"正在日益扩大。2002年5月，联合国公共经济与公共管理局与美国公共管理学会联合发表了一份报告（《Benchmarking E-government: A Global Perspective》），对联合国190个成员国的电子政务建设情况进行了调查研究与分析比较。该报告将各国电子政务的网站建设划分为起步阶段、提高阶段、交互阶段、在线事务处理阶段以及无缝链接5个阶段。据该报告的分析，处于起步阶段的国家，主要是那些经济比较落后的发展中国家，这些国家占样本国家的一半以上；而处于在线事务处理阶段的高度发展的国家，则主要是那些经济发达的国家。因此，南北差距在电子政务领域又得到了进一步的体现。值得注意的是，我国的"电子政务指数"仍然较低，这表明我国的电子政务建设仍然任重道远[7]。

第二，从电子政务高度发展的国家来看，不同级别的政府机构在开展电子政务方面也存在着差异，即"级别鸿沟"：政府级别越高，所开展的电子政务也就越成熟；政府级别越低，所开展的电子政务也就越不成熟。

第三，为社会提供良好的服务成为各国电子政务发展的基本点。为企业和公民提供全天候的服务成为各国政府开展电子政务的目标。例如，美国政府提出了"以公民为中心、面向结果、基于市场"的三大指导原则；英国政府在各种政策文件中都将"建立'以公众为中心'的政府"作为电子政务建设的指导思想，通过发展电子政务而使英国成为世界上开展电子商务的最佳场所之一。

第四，国际电子政务发展的一个最新趋势就是，在一些电子政务高度发展的国家，政府门户网站开始作为唯一的提供政府服务的电子政务网站。电子政务的发展正在走出相互独立、单独发展的路子，一些国家开始在一个统一的政府网站下，将比较分散的各类政府网站综合到一个协调一致的目录下，根据特定用户群的需求开发一系列集成的政府服务项目。这方面比较典型的例子有"美国第一政府"网站和"英国在线"网站。

电子政务的建设通常分为政务内网建设、政务外网建设及电子政务信息资源库建设。政务内网主要是各级行政管理部门的内部办公网；政务外网主要是本部门、本行业的业务办公网；信息资源库是指分布在政务内网、外网上的信息资源库。在电子政务建设方面，国外一些发达国家的经验值得我国学习和借鉴。

1. 美国

美国是发展电子政务较早的国家，也是电子政务最发达的国家之一。1993年，克林顿政府就把构建"电子政府"作为政府改革的一个重要方向，并指出政府应利用先进的信息网络技术提高管理和服务方面的效能。1994年，美国的"政府信息技术服务小组"强调：利用信息技术协助政府与公众间的互动，建立以公众为导向的电子政府，为公众提供更多获取政府服务的机会与渠道。1995年，克林顿签署了《文牍精简法》，要求各部门呈交的文件、表格等必须使用电子方式。1996年，美国政府提出了"重塑政府计划"，要求联邦政府最迟在2003年全部实现上网。2000年9月，美国政府开通了"第一政府"网站（www.firstgov.gov），主要是用来加快政府对公民需要的反馈速度，减少中间的工作环节，让公众能更快捷、更方便地了解政府，并且还可以实现竞标合同、申请贷款及网上交易等多项服务。2002年2月，小布什总统签署了《2002年电子政务法》，进一步推动了电子政务的发展，对后期的电子政务建设的诸多方面进行了详细规定。其牵涉面广，但出发点是强调政府如何"以公民为中心"来传递政府服务。2003年制定了细化的电子政务战略，主要包括：方便公民与联邦政府实现互动；提高政府工作效率，改善其绩效；提高政府对公民的反馈能力。2005年，提出了七个方面促进美国电子政务全面公开。2009年，美国总统奥巴马提出了基于透明、参与、协作原则的开放政府战略，更加强调政府信息公开、数据开放以及社交媒体与公共服务众包等一系列开放式创新发展策略。美国联邦总务署（General Services Administration，GSA）创设的国家数据门户网站（www.data.gov）成为全球第一个国家级数据门户网站。"We the people"请愿平台、Apps.gov网站成为在线公共服务的重要渠道。2012年5月，美国联邦政府发布了《数字政府战略》，旨在构建21世纪优质公共服务平台，为美国公民提供整体性数字服务，其服务包括数字信息发布、跨平台交易服务、在线服务申请以及依托网站、移动App、社交网络等渠道的电子服务。通过信息系统、信息技术和数字化工具的应用，创新公共服务供给方式和政府信息获取渠道，以实现更加广泛的民主参与和社会协作，促使公共行政更有效率。自美国联邦政府2011年2月发布《联邦政府云战略》以来，云计算开始全面应用于联邦各级政府。2011年2月，美国总统奥巴马发布《联邦云计算战略》，目的是通过云计算解决联邦政府电子政务基础设施利用率低、系统重复建设严重及建设周期过长等问题，以提高政府的公信力。2012年起，美国联邦政府开始大批量采购云计算服务。智慧政府作为电子政务的高级阶段，成为美国联邦政府提高政府服务能力的建设目标。

2. 德国

欧洲各国在电子政务的发展方面也不甘示弱，制定了信息社会的行动纲领，以及本国的信息行动计划和电子政务规划。德国电子政务由德国内政部下设的"首席信息化官员办公室"负责全国信息技术领域的综合协调。2000年，德国总理施罗德发布了"联邦在线2005计划"，其目标是使联邦政府的所有政务实现网上办公，以便公民、企业及其他管理机构能方便快捷和有效地获取联邦政府的各种服务。2001年11月，德国联邦政府为所有的公共服务制订了政府公共服务实施计划。2002年6月，德国联邦政府试运行政府网上采购平台，同时提出了"全体上网"的十点赶超计划。德国联邦政府于2010年发布了信息和通信技术（Information and Communication Technology，ICT）战略，云计算是战略的核心内容。德国希望促进云计算服务发展，并尽快让中小企业和公共部门从中受益。此外，德国还发布了云计算行动计划，具体讨论如何面对云计算将要带来的挑战等问题。

3. 英国

英国政府先后发布了《政府现代化》白皮书、《21世纪政府电子政务》《电子政务协同框架》等政策，到2008年，英国会全面实现政府电子服务的目标。

2016年全球电子政务排名中，前10名中，欧洲国家占据6席，其中英国居于全球第一。2012年，英国成功建立了云商店，并采用预付费模式提供基础设施、软件、平台和专业服务。英国提出"数字政府即平台"，即政府提供共性服务的跨部门通用平台，部门和民众可以在这些应用和服务的基础上开发附加应用；云侧提供"政府云"，计划将几百个数据中心整合至10~12个；管侧建立公共部门安全网络（PSN），类似政务外网，政府网关通过数字认证的方式实现与外网、互联网数据的交换；端侧推行政务App、在线政务应用程序商店、财政部采购相关应用程序，同时推进公共桌面服务。在数据开放方面，英国采用开放数据五星评价体系，其重点不在数据条目数量，而是聚焦开放数据的质量，加强开放数据质量评价体系。政府网站以CSV、WMS、XLS、PDF、HTML、XML等10余种文件格式开放数据。截至2015年9月底，政府网站发布了健康与社保、经济、人口、人力、环境、教育、交通、住房等领域的1350个公共部门机构的26412个数据集。2012~2015年，数据集的月浏览量增长了161%，数据集的月下载量则增长了383%。

4. 瑞典

瑞典政府通过颁布政策文件和健全法律体系为电子政务的建设提供保障。瑞典政府在电子政务的建设过程中，及时修正电子政务建设中存在的问题，实时根据电子政务的发展状况调整政策和规划。瑞典政府高度重视立法工作，其法律体系完善，覆盖了包括信息公开、个人信息保护、电子签名、电子通信、电子采购等多个领域。2008年，地方政府和金融市场部部长

Mats Odell 宣布《电子政务行动计划》正式启动。该计划强调了瑞典在 2010 年以前应该重点发展电子政务的领域，明确了负责的政府部门，指出了地方议会以及当地政府之间合作的必要性。其最主要的目标是确保在 2010 年以前使瑞典重新获得在电子政务领域的领先地位。随着现代化技术的应用，瑞典政府计划建立一个能同时满足普通市民和企业需求的公共管理体系，政府还提出了压缩 25%行政管理成本的目标。此前瑞典颁布的《24 小时公共管理战略》，实现了单个政府机构电子政务的高质量快速发展，然而在该政策的执行中，由于瑞典的公务机构数量众多，且这些公务机构都有一定的决策权限，从而导致公务机构之间横向协调不足，进而在电子政务领域出现了低效率的情况。2009 年 10 月 19 日，瑞典电子政务代表团发布了一份名为《电子政务领域中有关公务机构工作的战略安排》的报告，报告列出了一些应该在 2014 年之前采取的行动，瑞典电子政务代表团认为这些行动应作为电子政务发展的核心要素。报告在提高瑞典公共机构效率和利用电子政务进行创新方面，提出如下建议：电子识别方面，首先在政府服务领域创造一个单一而且标准化的电子识别解决方案，最终将该解决方案推广到私人部门；在电子识别芯片和公共部门的电子数据交换领域进行立法；启动网络论坛，使得公民和企业有机会参与电子政务的形成过程；要求公务机关迅速有效地开展电子政务服务；完善相关立法以推动电子签名和电子服务的应用；建立更加清晰的电子政务管理和资金使用制度等。

5. 新加坡

新加坡是全世界最早推行"政务信息化"的国家之一，也是全球公认的电子政务发展水平较高的国家。新加坡从 1981 年就开始发展电子政务，并于 1986 年开始推行"国家 IT 计划"，目的是引进先进的网络技术，以加强国家行政部门的计算机化，力争向公众提供一站式、快速便捷的集成式服务。1992 年，新加坡政府发布"IT2000——智慧岛计划"，目的是使新加坡成为全球性的 IT 中心。1996 年，新加坡建设了覆盖全国的高速宽带多媒体网络"Singapore ONE"，并于 1998 年投入全面运行，"Singapore ONE"为企业和普通百姓提供了高速、交互式多媒体网上信息服务，在随后的几年，经过不断改进，"Singapore ONE"的网络服务功能更加强大。1997 年，新加坡政府又提出了一个"25%行动"，即在 5 年内应该可以为公众提供通过电话、电视、计算机等电子方式处理 1/4 的政府事务的服务。1999 年，新加坡政府开始实施一项新的计划——Infocomm21（面向 21 世纪的信息与通信技术计划），这个计划的核心是：大力实施电子政务，推进政府公共部门充分运用信息与通信技术（ICT）以更好地为公众服务。目前，新加坡的政府机构已全部上网，电子政务的发达程度已备受众人瞩目[8]。2014 年 3 月，新加坡资讯通信发展管理局推出"资讯媒体总体规划 2025"（Infocomm Media Masterplan 2025），该规划的主要目标是将新加坡政府建设成为智慧政府，使新加坡成为全球领先的电子政务技术使用者和倡导者，通过有效的安全措施保护个人的隐私和交易，促使企业提高生产率和收入，帮助政府利用数据更好地分析城市问题，从而制定更适当的政策。近年来，新加坡提出从机制、架构、云这三方面来共同保障和实现一站式和不间断的在线服务。在组织机制方面，采用一部一局四委员会机制，资讯通信发展管理局（IDA）有 600 余人派驻政府各部门担任首席信息官，跨部门协同由委员会讨论决定。总体架构方面，包括业务架构（找到交叉业务）、信息架构（找到共用的数据元素标准）、应用架构（找到可以共享的系统和服务的组件）、技术架构（包括开发步骤、模板、最佳实践）4 个方面。

6. 韩国

2014 年 6 月 25 日，在联合国经济和社会事务部每两年发布一次的全球各国电子政务排名中，韩国从 2010 年以来已连续三次位列榜首。1978 年，韩国政府开始逐步推进人事、工资、年金管理等各种统计的电算化。1979年，韩国制定了《关于行政业务电算化的规定》。1986年，韩国制定了《普及和促进利用网络法》。1987年，韩国在国防、行政、金融、教育研究和警察这五大重点领域，开始进行第一次国家骨干网建设，以提高行政工作效率，并为发展信息产业打下基础。1991年底，居民、房地产、雇佣、通关、汽车和经济统计六大优先业务都实现了在线服务。1992年，韩国开展了二次国家骨干网的建设。到1996年底，韩国在国税管理、护照管理、土地管理等11个重点业务上实现了在线管理。通过这两次国家骨干网的建设，韩国基本实现了政府行政电算化网络管理。1999年3月，韩国政府出台"CyberKorea21"计划，旨在通过开展行政业务的信息化来提高政府的工作效率和服务水平。同年，韩国为消除不同地区、不同人群以及不同阶层在信息技术应用方面的"数字鸿沟"，开展了信息化普及教育的"全国信息化教育计划"。2001年1月，韩国政府发表《关于建设基于知识的信息社会的韩国》的国家发展远景报告，并成立了电子政务专门委员会，以积极听取民间意见，加速电子政务的实现。同年2月，韩国国会通过了《关于实现电子政府和促进行政业务电子化的法律》。2002年4月，韩国政府提出了"e-Korea Vision 2006"建设目标，即"通过信息化建设，显著提高政府工作效率；通过迅速准确的公民服务、在线定制型服务和行政公开，在为公民创造参政议政的前提下，制定和执行政府决策"。2006年，韩国完成了行政机关网页构建、行政机关电子批示系统、电子文件传输等电子政务建设，政府门户网站提供多达500多个可在线执行的服务。韩国政府的其他部门网站也开始提供网上交税、律师考试结果查询、寻找朝鲜失散亲属等大量的在线服务。继政府1.0版（单纯提供信息）和2.0版（限制性的公开和参与）后，韩国政府又提出了实现政府3.0版的目标。政府3.0版是通过移动技术和大数据来为国民提供差异化一对多的行政服务，使社会民主化得到进一步的提高。韩国政府表示，政府3.0时代不仅意味着政府信息的公开，更意味着政府工作从过去以国家为中心的工作方式向以国民为本的工作理念的全面转型。

1.3 我国电子政务

1.3.1 我国电子政务发展历程

我国电子政务的萌芽同样开始于20世纪80年代末的办公自动化，政府机关内部掀起了学习计算机的热潮。但由于当时计算机价格不菲，在政府部门中的普及率比较低，加上当时的计算机在易用性上也不尽如人意，因此，办公自动化没有发挥出能"部分代替公务人员，实现办公自动化理想"的作用。但是无论如何，这个阶段都为我国电子政务的发展奠定了良好的基础。

1993年末，国务院批准成立了国家经济信息化联席会议，确立了"实施信息化工程，以信息化带动产业发展"的指导思想，正式启动了"三金工程"，即金桥工程、金关工程和金卡工程。金桥工程，即国家公用经济信息通信网工程，它与原邮电部通信干线及各部门已有的专用通信网相连，打破了网络孤岛，建成了覆盖全国的中速信息通信网。金关工程，即通过海关、外贸、外汇管理和税务等政府部门的联网，实现企业与政府主管部门在出口退税、进出口配额及许可证管理、收汇和结汇、进出口统计等业务上的电子沟通。金卡工程，主要利用邮电和金融系统现有的网络资源，借助"金桥"网为金融系统推行信用卡和现金卡，为商贸、旅游等行业提供新型的电子支付服务。"三金工程"作为国家整体信息工程的一部分，为国家信息化建设打下了坚实的基础,对国家电子政务的发展起到了直接的推动作用。

1999年1月,"政府上网工程启动大会"在北京举办,倡议发起了"政府上网工程",拉开了"政府上网年"的序幕。该工程的主要目的是推动各级政府部门通过网络向社会提供各种公共信息资源,并应用网络逐步完善政府的相关职能。从1998年4月青岛市政府建立国内第一个政府网站至今,据不完全统计,各级政府注册的"gov.cn"的域名已经超过了10000个。"政府上网工程"开启了我国电子政务发展实质上的第一步。

2000年,国务院办公厅在阐述政务信息化建设目标时,提出了"三网一库"的概念。"三网一库"分别指:政府机关内部办公业务网(简称政务内网);国务院办公厅与各地区、各部门连接的办公业务资源网(简称政务专网);以互联网为依托的政府公众信息网(简称政务外网);政府系统共建共享的电子政务信息资源库。

其中政务内网是各个行政机关内部的行政办公局域网,其上分别运行决策指挥、宏观调控、行政执行、应急指挥、监督检查、信息查询等各类相对独立的电子政务应用系统;政务专网承载着政府系统共建共享的政务信息资源库,通过连接各部门、各地方的内网,形成覆盖从国务院到各部门、各地方的政务资源网络,为政府运转提供最主要的信息服务和业务协同支撑环境;政务外网建立在公共通信平台之上,通过应用支撑平台与公共互联网络实现接口,并与其他政府部门的外网实现安全的互联和信息交换。而"一库"则包括了党务、政务和行业部门业务数据的电子政务资源数据,如国家的政策法规,工商、税务和海关等部门的业务管理信息或数据等。

2002年,是我国电子政务大发展的一年。在这一年里,我国对电子政务的重要性有了进一步认识,电子政务建设被提高到一个前所未有的高度。这一年,政府上网再掀高潮,一些地区、部门在信息化建设方面取得显著成效。2002年,也是政务信息化逐渐由概念变成现实、由争论转入实施、由含混转为清晰、由被动转为主动的一年,2002年7月3日,国家信息化领导小组召开第二次会议,明确了"十五"期间我国电子政务的目标以及发展战略框架,将政务信息化建设纳入一个全新的整体规划、整体发展阶段。会议审议通过了《国民经济和社会发展第十个五年计划信息化重点专项规划》和《国家信息化领导小组关于我国电子政务建设指导意见》。其中《国家信息化领导小组关于我国电子政务建设指导意见》以"中办〔2002〕17号"文件下发,17号文件是我国电子政务建设的纲领性文件,在这个文件的指导下,我国各级政府围绕"两网四库十二金"的发展重点有序展开电子政务的建设。

2006年1月1日零时,中国政府网(www.gov.cn)的开通吸引了世界的目光,中央人民政府门户网站是我国各级政府在互联网上发布政务信息和提供在线服务的综合平台,网站设置了政务信息区、办事服务区、互动交流区和应用功能区等区域。网站分为中文简体、中文繁体和英文版,中文版的网站开设了"今日中国、中国概况、国家机构、政府机构、法律法规、政务公开、政务互动、工作动态、政府建设、人事任免、新闻发布、网上服务"共12个一级栏目。"网上服务"栏目链接了48个政府部门,整合了各大政府部门网站的信息资源,打开栏目首页时,网民便可以找到每个部门的地址、电话、网址,并即刻办理部分"网上业务"。

2008年,国务院信息化工作办公室并入工业和信息化部,与电子政务相关职能被合并到了工信部信息化推进司。在工信部信息化推进司的电子政务处的积极努力下,2011年9月,全国政务公开领导小组发布了《关于开展依托电子政务平台加强县级政府政务公开和政务服务试点工作的意见》,积极在全国开展试点工作,为电子政务的全面铺设奠定基础,积累经验。同年12月,工信部发布了《国家电子政务"十二五"规划》,指出国家电子政务发展面临新的环境和要求，正处于转变发展方式、深化应用和突出成效的关键转型期；强调统筹规划，顶层设计，政务与技术深度融合，深化应用；以服务社会公众为中心，解决重大问题和突出矛盾，加快服务向基层延伸，使电子政务惠及全民，要充分发挥电子政务应用成效。

2013年2月，为适应云计算的发展形势，工信部信息化推进司印发了《基于云计算的电子政务公共平台顶层设计指南》，提出要推动云计算在电子政务中的应用，要创建新的技术体系来减少重复浪费，避免信息孤岛并提高基础设施资源利用率。

2014年2月，中央网络安全和信息化领导小组宣告成立，负责全国网络安全和信息化推进工作，领导小组下设办公室，具体负责事务推进。此后，与电子政务统筹推进的相关职能从工信部信息化推进司划拨到中央网信办信息化发展局，全国电子政务的发展和推进进入到一个新的时期。

"十三五"时期，信息化与电子政务呈现深度融合、普惠包容、重视安全、活跃创新、促进转型五大发展趋势。未来电子政务的发展重点是整合协同、优化服务、数据开放、社会参与。

2016年围绕深化"放管服"改革、大数据应用、"互联网+公共服务"等重大任务推进，我国电子政务"十三五"的开局良好。统一的国家政务网络框架初步形成，网络覆盖面大幅提高。在中央层面，各部门核心业务信息化覆盖率稳步提升，并逐步实现全业务、全流程、全覆盖。在地方层面，地方各级政府部门核心业务信息化覆盖率逐步提升，应用不断深化，有效支撑了各地政府部门履职。《"十三五"国家信息化规划》明确了"打破信息壁垒和孤岛，实现各部门业务系统互联互通和信息跨部门跨层级共享共用，公共数据资源开放共享体系基本建立，面向企业和公民的一体化公共服务体系基本建成"的电子政务建设目标，提出了统筹发展电子政务，支持善治高效的国家治理体系构建的建设任务，并列出了应用基础设施建设、数据资源共享开放、"互联网+政务服务"等优先行动计划，为"十三五"期间我国电子政务的发展指明了目标和方向。"十三五"期间，我国电子政务的建设应按照"五位一体"总体布局和"四个全面"战略布局，牢固树立创新、协调、绿色、开放、共享的五大发展理念，完善顶层设计，健全涵盖规划、建设、应用、管理、评价的全流程五位一体的电子政务推进机制，着力解决"老三难"等突出问题和发展短板，确立一批以跨部门、跨区域、跨层级应用为代表的重大电子政务工程，强化协同共享和互联互通，实现整合、协同、集约发展[9]。

1.3.2 我国电子政务发展新趋势

一个可喜的变化是，"以服务为中心，以技术为依托"已在我国目前的电子政务建设中得到越来越多的体现。目前，我国政务信息系统建设已经覆盖了税务、海关、农业、银行、公安和社会保障等关系国计民生的重要领域，不仅协助政府部门履行经济调节、市场监管、社会管理等职能，更是为发挥公共服务职能提供了重要的技术支撑。这种转型和拓展在目前的全球金融危机所引发的严峻经济形势下也凸现出强大的生命力。如2004年开通的上海研发公共服务平台已成为中小企业创新发展的推进器，不少中小企业通过该平台租赁仪器设备，聘请专业技术团队，弥补了自身的资金、设备仪器、人才等多方面的短缺，为中小企业的发展注入了活力，同时，该平台也使拥有先进设备仪器和人才优势的高校及科研院所发挥了更高、更广泛的社会积极影响，这样双赢甚至多赢的合作在其他的政务公共服务平台上也屡见不鲜。以电子政务为基础的政府服务于民、服务于企业的模式也已初步显现。

近几年在电子政务的建设管理方面，我国也取得了许多创新成果，其中尤以以下四方面最为突出。第一，各建设单位十分重视，把电子政务作为一把手工程，这对加大业务部门和建设部门的协调力度、强化业务应用的先导性、确保资源的优化配置等发挥了巨大作用。同时，各项目建设单位也初步形成了层次化和规范化的工程建设管理制度，形成了一系列工程管理规范和技术标准，保障了工程建设的质量和顺利实施。第二，各部门在建设电子政务工程时，注重发展模式上的创新，包括运行与维护模式的探索、国产设备的应用和工程建设的管理等方面。例如，中国储备棉管理有限公司建设的国家棉花市场监测系统，在管理上采用商业化的服务外包模式，既弥补了自身技术力量的不足，又降低了运行维护的成本。而文化部和扶贫办在运行与维护模式上进行了大胆探索，利用电子政务外网平台的资源托管数据，既避免了数据管理设备场地的重复建设，又得到了专业化的运维保障服务。第三，电子政务建设的制度规范逐步建立，加强了项目的申报审批、工程建设、资金管理、监督检查，以及验收评价等环节的管理，保证电子政务工程质量，有效控制建设规模，并提高投资效益。第四，电子政务的评价标准在改变。以前，评价一个地方政府的门户网站是用"浏览量""点击率""信息更新速度"等形象化的指标来衡量；如今，对政府门户网站的评价则更多地用便民服务的种类、居民应用情况、应急能力、防灾能力等来衡量。

国家要求建立基于互联网的、为社会公众提供一体化公共服务的在线政府，要求着力改善政府管理过程中信息资源难以互联互通的问题，实现从以"平台政府、信息政府"为核心的政府2.0向以"数据开放，交互服务"为理念的政府3.0的转变。电子政务作为"互联网+"技术的优先覆盖领域，不仅创新了政府便民利民的工作方式，而且优化了行政资源，提高了行政效率，为我国传统的行政服务模式注入了新的活力。新时期的电子政务将与"互联网+"技术实现更为创新与具有突破性的结合，赋予电子政务发展更为全新的内涵，推进"互联网+公共服务"，促进部门间信息共享，对深化简政放权、放管结合、优化服务改革起到重要推动作用。

积极使用"互联网+"新技术，将会是我国继续推进电子政务的重要主题。

1.4 新时代电子政务中的网络安全

1.4.1 网络安全问题

在新型电子政务中，网络安全尤为重要，也是很多技术投入应用所要面对的重大课题。电子政务涉及对国家秘密信息和高敏感度核心政务的保护，涉及维护公共秩序和行政监管的准确实施，涉及为社会提供公共服务的质量保证。电子政务是各国政府有效决策、管理、服务的重要手段，必然会遇到各种敌对势力、恐怖集团、不法分子的破坏和攻击。尤其电子政务是搭建在基于互联网技术的网络平台上，包括政务内网、政务外网和互联网，而互联网是一个无行政主管的全球网络，自身缺少设防，其安全隐患较多，对互联网犯罪尚缺乏足够的法律威慑，大量的跨国网络犯罪给执法带来很大的难度，所以不法分子就有机会利用互联网进行犯罪，这使基于互联网开展的电子政务应用面临着严峻的挑战[11]。

对电子政务的安全威胁，包括网上黑客入侵和犯罪、网上病毒泛滥和蔓延、信息间谍的潜入和窃密、网络恐怖集团的攻击和破坏、内部人员的违规和违法操作、网络系统的脆弱和瘫痪、信息产品的失控等，应引起足够警惕，及时采取安全措施以应对各种挑战[12]。

1.4.2 我国电子政务安全现状

在我国电子政务建设的过程中，构建电子政务的大量基础设备仍然需要从国外进口，这些设备的核心——芯片、系统内核、逻辑编程都掌握在国外制造商的手中。同时还有其他的安全问题需要关注，我们应当深刻认识到我国的电子政务在不断发展完善的同时，仍然存在着潜在的安全问题。

对于电子政务存在的安全问题应当建立正确的认识，不管是花费大的代价购买高级的信息安全设备，还是建设专网限制用户的访问，都会降低电子政务的管理效率，违背建设和发展电子政务的初衷。在大数据时代，大数据技术支撑的电子政务发展方向要求加快制定大数据隐私保护和数据质量管理制度。如果在政府各部门之间没有合理的隐私保护方案，往往难以开展数据共享。然而，隐私保护的要求往往会限制数据的共享，一些地方政府不共享涉及个人隐私的信息，或者只共享有限的基础数据。为了满足个人信息保护政策的要求，政府中负责公共信息资源管理的部门往往不共享隐私数据[13]。

1.5 我国电子政务发展目标

1.5.1 目标

我国的电子政务建设应当加强对网络安全和信息化方面重大战略、重大问题、重大议题的统筹协调，强化顶层设计，协同开展好网络安全和信息化工作，提高网络安全保障能力，健全电子政务工作协调推进制度。

未来，我国电子政务建设应着眼于进一步提高党和政府的信息化水平，增强快速准确地掌握和处理信息的能力，加强适应体制和机制变革的灵活性，丰富政府的公共服务方式，强化透明监督和公众参与的手段。具体来说，应大力推动业务信息系统由独立运行向按需协同方向发展，积极促进政务信息资源由部门应用向依法公开共享方向发展，加快推进电子政务网络由部门专网向统一的国家电子政务网络方向发展。这一阶段的电子政务发展目标可以分为以下几点。

1) 形成标准统一、功能完善、安全可靠的政府信息网络平台。
2) 重点业务系统取得显著成效。
3) 基础性、战略性政务信息库建设取得重大进展。
4) 中央和地方各级政府的应急能力、管理能力、决策能力和公共服务能力得到较大的加强。
5) 与电子政务相关的法规和标准付诸实施，电子政务的体系框架初步形成。

总之，加强以政府信息能力为基础的国家信息化建设，是未来电子政务建设的重点。

1.5.2 阶段成果

目前，中国移动互联网用户规模全球第一，拥有丰富的数据资源和应用市场优势。中央高度重视大数据建设，2015 年发布的《促进大数据发展行动纲要》提出，2018 年底前建成国家政府数据统一开放平台。地方省市也针对省市的发展特点纷纷出台了相应的信息化管理办法，2016 年 1 月 15 日，贵州省通过了《贵州省大数据发展应用促进条例》，这是我国首部大数据地方法规，填补了我国大数据立法的空白，将大数据产业纳入法治轨道。

各国政府都对云计算技术保持了高度的关注，并以实际行动支持云计算技术在电子政务领域的应用，一方面希望减少在基础设施方面的投入，降低运行维护的成本；另一方面也希望云计算技术带动信息产业的整体发展，力图在新一轮的发展中继续保持领先。我国政府对于云计算的发展也采取积极的态度，大力支持云计算的发展，特别是在电子政务领域中的应用。我国政府鼓励和支持利用云计算技术构建新一代电子政务基础设施，促进政府职能的转变并改变电子政务的发展方式。

实践和研究都证明，集中统一是电子政务发展的趋势，抓住当前云计算技术发展带来的重要机遇，从电子政务公共平台顶层设计入手，指导协调电子政务建设走集约化的发展道路，是切实可行的。建设以云计算为基础的，以全方位业务协同、信息资源共享及信息安全保障为目标的新一代电子政务基础设施，已经成为当前国家以及各地方的共识。

此外，勇于利用新技术、新趋势来促进政府管理创新也成为新的突破点。在信息化时代，利用移动互联网技术、地理信息技术、虚拟现实技术、可穿戴技术、生物识别技术、区块链技术和深度学习等技术，促使政府与服务对象之间真正达到"互联"状态，让技术成为连接政府与广大民众、企业的桥梁与纽带。

《2016联合国电子政务调查报告》显示，在电子参与和在线服务方面，我国在全世界分别排名第23和第29，均处于优秀水平的第一梯队。我国电子政务经过多年的发展，已经完成了基础设施部署、网络平台开发的起始阶段，步入了加强应用、提高使用效率的深化发展阶段。民众已不满足于政府网站提供的"政府在线办公"的功能，而是在电子政务的"政民互动"与"在线服务"方面提出了更高的个性化要求。

在"政民互动"方面，政府突出强调了信息通信技术的重要性，政府普遍采取最新的移动互联网技术与新媒体传播技术，提升为民服务能力。2016年7月12日，《中国电子政务年鉴（2015）》在京发布，显示我国电子政务正在向移动端发力：政务微博形成了从中央到地方，覆盖不同级别、不同职能部门的矩阵。截至2015年6月，新浪认证的政务微博为145016个，其中政务机构官方微博108115个。此外，微信城市服务成为推进"互联网+公共服务"的主力军。截至2015年12月，14个省的72个城市已上线了微信城市服务，拥有超过3000项服务。在此基础上，还出现了政务App这一创新模式，呈现出行业化、专业化、简洁便捷化等特点。新媒体在反腐倡廉监督、执政方式转变、加强政府信息公开、促进政府与公众交流、提升政府公信力、解决民众实际问题等方面发挥着越来越重要的作用。

在"在线服务"方面，将电子商务的互联网思维深化至电子政务的"为民服务"中，不断提升在线服务能力，是下一步发展的重点。互联网思维的核心在于"用户思维"，而"互联网+政务服务"则应以公众的需求为核心。各级政府应该以方便公众办事和向公众提供更好、更便捷的服务为宗旨，实现全天候的在线办公，着力于满足用户的个性化需求。全国许多部门都基本实现了政务事项的在线办理，但是提供的服务都零散地分散在各个部门的政府网站和系统应用平台之上。政府应运用信息化手段来提升履职能力，依托互联网，将全国数以万计的服务和应用统一、规范地集中于一个网站平台上，让用户检索、商户办理更加简便高效。

政务数据的对外开放在促进城市的可持续发展方面有诸多积极影响。为了方便人们获取数据，北京、上海、重庆等城市已经建立了"data.gov.cn"网站。北京开放的政务数据涉及旅游、教育、交通、土地用途分区和医疗等几个方面。

1.5.3 展望

新时期的电子政务发展在新政策与新理念的指导下，体现出了与社会经济现状相融合的发展趋势，在节约行政资源的同时也更好地增进了民生福祉。随着生产力水平的提高与信息技术的飞速发展，新时期的电子政务发展将进一步与云计算、移动互联网、大数据、智慧经济等先进技术与先进产业紧密结合，更好地实现其服务功能。比如，云计算就具有超强的计算能力、低成本、高安全性等特性，将其应用于电子政务信息资源共享领域具有十分重要的价值和意义[14]。

要想进一步提高电子政务的服务效率，离不开不断挖掘政府部门的大数据潜能。就目前的电子政务服务状况来看，仍然存在着一系列"信息孤岛"的状况，即各部门与各部门之间、各级政府之间尚且不能实现充分的信息共享、信息交流，因而，当一些公民办理有关服务时，往往存在不便利、不快捷的情况。我国应该进一步消除这种"信息孤岛"的状况，加强有关大数据标准体系的建设，设立涵盖各个领域、不同类型，且能实现不断动态更新的数据库，从而真正实现各级信息系统的信息互联、网络互通与资源共享[15]。

互联网的发展实践证明，以物联网、云计算、智慧城市、社交网络以及移动互联网为代表的新技术、新思想的出现和普及，对于经济社会的发展有着巨大的推动作用。而将这些新技术、新思想应用到政府管理创新领域中，对提高政府决策水平、提高政府运行效率、增强政府透明度、加强政民互动、提升国家治理水平和治理能力有着重要的促进作用。因此，要建立智慧政府，必须以发展信息经济和智慧经济为突破口，大力推进智慧应用，提高科学决策、民主决策、依法决策的能力和水平，才能建成智能化、信息化、网络化的智慧城市。在智慧电子政务建设方面，积极推进政务云建设，建立综合数据库，构建政务大数据云平台，彻底打破条块分割，加快实现跨层级、跨部门的信息共享和业务协同。

1.6 小结

作为政务信息化的一项产物，电子政务为政府改变政务管理模式，提高运行效率，降低运营成本，加强与公民的互动提供了新的方法和平台。本章着重介绍了"电子政务"概念的定义，其内涵以及和"电子政府"概念的区别和联系。此外，本章也将国外发展电子政务划分为3个不同阶段，分别介绍了每个阶段的工作重心和各国政府的典型举措等。同时，本章还详细地介绍了我国在电子政务上的发展历程、已有的成果和问题，并展望了电子政务未来发展的目标和趋势，为读者全面而深入了解电子政务，把握其未来方向打下了基础。

1.7 思考题

1. 电子政务有哪些特点？
2. 发展电子政务的意义是什么？
3. 电子政务在哪些方面弥补了传统政务流程的缺陷？
4. 从国内外公共管理信息化的发展状况分析我国发展电子政务的意义是什么？
5. "三网一库"的基本框架指的是什么？
6. 我国现阶段的电子政务都有哪些特点？

7. 怎么理解电子政务的发展历程？请举例说明。
8. 目前我国电子政务的建设处在哪个阶段？为什么？有什么具体表现？
9. 电子政务的运行环境的安全问题包括哪些？
10. 如何理解电子政务的总体发展趋势？
11. 在未来的电子政务发展中，哪些技术将会成为关键？为什么？

1.8 参考文献

[1] ALHAJJ R, ROKNE J. Encyclopedia of Social Network Analysis and Mining [M]. New York：Springer, 2016.

[2] 王若钧. 浅谈电子政务产生的背景 [J]. 合作经济与科技, 2014 (14)：86-87.

[3] WALLIS J, ZHAO F. e-Government Development and Government Effectiveness：A Reciprocal Relationship [J]. International Journal of Public Administration, 2018, 41 (7)：479-491.

[4] 张晶晶. 电子政务与电子政府 [J]. 武汉市经济管理干部学院学报, 2004 (S1)：121-122.

[5] 陈守森, 邵燕, 许强, 等. 大数据背景下电子政务数据中心构建探索 [J]. 中国管理信息化, 2016, 19 (8)：150-151.

[6] 马白羽. 借力政务大数据推动智慧电子政务创新发展 [J]. 电子元器件与信息技术, 2017, 1 (02)：10-12, 51.

[7] MUÑOZ L A, BOLÍVAR M P R. Experiences of E-Government Development Implementation in Developing Countries：Challenges and Solutions [J]. International E-Government Development, 2018：3-18.

[8] KE W, WEI K K. Successful E-government in Singapore [J]. Communications of the ACM, 2004, 47 (6)：95-99.

[9] 孟昱煜. 我国电子政务现状分析及对策研究 [J]. 中国信息化, 2018 (1)：79-82.

[10] 陈波, 王浣尘. 电子政务建设与政府治理变革 [J]. 国家行政学院学报, 2002 (4)：23-25.

[11] STIBBE M. E-government security [J]. Infosecurity Today, 2005, 2 (3)：8-10.

[12] 张一平. 新时代电子政务信息安全的研究 [J]. 电脑迷, 2018 (5)：58.

[13] 陆晓燕. 电子政务信息系统的安全隐患及对策分析 [J]. 电脑迷, 2017 (12)：65.

[14] 王益民. 全球电子政务发展现状、特点趋势及对中国的启示：《2016年联合国电子政务调查报告》解读 [J]. 电子政务, 2016 (9)：62-69.

[15] 张俊武. 浅析"互联网+"时代我国电子政务发展趋势 [J]. 中国新通信, 2018, 20 (13)：134.

第 2 章 电子政务的体系结构

当前，全球信息化进入全面渗透、引领发展的新阶段，政务信息化已成为通往现代治理之路必不可少的重要依托。信息化程度的提高和各种高新技术的出现，给电子政务建设的发展带来了新的技术基础。电子政务从初步的政务信息网络平台逐步走向政务数据平台一体化的道路，且电子政务的内涵和功能也在根据时代的需要不断扩大。构建大平台共享、大数据慧治、大系统共治的顶层架构，建成全国一体化的国家大数据中心，是目前我国电子政务建设的重点工程。

本章首先阐述电子政务建设的总体要求，接着着重介绍电子政务的总体体系结构，其中子结构分成政务内网、政务外网和政务信息资源库进行具体讲解，最后介绍电子政务的总体技术框架的逻辑模型、基础设施建设和电子政务顶层设计。

2.1 电子政务建设的总体要求

2.1.1 指导思想

在不同的发展阶段，我国的电子政务建设分别有适应该阶段发展情况的指导思想。在 20 世纪 90 年代，电子政务建设主要在部分政府机构实施，利用信息技术建立了公安信息系统、数据处理系统、办公自动化系统等业务系统，"三金工程"和"政府上网"工程等为电子政务的发展打下了坚实的基础。

2001 年，国家信息化领导小组召开了第一次会议，对"十五"期间的电子政务建设提出了指导性的意见。前一阶段的电子政务建设虽然取得了较大的进步，但总体来看仍存在一些问题：网络建设缺少顶层设计规划，结构不合理；业务系统功能不完善，服务水平低，应用领域窄；信息资源共享能力差，开发利用率低；相关的法律法规匮乏，缺少统一的标准。因此，会议决定把电子政务建设作为"十五"期间我国信息化工作的重点，政府先行，带动国民经济和社会发展信息化[1]。"十一五"期间，我国在各级政府部门及政务机构开展了一系列信息化工程，"金"字工程的相关项目也有了实质性的进展，政务网站成为公民网上办事、政务信息公开的重要途径。但在政务信息化建设中仍然存在一些问题，包括公共服务相关的信息化系统建设不完善，信息共享、业务协同等能力需进一步提高，网络安全和信息安全形势严峻等。

为了适应全面建设小康社会、深化改革开放的发展要求，国家信息化领导小组编制了《"十二五"国家政务信息化工程建设规划》，为"十二五"期间国家政务信息化工程建设的推进提供了重要指导。规划指出，我国在"十二五"期间进行电子政务建设的指导思想是："以邓小平理论和'三个代表'重要思想为指导，深入贯彻落实科学发展观，围绕'十二五'期间国民经济和社会发展的主要任务，以促进转变经济发展方式、提升治国理政能力为宗旨，以推动经济社会各领域信息化、保障和改善民生、维护经济社会安全为目标，加快推进国家政务信息化工程建设。要加强顶层设计，坚持需求主导，强化信息共享、业务协同和互联互通，突出建设效能，有效提高公共服务水平，强化国家网络与信息安全保障，推进国家信息化建设步伐，促进经济平稳较快发展和社会和谐稳定"[2]。

经过"十一五"的全面建设和"十二五"的转型发展，我国的电子政务建设基本实现了政府部门的办公自动化、重点业务信息化、政府网站普及化，颁布实施了信息共享、绩效评估等创新性制度和办法，改善了各部门之间系统分割、资源分散的局面。随着时代的发展，政务信息化建设面临着聚焦"放管服"改革创新、纵横联动协同治理、"互联网+政务服务"、促进创新创业等新任务。在《中华人民共和国国民经济和社会发展第十三个五年规划纲要》《国家信息化发展战略纲要》《"十三五"国家信息化规划》等一系列相关文件的指导下，国家发展改革委员会印发了《"十三五"国家政务信息化工程建设规划》，规划提出"十三五"期间我国电子政务建设的指导思想是："紧紧围绕'五位一体'总体布局和'四个全面'战略布局，坚持把推进国家治理体系和治理能力现代化作为政务信息化工作的总目标，大力加强统筹整合和共享共用，统筹构建一体整合大平台、共享共用大数据、协同联动大系统，推进解决互联互通难、信息共享难、业务协同难的问题，将'大平台、大数据、大系统'作为较长一个时期指导我国政务信息化建设的发展蓝图，构建一体化政务治理体系，促进治理机制协调化和治理手段高效化，形成部门联动的协同治理新局面，为全面建成小康社会奠定坚实基础"[3]。

总体来说，我国的电子政务建设作为国家发展战略的重要组成部分，在发展过程中始终紧密结合国民经济增长和社会发展的需要，紧跟时代进步的潮流，坚持以人民群众的利益为核心，积极吸收和利用前沿技术和方法，逐步发展为结构合理、功能完善、信息共享的统一的政务信息化体系。预计"十四五"时期，电子政务将进入"数据赋能、协同联动、服务优化、安全可控"的新阶段。

2.1.2 实施原则

电子政务系统建设要遵守以下原则：重点打破传统政务信息化工程建设的思维惯性，积极从动力、机制、重心、模式等方面对发展方向进行转变，推进政务信息化的集约高效、创新发展[3]。首先，要坚持创新思维、实现动力转变，强化对技术供给侧的创新，实现发展动力从传统的项目驱动转变为创新驱动；其次，要坚持开放思维、强化机制转变，大力支持对服务外包、委托代建、BOT、以租代建等新模式的发展，实现发展机制从以政府投资为主转变为政府和社会投资双轮驱动；再次，要坚持服务思维、实现重心转变，以公众的实际需求为导向，推动"互联网+政务服务"的平台建设，实现发展重心从以行政办公需求为主转变为以服务公众需求为主；最后，要坚持系统思维、加快模式转变，推动建设流程的整合和建设资源的共享，提高政务工作的协调联动能力，实现发展模式从分散建设转变为共建共享。此外，规划还对电子政务建设提出了以下保障措施：统筹政务信息化工程建设，形成国家统筹、部际协调、部门统一的政务信息化工作局面；强化工程全生命周期管理；推进公共基础设施统筹，促进对各部门存量资源的整合利用；完善政务信息化发展环境，推动相关立法工作，加强人才队伍培养；筑牢网络信息安全防线，严格落实等级保护和分级保护制度，明确安全责任边界，全面推进安全可靠产品及国产密码的施行，提高自主保障能力。

经历了几十年的发展，我国的电子政务建设已成为国家信息化建设体系的核心。电子政务治理体系和治理能力现代化建设将推动我国网信事业的发展，电子政务的政府和社会资本合作（Public-Private Partnership，PPP）将构建电子政务社会化运行的新模式，一体化"互联网+政务服务"平台将成为电子政务发展的新趋势[4]。

2.2 电子政务系统的体系结构

2.2.1 功能定位

电子政务系统建设的主要目标是：建立一个开放的、基于标准的电子政务统一网络平台，实现信息交换和资源共享，面向公众提供服务，增强各部门工作的透明度。分别支持数据、语音和视频业务，运行各部门的业务系统，实现各网间的信息交换和资源共享，同时建立完善的信息安全体系和相应的备份系统。

电子政务系统作为连接政府各级机关部门的宽带政务网络系统，不仅是提供数据、语音、视频传输的统一网络平台，更需要全面满足政府办公需求；而且需要实现政府各级机关部门内部的信息交互，实现中央和地方、省到市和县各级党政机关间公文信息传递、交换、处理的网上互动；并且为保证整网用户的安全和管理，需建成统一的电子政务认证中心，实现对全网的用户统一管理；建立统一标准的政府公文电子信息资源库，实现公文等信息的充分共享和广泛使用；建立覆盖政府各级机关的公共信息平台，在网上提供方便、快捷、透明的"一站式"电子政务服务。根据上述要求，从业务角度分析其具体需求如下。

1) 在统一的网络平台上实现不同行业、不同部门以及不同业务之间受控互访和隔离：随着"政府上网"工程的日益深入，很多政府机关都实现了办公网络化，网络促进了政府办公自动化，简化了办公流程，提高了办公效率。而且随着政务信息化程度的加深，政府各级机关部门之间内部的信息交互程度也会随之加深，各级政府的组成部门和直属机构的横向互联以及上下级之间的纵向互联程度也会随之加深，所以今后统一的电子政务网络平台要实现不同行业、不同部门以及不同业务之间的受控互访和隔离。

2) 合法用户的认证和管理是保证电子政务网安全的基础之一：为保证整网用户的安全和管理，需要统一的政务网用户接入平台和电子政务认证中心，实现对全网的用户统一管理。

3) 全网统一方便的管理是电子政务网稳定运行的保障：为保证政务信息网全网网络设备的运行维护，有必要建立一个统一的网络管理平台，保证整网的可靠运行。

4) 网络平台能够平滑演进以及承载更多的业务是解决电子政务网建设过程中资金压力问题的有效手段：在政务信息网的网络平台上，充分利用宽带 IP 网络接入技术，实现网络对语音和视频等多媒体业务的良好支持，可以大大节省政府的办公费用开支，而且还可以避免网络的重复投资。而基于网络处理器开发出来的第五代路由器支持 MPLS VPN、IPv6、可控组播等技术和协议，可以节省政府网络平台的初期建设成本。

5) 移动办公以及相应的数据安全措施是保证电子政务广泛应用的补充方式：随着当前移动办公的日益增多，远程用户需要及时地访问内联网（Intranet）和外联网（Extranet）。对于出差流动、远程办公的政府部门人员，为了满足他们可以访问政务信息网内部资源的需求，需利用 L2TP 或 IP Sec 等方式实现移动用户的接入，并使用隧道与加密、数据验证、用户验证、防火墙与攻击检测等方法或技术提供安全保证。

6) 为加强政府的服务职能、政策宣传及民众教育，需建立统一的对外公共信息发布平台，在网上为社会及企业提供方便、快捷、透明的"一站式"电子政务服务。

通过以上对电子政务网现状及发展趋势的阐述，以及对电子政务网建设需求的分析，华为3Com 公司认为，在政府行业在网络建设中可以从以下几个方向关注。

① 统一网络平台，综合业务承载是电子政务网的解决之道。电子政务系统是一个开放的网络，是社会信息化的先驱者和最终的执行者。由于政务网今后的终极目标是将政府部门的网络融为一体，所以政务网势必要按照统一的标准和规划实施来完成政府部门网络平台的融合。这样无论是政府行业原有的数据网络资源系统、办公业务系统、政府资源系统，还是原来的非IP体系的网络架构，都可以通过现在统一的基础网络平台来承载，将零散的各政府机关部门、各行业的业务基础部件有机地整合在一起。这就意味着电子政务网更低的构建、维护和管理投资成本以及更加顺畅的处理流程，更精确的网络掌控和更高的业务回报。当然，满足电子政务应用系统的需求是人们追求的最终目标。那么，在当今政务信息化建设提倡的统一的网络平台化的基础上，如何更快更好地达成电子政务应用系统的需求？因此，网络平台能够完善承载不断增加的业务，必须提供不同的业务和不同的服务，才是最符合具体需求的。

我国目前电子政务建设的重点是提高工作效率，通过"金"字工程来加强各职能部门对相关经济领域的监管并提高网络的利用率；通过同一个网络平台承载多种应用系统；通过同一个物理网络承载多种业务，虚拟专用网络（VPN）可以适应今后更多的应用以及政府组织结构的调整，使设备的效能发挥到最大。

② 安全是电子政务网的运行之本。通过网络承载信息之后，如何保证信息在传递过程中的安全性，如何保证政务内网、政务外网的安全，是政务信息化建设面临的不可避免的问题。这对于政府来说是至关重要的，尤其是当政务网从与内部局域网连接发展到和广域网互联的时候，任何网络设备或者解决方案的漏洞都会对政府乃至国计民生造成很大的影响。因此网络安全对电子政务网来说是至关重要的，构建高安全的电子政务网成为首要解决的问题。

电子政务网的安全体系建设不光是通过内外网隔离这种空间的方式来解决，还需要通过保护、检测和反应以及恢复、预警和反制等时间上和网络层次上的措施来巩固。一个安全的电子政务网必须具备安全保护能力、隐患发现能力、应急反应能力和信息对抗能力，同时也要通过组织管理、基础建设、技术保证、产业发展、人才队伍和环境建设等因素来保证其安全性。

③ 高可靠是电子政务网的运行保证。网络系统的稳定可靠是应用系统正常运行的关键保证，华为3Com公司提供全系列、高可靠性的网络产品，结合RPR环网自愈保护、备份中心技术、APS备份倒换技术、IP/MPLS快速重路由等各种冗余备份机制，配合优良网络架构支撑，可靠的网络备份策略，为电子政务网提供强大的故障自愈能力，最大限度地支持各个系统的正常运行。

④ 高效的网络管理和维护可提升政府网络运行能力。从目前的实际情况来看，政府的网络管理以及维护水平相对较低，尤其是在政务信息化之初，如果网络的维护过于复杂，一方面不利于电子政务的应用普及，另一方面也不利于政府的管理维护。

2.2.2 系统体系结构

1. 基于"三网一库"的网络体系

我国的电子政务建设以"三网一库"的结构为基础。"三网"指政务内网、政务外网和政务专网，"一库"指政务信息资源库。"三网一库"的结构如图2-1所示。

政务内网又称为机关内部局域网，以政府各部门的局域网为基础，建立在保密通信平台上，主要运行党政决策指挥、宏观调控、行政执行、应急处理、监督检查、信息查询等各类相对独立的电子政务应用系统。政务专网又称办公业务资源网，连接从中央到地方的各级党政机关、上下级相关业务部门，根据机构职能，在业务范围内与内网有条件地互联，实现地区级别

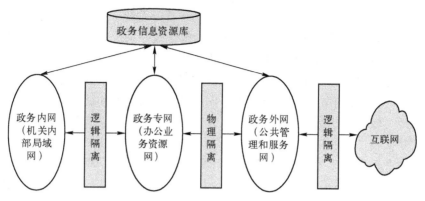

图 2-1　电子政务"三网一库"的结构

的涉密信息共享。政务专网与政务内网之间采取逻辑隔离。政务外网又称公共管理和服务网，建立在公共通信平台上，主要用于政府信息发布，向社会提供政府服务。政务专网与政务外网之间采取物理隔离。"三网一库"的电子政务网络体系为各级政府形成统一的信息基础设施格局奠定了基础，促进了电子政务的发展。

由于政务专网与政务外网之间实行物理隔离，影响数据的实时交互，限制了政府面向企业和公民的服务发展，我国电子政务系统的网络基础设施建设总体结构由"三网一库"向政务内外网体系结构转变。"三网一库"中的政务内网并入新的政务内网，主要连接国务院办公厅内部、各部委、副省级以上政府部门，并与党委、人大、政协等系统建立有条件的连接。"三网一库"中的政务专网和政务外网打破物理隔离，政务专网中副省级以下并入政务外网。新的政务内网与政务外网之间采取物理隔离。政务内外网体系结构如图 2-2 所示。

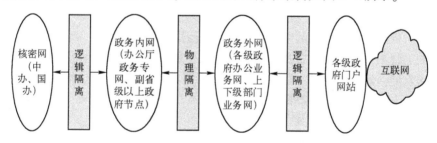

图 2-2　政务内外网体系结构

《国家信息化领导小组关于我国电子政务建设指导意见》中指出，要建设统一的电子政务网络平台，加快信息资源整合，形成上下各级统一的国家电子政务网络。在国家电子政务传输网上搭载电子政务内网和外网，构成国家电子政务网络体系，如图 2-3 所示。

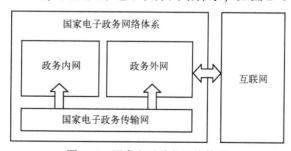

图 2-3　国家电子政务网络体系

我国电子政务系统的横向结构可分为国家级电子政务系统、省级电子政务系统、地（市）级电子政务系统和县级电子政务系统四层，横向的电子政务系统侧重于同一层面上各政府机关和业务系统之间的行政管理和协作。纵向电子政务系统由各级政府职能部门按业务层次序列进行划分，主要侧重于同一种业务中的各级政府部门和业务系统之间的业务处理。电子政务系统中要建立以政府办公厅为中心节点的电子政务内网平台，其主要功能包括实现办公厅内部、各部门、各下级地方政府的联系，并与党委、人大、政协等系统建立有条件的连接。

2. "金"字工程

在信息革命和信息高速公路的浪潮席卷全球的背景下，为了加速推进信息化的进程，我国在 1993 年底，成立了国家经济信息化联席会议，正式部署了"三金工程"等以政务信息化为特征的系统工程，并将其列为国家中长期发展规划。2002 年发布的《国家信息化领导小组关于我国电子政务建设指导意见》中指出，我国的电子政务建设围绕"两网四库十二金"展开，把"三金工程"扩展为"十二金"，分别代表 12 个政府办公业务相关的信息应用系统。如今，随着社会发展的需要，"金"字工程已增至 15 个，涉及金融、社会、民生等各个方面。

金桥工程是"三金工程"之一，由地面骨干网、卫星通信网、无线移动数据用户接入网、光纤城域用户接入网、网络电话、网络传真、互联网信息服务、大型国有企业综合信息技术改造等一系列项目组成，旨在建设全国范围内的高速通信网，成为我国信息化建设的重要基础设施。

金关工程主要是建设电子化的海关报关业务流程，提高海关部门的工作效率，节省数据传输的时间和成本，在进出口公司和企业之间建立互联互通的外贸信息网，实现外贸业务的电子数据交换的标准化。2018 年 2 月 8 日，金关工程二期正式竣工验收，为公众提供了方便快捷的海关业务服务和信息资源服务。

金卡工程的目的是发展我国的电子货币，通过使用银行卡等介质，实现电子形式的货币流通。建设金卡工程不仅为公民消费提供了便利，也有利于国家加强对经济状况的宏观监控和管理，促进市场发展。经过二十多年的发展，金卡工程在银行卡电子支付、智能 IC 卡应用、移动支付、城市一卡通及相关的各类国家标准方面都有了较为成熟的成果，为国家经济和社会协调发展起到了极大的促进作用。

金税工程由增值税防伪税控开票子系统、防伪税控认证子系统、增值税交叉稽核子系统、发票协查信息管理子系统和从国家税务总局到下级的主干网构成，以全国税务机关通过网络互联互通为基础，建立一个对增值税专用发票和企业纳税情况进行严密监控的信息化税务系统。金税工程三期于 2016 年 10 月在全国全面上线，通过对各级税收征管系统的统一、对跨部门之间数据交换的完善，实现了数据共享，利用大数据完成对企业纳税情况的监管和分析，进一步提高了税收监管的质量和效率。

"金"字工程大多依托于"三网一库"的基础架构，如金关工程、金质工程等。"金"字工程的建设不仅加快了我国电子政务的发展进程，还带动了我国信息产业和相关产业的高速发展。

3. 国家电子政务总体框架

国家信息化领导小组在 2006 年发布了《国家电子政务总体框架》，提出了构建国家电子政务总体框架的要求和目标，并详细指出了总体框架的构成，包括服务与应用系统、政务信息资源、基础设施、管理体制、法律法规与标准化体系，如图 2-4 所示。

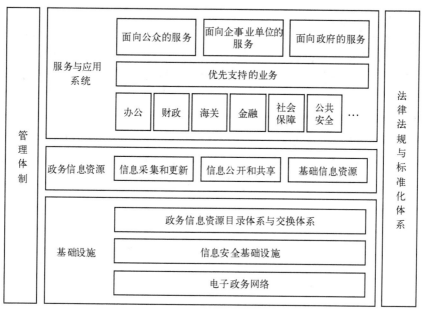

图 2-4 国家电子政务总体框架的构成

(1) 服务与应用系统

服务与应用系统包括服务、优先支持的业务、应用系统3个部分。服务是电子政务的宗旨，主要包括面向公众的服务、面向企事业单位的服务和面向政府的服务。针对公众生活、工作、学习的多样性需求，以互联网为载体，逐步建立完善的惠及全民的电子政务服务体系，在公民的教育、住房、就业、交通、社会保障、纳税、卫生保健等方面提供便利、高效的电子政务服务。针对企事业单位的特殊需求，在企事业单位纳税、质检、安防、对外活动、建设管理、劳动保障等方面提供高质量的电子政务服务。针对政府部门的政务办公需求，在行政与司法、人口登记和管理、资源与环境、公共安全与国家利益、信息汇总与分析、人力资源管理等方面提供电子政务服务。优先支持的业务指的是社会关注度高、经济效益明显、业务流程稳定、信息相对密集的政府业务，包括财政与税收管理、环境保护、社会保障、公共安全管理等，可以结合不同地区的实际特点对具体内容进行调整。应用系统主要包括办公、财政、金融、农业、海关、社会保障、质量监督、国土资源、人事人才、新闻出版、国有资产监管、药品监管等各个方面。

(2) 政务信息资源

政务信息资源指政府在进行政务办公、履行职能的过程中产生的各类信息，对政务信息资源的充分利用和良好管理起到很大的促进作用，是电子政务建设中必不可少的一部分。针对信息资源开展的相关活动主要包括信息采集和更新、信息公开和共享等。

(3) 基础设施

电子政务基础设施主要由政务信息资源目录体系与交换体系、信息安全基础设施、电子政务网络等部分构成。政务信息资源目录体系与交换体系主要用于满足政府各部门进行信息查询、共享、传输、交换等业务的需求。电子政务网络由以国家电子政务传输网为基础的政务内网和政务外网组成，主要满足各级政府部门内部办公、管理、监督、决策以及对外的社会管理、公共服务等需求。信息安全基础设施包括网络信任体系、安全监测系统、应急响应与灾难备份系统、密钥管理基础设施等，利用先进的计算机技术对电子政务系统进行全方位的安全保障。

（4）管理体制

管理体制作为电子政务建设过程中不可缺少的一环，是连接电子政务与政府职能转变、创新政府管理、行政管理体制等机制的重要桥梁。要建立完善与国家经济、政治体制相适应的电子政务管理体制，促进政府各部门的沟通与协作，形成有利于信息化改革和相关信息产业发展的管理体制。

（5）法律法规与标准化体系

电子政务的标准化体系是电子政务建设和发展的基础，应该以国家标准为主体，围绕信息资源开发利用、应用系统和基础设施建设、信息安全管理建设等方面的需要，分别对其进行相关法律法规的立法研究和修订建设。

2.2.3 电子政务外网

国家电子政务外网是各级政府的办公业务网，主要承载政府部门不需要在内网上运行的业务以及面向社会的服务等。政务外网分为中央级政务外网平台和各省内政务外网平台两部分，分别由中央和各省级政府组织建设，服务于各级党委、人大、政府、政协、高级法院、高级检察院六大部门，支持跨地区、跨部门的网络互通互联、信息资源共享、业务应用及业务协同。政务外网与政务内网之间实行物理隔离，与互联网之间实行逻辑隔离。政务外网为各部门提供互联网出口服务，并且为有特殊需要的部门提供虚拟专网服务。具体提供的业务应用包括视频会议、门户网站、应用备份等，为各级政府部门履行职能提供服务支持，为面向公众的应用系统提供信息支撑[5]。

1. 整体网络结构

国家电子政务外网的总体建设目标是依托统一的国家电子政务传输网络，通过覆盖全国各级政府部门的网络平台和服务体系，支持各政府部门业务系统的运行，支持跨地区、跨部门的信息共享和业务协同，支持各部门业务系统的互联互通和信息交换，从而提高政府的监管能力和服务水平。电子政务外网网络结构如图2-5所示。

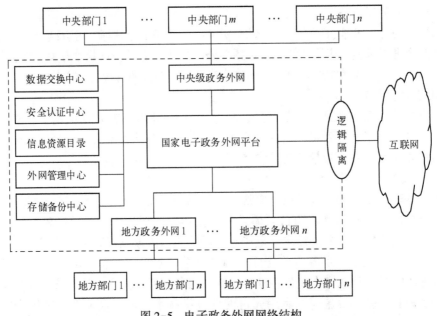

图2-5　电子政务外网网络结构

政务外网平台主要包括数据交换中心、安全认证中心、信息资源目录、外网管理中心以及存储备份中心等部分。纵向可分为中央级政务外网平台和地方级政务外网平台，其下又各自包含多个政府部门的外网平台。根据如图2-5所示的电子政务外网网络结构，可以构建政务外网信息资源目录体系与交换体系，建设中央数据交换中心原型，满足信息资源分类与交换等服务；自顶向下建设各级认证中心（CA），包括根CA、运营CA、密钥管理中心等，为承载的各类业务系统提供统一的信任管理服务；此外，通过与互联网之间可控的逻辑隔离，建立政务外网网络安全防护体系。

2. 政务外网功能组成

目前，国家电子政务外网是以基础传输网络为基础的IP网络，能够支持数据、语音、视频等业务，初期建设以数据传输为主。国家电子政务外网既要作为我国中央和地方各级政府内部部门的信息交换平台，又要作为政府向公众提供服务的窗口。具体而言，国家电子政务外网分为中央级、省（自治区、直辖市）级、地（市）级和县级4个层次。其中，中央级包括党委、国务院、全国人大、全国政协以及中央国家机关各部委，省、地、县三级则分别连接相应层级的各个政府部门。国家电子政务外网的建设，可以用"四个统一"来概括，即充分利用各类资源，整合构建"统一的网络平台、统一的应用支撑平台、统一的安全保障体系和统一的服务体系"，其功能组成示意图如图2-6所示。

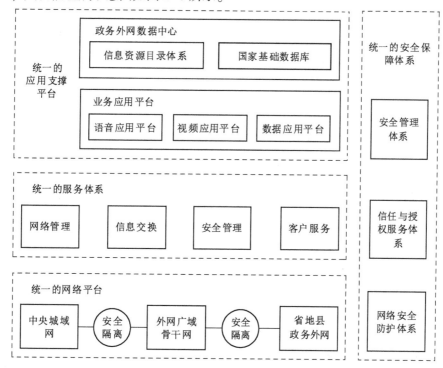

图2-6 国家电子政务外网功能组成示意图

（1）统一的网络平台

为了达成国家电子政务外网构建互联互通的网络，实现跨部门、跨地区的政务信息共享和业务协同的建设目标，需要利用电子政务基础传输网络，建设统一的电子政务网络平台。统一的网络平台主要由政务外网广域骨干网、中央城域网、省地县政务外网三部分构成，分别用于实现中央与下层省级单位的互联、中央政府各部门之间的互联以及各地区政务外网之间的互联。此外，国家政务外网可以为有特殊需要的用户或业务提供虚拟专网服务。各部门可以按需构建各自的纵向或横向虚拟专网，不同部门也可以根据相互之间的业务需要，一起构建相关业务的虚拟专网。国家政务外网还提供例如 IP 地址及域名的注册与分配、域名解析、安全电子邮件等基础网络服务。

(2) 统一的应用支撑平台

应用支撑平台包括政务外网数据中心以及语音、视频、数据等各类业务的应用平台。政务外网数据中心包括信息资源目录体系和国家基础数据库，为政务信息资源的登记、备案和跨部门、跨地区的应用提供资源保障，并且可以为政府部门提供数据备份和托管服务，建立健全数据交换与共享机制，实现国家政务信息资源和基础信息资源的目录服务，建立和完善政务信息分类规范、登记和共享制度等，逐步建立完善的信息采集、处理、交换和应用等工作流程。

(3) 统一的安全保障体系

电子政务外网的安全保障体系包括网络安全防护体系、信任与授权服务体系、安全管理体系三方面内容。其中，网络安全防护体系包括病毒监控防御系统、防护与隔离系统、数据认证与加密传输系统等；信息与授权服务体系包括 PKI/CA 系统、权限管理系统、授权审计系统等；安全管理体系包括中央级和省级的安全管理中心，以及一系列符合电子政务外网特点和要求的法律法规和技术标准。

(4) 统一的服务体系

外网服务体系用于电子政务外网的网络运行维护和管理，保障外网稳定、可靠地运行，为用户提供稳定、高效的服务。主要包括以下4个方面的内容：①网络管理，负责各层级外网的管理，分别由网络信息服务中心（NIC）和网络运行管理中心（NOC）提供网络信息服务和网络运行服务；②信息交换，提供各类信息资源的登记、发布、交换和共享等服务，以及数据备份及恢复和主机托管等服务；③安全管理，组织制定、实施政务外网安全标准，建立健全安全管理制度，为政务外网提供病毒防护、安全评估认证、监控和应急响应等服务；④客户服务，通过建设呼叫中心、政务外网网站等途径，及时响应各部门及其业务应用的需求，为客户提供优质服务。

3. 技术特点

根据电子政务外网的功能组成，电子政务外网建设有以下技术特点。

1) 电子政务外网主要为各部门社会管理和公共服务提供相关服务，存储和传输非涉密信息，但和互联网之间需要进行逻辑隔离。国家政务外网作为政府部门公用的基础网络，承载着一些跨部门的应用系统，应尽量满足其共性需求，减少重复建设，例如网上办公、视频会议、电子邮件等公共网络服务。为了在电子政务外网和互联网之间进行隔离，主要利用 VPN 等技术，建设一个互联网安全接入区，使政务外网和互联网的数据包相互隔离。在接入区中采用防火墙、入侵防御系统、防病毒系统等综合的安全防护措施，为互联网接入业务提供安全防护。此外，还通过 VPN 技术将政务外网划分为互联网接入区、公用业务区、部委专网业务区 3 个互相隔离的业务区域，并分别为不同区域制定不同的安全防护策略。

2) 作为基于国家电子政务基础传输网的高速可靠 IP 网络，政务外网采用统一规划的 IP 地址来实现互联互通。政务外网通过租用电信运营商的基础传输线路，使用 IPv4 和 IPv6 技术进行构建。中央城域网由裸光纤和 MSTP 线路组建，广域骨干网则利用基于 SDH 的 IP 技术构建，以双星结构为基础的拓扑结构连接全国各省级单位。此外，政务外网建有统一的互联网出口。由于政务外网和互联网之间进行了逻辑隔离，必须采取一定的技术和安全手段，使同一用户终端可同时访问政务外网和互联网。政务外网通过向互联网管理机构申请64字节的注册IP地址，由外网管理中心统一进行地址的申请、分配和管理，来确保IP地址的唯一性。

3）支持建设情况各异的各级、各地区政务外网的安全对接，支持网络统一调度和分级管理，为移动办公提供虚拟专网。针对我国地方政务外网建设情况差异较大，建设模式和技术路线各异的特点，要综合采用各种技术手段，以确保中央政务外网与各级地方政务外网的互联互通和安全对接。政务外网还应为移动办公用户提供安全可靠的接入方式，利用统一的政务外网物理平台，建设部门间相对独立的虚拟专用网络，并提供CA认证服务。主要通过政务外网接入路由器上的专用VPN业务端口，与各级部门形式各异的VPN（如VLAN、MPLSVPN等）对接，建立起安全的数据传输通道，从而满足相关业务的端到端连接需求。

4）提供公用的信息资源目录服务系统和统一的信息资源交换平台。信息资源是电子政务建设的内容基础，只有更好地利用信息资源，才能让政务外网发挥最大的作用。政务外网建设需严格遵循《政务信息资源目录体系》和《政务信息资源交换体系》等一系列相关标准，建立起包括目录服务支撑平台、信息资源目录框架、目录应用系统等子系统在内的政务外网信息资源目录体系。在建设统一的信息资源交换服务系统时，需依照交换节点分级控制的原则，在相应节点建立资源交换子系统。针对跨部门、跨地区的资源交换的不同需求，可以采用点对点、点对多点等交换模式，提供数据发送和接收、广播交换、集中交换以及交换中心的管理服务等功能。

5）采取综合的安全措施和安全防护策略，采用安全等级保护定级的方式对各级对象进行分级保护。政务外网作为主要为政府部门提供服务的公用网络，其自身的安全性是为政府部门提供网络安全传输的关键因素。大量的政府内部数据统一在政务外网平台上存储和传输，在进行相应的存储和传输时需要进行严格的保护。在政务外网的建设过程中，要坚持"安全与应用并重"的原则，既要制定合理的安全策略，构建统一的安全防护体系和网络信任体系，又要制定相应的规章制度，加强对政务外网的安全管理，全方位保证政务外网平台的安全可靠。

4. 信任与授权服务管理体系

电子政务涉及国家秘密信息和敏感政务，承担着大量的社会公共服务任务，因此，电子政务的安全是政府信息安全和社会服务安全的基础。但是，电子政务的安全有其特殊性。一方面，涉及政府的涉密信息，要求它有一定的保密性；另一方面，为公众提供服务又要求它有一定的开放性。这就给电子政务的安全保障建设带来了更大的挑战。信任与授权服务管理体系是电子政务的安全保障建设的重要内容，包括保证数据的保密性、完整性和不可抵赖性，实现身份认证和访问控制[6]。

- 数据的保密性：保证各级政府部门数据存储、传输的安全保密性。
- 数据的完整性：保证政府部门进行信息传输时的数据不被篡改。
- 数据的不可抵赖性：用户发布和使用数据时必须进行数字签名。
- 身份认证：在进行通信、信息分发及责任认定前确认对方的身份。
- 访问控制：明确每个用户分别拥有访问和使用哪些数据资源的权限。

由于政务内网涉及国家秘密，与互联网之间进行了物理隔离，不对外公开访问，因此其信任与授权服务管理相对简单；而政务外网为各级政府部门的职能履行提供服务支持和互联网接口，为面向公众的应用系统提供信息支撑，因此，政务外网中的信任与授权服务管理体系对外网的业务系统稳定运行有重要的作用，是国家电子政务安全保障建设的重要安全基础设施。统一的政务外网信任体系，需要满足外网所承载的业务应用和基础服务对身份认证、访问控制、数据的保密性、完整性、一致性和行为的不可抵赖性等安全需求，此外，信任体系还需具有可管理性、扩展性和实施的简单性。

国家电子政务外网信任与授权服务管理体系依托于政务外网的网络环境，目的是建立国家电子政务外网安全保障平台，根据政务外网用户的不同需求，为其提供不同等级的安全保障与服务。信任与授权服务管理体系作为政务外网安全保障的大平台，提供身份认证、授权管理、责任认定等各种安全服务。整个系统是以国家为背景的可信任机构，在国家网络体系的总架构下，实现安全服务、技术标准支持、互联互通支持、多层次的安全服务体系，是可信、可控的网络安全保障与服务平台。

(1) 发展历程

第一代信任与授权服务管理体系主要通过预先共享密钥来解决外交、军事等方面的通信信息安全问题。它以对称密码技术为基础，信息加密和解密时使用同一密钥，因此信息发送者和接收者需要在通信之前协商好要使用的密钥。对称密码技术的安全性完全依赖于加密算法和密钥，算法和密钥的安全决定着通信的安全。第一代信任与授权服务管理体系可以保证信息的保密性，但却不能解决信息的完整性和不可抵赖性，此外，由于信息的安全依赖于密钥，这对密钥的安全分发和安全管理来说也是一个很大的挑战。

随着非对称密钥技术的发展，在第一代信任与授权服务管理体系的基础上，第二代信任与授权服务管理体系应运而生，并已用于电子政务、电子商务和企业信息化建设中。第二代信任与授权服务管理体系主要以非对称密钥技术为基础，可以保证信息的保密性、完整性和不可抵赖性，可以提供数字签名的签发和管理、身份认证等服务，它主要由证书签发系统、密钥管理系统、证书审核注册系统、证书查询验证服务系统等构成。但是，第二代信任与授权服务管理体系无法提供支持全网的信任与授权服务，与应用系统的耦合程度高，部署复杂，且由于不同证书签发系统之间的数字证书的格式不同，难以进行统一的认证。

第三代信任与授权服务管理体系结合下一代网络，融合了第一代和第二代信任与授权服务管理体系的功能，旨在解决"唯一注册全网通行"、可信的私有网互联、可信的注册和鉴权、信任服务的快速部署等问题，为网络提供有中心、有管理、可信、可控、安全的服务支撑，主要包括注册服务系统、鉴权服务系统、资源整合系统、认证网关等。

国内已有的信任与授权服务管理体系大多属于第一代和第二代信任与授权服务管理体系，第三代信任与授权服务管理体系是我国网络和信息安全发展的方向，且某些领域已经开始了第三代信任与授权服务管理体系的部署。

(2) 建设内容

国家电子政务外网的信任与授权服务管理体系的核心是 PKI/CA 系统，主要包括身份认证、授权管理、责任认定 3 个部分。PKI/CA 系统基于公钥加密技术，可以使用户在不可靠的公共网络环境中进行安全的通信，并且能通过数字签名来验证网络实体的身份。

公钥基础设施（Public Key Infrastructure，PKI）是一个生成、存储、分发和管理数字证书的基础设施，由 5 部分组成：证书认证系统（Certificate Authority，CA），用于存储、颁发和签署数字证书，是 PKI 系统的核心；证书注册认证系统（Registration Authority，RA），用于验证请求在 CA 处存储数字证书的实体的身份；密钥管理系统，用于完成密钥的产生、存储、备份、更新、销毁、恢复等功能；证书撤销处理系统，用于管理证书的有效状态，提供证书的状态查询、撤销等服务；PKI 应用接口系统，用于为外部应用提供安全、一致、可信的开发接口，使各种应用能够方便地使用其所提供的安全服务。PKI 系统各子系统的关系如图 2-7 所示。

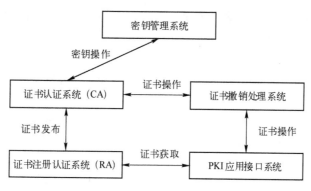

图 2-7 PKI 系统各子系统的关系

国家政务外网的信任与授权服务管理体系应采用严格的层次结构信任模型,与国家的行政管理体系相吻合[7]。针对部委的 CA 安全体系建设需求,以及逐级对信用等级管理的要求,为保证 CA 认证体系的连续性,同时考虑到各个省市 RA 的灵活性和自主性,政务外网 PKI 系统采用由多级 CA 组成的树状结构,按级别可以划分为国家 CA 中心、部委 CA 中心、RA 中心,整体结构如图 2-8 所示。国家 CA 中心,负责实施政务外网 PKI 系统的所有一级 CA 交叉认证的证书的签发和管理;部委 CA 中心,是以政府部委机要机房为核心,建立数字证书策略和管理中心以及根 CA 中心,并作为信任与授权服务管理体系的最高管理机构和信任源;RA 中心面向不同的部门和地区,负责认证和鉴别申请者的身份,对密钥回复或证书回复申请进行审批,处理证书的撤销请求等。

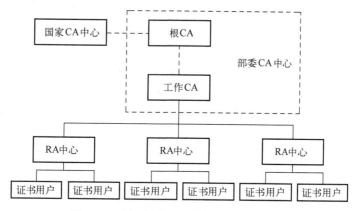

图 2-8 政务外网 PKI 系统的 CA 体系结构

基于 PKI/CA 系统的政务外网信任与授权服务管理体系以数字证书为基础,有效解决了复杂的电子政务外网环境中的身份认证和权限控制等问题。不同于传统网络的管理模式,在电子政务网络中,权限最高的不再是系统管理员,而是通过密钥的唯一性和 PKI 的加密机制来确保对数据的访问是经过授权的。另外,利用密钥的唯一性和 PKI 的数字签名机制,可以对数据和实体之间的联系进行认证。利用 PKI/CA 技术可为电子政务外网构建一个完整的信任与授权服务管理体系,建立和维护一个可信的网络计算环境,有效地保障电子政务应用服务的安全。

2.2.4 电子政务内网

国家电子政务内网与互联网之间采用物理隔离,由政府各部门的业务网络连接形成,主要服务于政府各部门内部的办公、管理、协调、监督、决策等事务。各部门依托安全统一的国家电子政务内网平台，可以开展跨地区的业务应用，并实现网络信息资源的共享和业务的协同处理。虽然政务内网和政务外网都需要具有承载数据、语言和视频业务的能力，但是一般语音和视频业务在政务外网上运行，而数据业务则在政务内网和政务外网上皆可运行。

1. 整体网络结构

国家电子政务内网属于涉密网，具有特殊的安全需求。根据逐层保护的原则，在建设政务内网网络时，采用业务与网络分层构建的模式。电子政务内网的网络层次模型如图2-9所示。

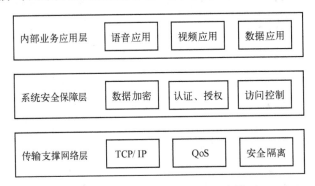

图2-9 电子政务内网的网络层次模型

电子政务内网的网络层次模型的最顶层是内部业务应用层，它由政务内网中的各种应用组成，在安全互联的基础上，由中央管理中心和各系统所属的部门统一规划，分别实施。中间是系统安全保障层，主要功能是利用数据加密、认证、授权、访问控制等安全防护技术，对政务内网的业务访问及数据操作进行安全保障和监控，它由管理中心和各系统部门协同规划和构建，与底层的传输支撑网络层相对独立。最底层是传输支撑网络层，它由政务内网管理中心统一规划、构建、实施和管理，构成了电子政务内网的网络基础。它通过计算机网络技术，确保政务内网的互联互通，并能保证提供的服务满足服务质量（QoS）要求。此外，传输网络还需保证各部门子网之间交互的安全性，对不同部门、不同系统的网络提供符合安全标准的隔离防护。

与政务外网的网络结构类似，为了使政务内网网络构建、维护和管理更便利，电子政务内网的底层支撑网络从纵向角度也分为广域网、城域网和局域网三级。其结构图如图2-10所示。副省级以上的政务内网和副省级以下的政务内网之间实施物理隔离。其中，副省级以上的政府部门负责的城域网连接到各级政府相应的各个横向政府部门，如省政府、省党委、省人大等；政府广域网连接省内各市（地）的政府城域网，各厅局、单位的局域网及各县级城域网分别连接各自的地市级政府城域网；各县级单位的局域网则依次连接到相应的县级城域网。

对政务内网网络的每个横向网络，可分为核心层、汇聚层和接入层三层结构[8]。核心层是政务内网网络平台的数据交换中心，作为网络的高速交换主干，对整个网络的连通起到至关重要的作用。汇聚层是网络核心层和接入层的中间层，主要通过在接入核心层之前的汇聚，来减轻核心层的网络负荷，利用交换机等网络设备把各单位、各部门的网络节点进行汇聚。接入层一般是单位接入电子政务内网平台的前置交换机，相对核心层、汇聚层来说性能要求相对较低，对规模较小的网络，接入层甚至可以使用不支持VLAN技术的普通交换机。在实际部署过程中，如果整个网络的建设规模较小，可以将核心层、汇聚层和接入层进行合并；反之，如果网络规模很大，则可以根据实际需求对其进行拓展。

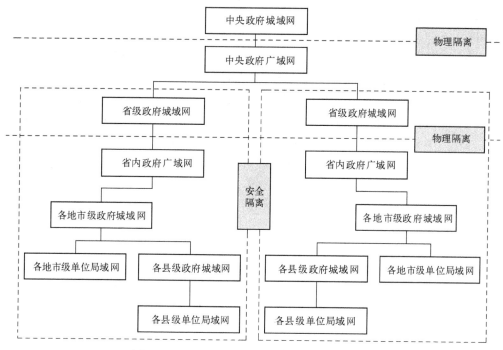

图 2-10　电子政务内网的底层支撑网络结构图

2. 政务内网功能框架

电子政务内网作为电子政务建设中的重要组成部分，其主要的建设内容包括两个方面：一是建成连接中央、省、市、县政府及各级行政部门内部的"办公业务网"；二是依托内部办公业务网，在互联互通的基础上，实现部门之间的决策支持和协同办公，从而提高政务处理水平和办事效率，并为建立覆盖面广、内容准确、更新及时的"政务信息资源库"提供数据支持。一般来说，一个完整的电子政务内网系统应该满足以下要求：具有一定的弹性和可扩展性，支持在系统运行的过程中无缝地增加新功能；具有良好的可重组性，能够根据用户的要求组装各种功能的组件，为用户提供符合其习惯和满足其功能需求的协同办公系统；易学，易用，易于安装、管理和维护。

在此基础上，电子政务内网的整体功能框架应包括两大部分：协同办公平台和各类应用系统，如图 2-11 所示。

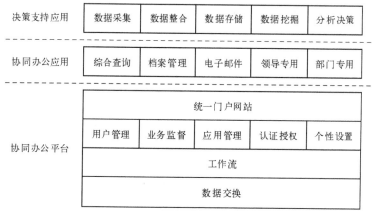

图 2-11　电子政务内网的整体功能框架

（1）协同办公平台

协同办公平台主要用于实现业务应用系统之间高效、灵活的信息资源共享和业务协同处理，是电子政务有效实施的基础环节。一方面，协同办公平台通过规范化、标准化的数据交换、工作流和消息等基本运行机制，提供统一监管的政务应用模式，包括统一的用户管理、业务监督、图形化的应用管理、认证授权以及智能化的个性设置等；另一方面，协同办公平台通过统一的门户网站为内部工作人员提供对各个应用系统的统一访问入口和智能化、个性化的办公服务。此外，单个应用系统只要建立与协同办公平台的连接，就可以与接入平台的其他应用系统进行交互，从而消除由应用范围、构建方式、数据资源等因素造成的各应用系统间的差异，实现对各类应用系统的有效整合和集中管理，进而使内部办公业务系统从一个相对封闭的内部应用扩展为一体化的、网络化的应用系统。

（2）各类应用系统

主要包括两类应用系统：协同办公应用和决策支持应用。

1）协同办公应用，这类应用以信息通信技术为主要技术手段，以业务处理和信息管理为基本内容，以图文并茂的形式实现对政府各部门的公文计划、人力资源、日常活动等方面的综合管理功能，使政府办公达到电子化、自动化和智能化要求。其最终目标是建成以数据信息资源为核心，能为领导和各级机关人员的办公、决策提供综合支持的统一人机交互平台，从根本上消除办公信息在上传、下达过程中的障碍，加强各部门之间的沟通，为政府机关的科学决策提供强有力的支撑。

2）决策支持应用，将通过电子政务系统获得的各种信息和有关的用户数据和业务资料，统一存入政务信息资源数据库中。当这些数据积累到一定数量时，通过人工智能、数据挖掘等新兴技术提供更高层次的数据分类、联系、分析能力，发现这些数据的潜在价值，从而更好地为决策或工作提供支持。

3. 关键技术

电子政务内网建设中涉及的关键技术包括以下 5 个方面。

1）工作流、消息处理及业务管理引擎，实现对办公业务和管理流程的动态调整。

① 工作流引擎，根据每个工作流节点的激活状态判断是否可以办理相应的业务。工作流是对一整套规则与过程的描述，用于对协同工作进程中的信息流通和业务活动进行管理。每个工作流包含若干个工作流节点，每个节点对应一项操作。各节点及节点间的相互关系构成了工作流的主要内容。

② 消息处理引擎，对业务系统之间的消息传递路径进行定义，并进行实际的传递。当接收到待传递的消息后，消息处理引擎会按照预定的传输路径将其传输到相应的系统，以便进行进一步的处理。消息处理机制还需要为消息流转提供可靠的传输，这是政务内网系统之间进行异步消息传输的重要方式。

③ 业务管理引擎，作为协同办公平台的核心组件，管理各个业务系统之间的数据和流程控制，包括系统数据同步和业务流程调度两个部分。业务管理引擎以消息的形式，将改动的业务数据加入业务消息队列，然后通过消息处理引擎传递到各相关系统，实现系统间的数据同步。业务流程调度是根据系统功能和业务数据的关联关系，对业务处理流程和数据传递路径进行设定，通过工作流引擎完成对一系列业务流程的处理。

2）个性化和门户网站技术，为电子政务办公系统提供统一的应用访问入口。办公人员通过统一的入口进入系统，进行各种办公业务的处理。系统对不同部门和身份的用户显示不同的工作界面，并通过分析用户信息来确定各个用户可以访问的内容。个性化服务包括个人日程安排、电子邮箱、通信录、待办事项等，公共服务则包括系统公告、在线通信、资料查询和下载等。

3）数据交换技术，实现办公业务信息通过网络进行直接的交换。传统的政务内网办公通信主要以传真、邮寄等形式进行，其实时性和效率都很差。为了实现信息化、自动化的办公水平，内网通信采用 XML 格式作为通信数据的统一标准，有效消除了不同部门的办公系统之间的消息格式差异，是实现整个系统互联互通和数据共享的重要基础。此外，为了解决各部门系统的信息化程度不一致的问题，提供集中式和分布式两种数据传递方式。信息化程度较高的部门可以自主管理数据，使用 Web Services 实现数据交换；信息化程度较低的部门则可以利用 HTTP 将需要传递的信息统一上传到上级中心系统，再由中心系统进行集中管理。

4）系统监控技术，对业务流程、用户访问和操作进行统一的监控调度及管理。政务内网属于涉密网络，对其业务流程和人员操作必须进行实时的监控和管理。系统实时获取每个业务处理流程的状态，并通过检测分析等技术发现流程中的异常情况，从而进行及时、有效处理。对每个工作人员都进行严格的访问控制管理，为用户提供统一的登录入口和集中管理，有利于提高系统管理的效率和业务处理的质量。

5）安全技术，通过建立基于 PKI/CA 和 PMI 的信任与授权服务管理体系，为内网系统提供可靠的安全保障[9]。

4. 安全体系建设

政务内网属于涉密信息系统，政务外网属于非涉密信息系统。政务内网承载的信息属于国家机密、工作机密或内部敏感信息的范畴，应按照涉密信息系统的保密要求进行建设、使用和管理。

（1）安全风险分析

随着互联网技术的发展，越来越多的政府办公部门连接到政务内网中，在政务内网的网络规模不断扩大的过程中，政务内网网络及其承载的办公应用系统将面对更多的安全威胁。由于各个应用系统的开发建设时间不一致，早期建设的系统更注重功能的完善，而对安全防护方面的设计往往考虑不足，导致这部分系统面临着较大的安全风险。为了全方位保障电子政务内网的安全性，需要全面分析政务内网网络及业务应用系统中可能出现的安全风险，主要包括以下3个方面。

1）系统内部人员的有意窃密和无意破坏。有意窃密一般表现为内部工作人员利用其职务之便，将其所能接触到的文件、数据和内部信息等涉密数据泄露给外部个人或组织，或者通过破坏网络系统，更改网络配置或日志文件，获取非授权数据等。此外，在政务内网中，工作人员作为网络和系统的直接使用者，其安全意识对整个系统的安全有重要的影响，缺少安全意识将容易造成对系统无意的破坏。由于大部分工作人员并非计算机专家，对网络安全和数据安全的了解相对较少，对办公操作过程中潜在的安全风险警惕性较低，因此在实际应用中存在着"制度如林，落实无人"的现象。

2）网络和业务系统的建设技术不完善。一是对部分应用系统的安全性考虑不全面，开发队伍缺乏对应用安全的经验和能力，对系统配置、部署的安全性考虑不周到，对涉密信息系统中的访问控制机制设计不完善。二是由计算机病毒和其他恶意代码或网络攻击（如 SQL 注入攻击）造成的系统破坏、网络瘫痪、数据泄露和丢失等安全事件。三是网络安全方面的专业管理人员在数量和技术上无法满足电子政务高标准的安全保密工作需求，导致相关工作人员缺乏分权管理的条件，因而难以提供有效保障。

3）缺乏对涉密信息的有效监管。电子文档作为电子政务内网系统中涉密信息的载体，在其使用过程中需要进行有效的认证、授权和监管。不同于传统的纸质文件，电子文档的复制、修改、传输及使用等操作环节都具有特殊性。若没有有效的监管，对电子文档的各项操作均有可能会造成信息泄露或对文件非授权访问、修改和传输等问题，这将严重威胁到国家安全。此外，对移动存储介质（如U盘）、移动计算机设备的使用尚缺乏有效的管理制度，导致在处理各类密级文件，使用私人移动存储介质以及复制内部文件的过程中缺少标准化的流程，容易引起涉密信息的无授权扩散、存储设备丢失等泄密事件。此外，部分应用系统缺少完善的审计功能，对可能发生的安全事件无法进行有效的记录和取证，从而影响后续的调查和问责。

（2）安全防护对策

网络和数据安全是电子政务各项工作开展的前提，是保障工作正常运行的关键。对于涉密系统，要从运行管理、身份鉴别、访问控制、安全审计等方面进行技术测评[10]。基于上述电子政务内网中存在的各种安全风险，有以下几个防护对策对政务系统的网络和数据安全进行保护和安全管理。

1）涉密数据管理。对数据的操作主要包括数据的存储和使用。一方面，要对存储在数据库中的涉密字段进行安全防护，可以采取指纹识别、智能卡验证、身份授权和认证（PKI/CA）等多种强制访问控制措施，实现对用户的身份认证和授权管理，保证内部涉密数据的合法使用；另一方面，对敏感数据传输到开放环境的途径和加密方式进行严格管控，可以在数据链路层和网络层使用国家密码管理局批准装备使用的密码设备，从而防止生产数据中涉密信息的非授权泄露、访问和丢失，保障数据的安全性，规避相关的安全风险。

2）安全监控和审计。可采用内部安全监控和审计技术，来控制信息出入口，杜绝内部人员随意复制、传输、修改涉密数据和安装、使用、散播无安全保障的软件等行为，利用资源标识和鉴别等技术保证信息的受控使用；通过网络与数据库审计系统，记录用户的行为操作、系统的配置更改和资源使用情况、网络负载情况、重要系统命令的使用、病毒或木马感染等与安全相关的重要事件，解决网络和数据库的访问审计薄弱问题，保证事件的还原和追查溯源；此外，还应保证审计系统自身的安全，避免审计进程受到非预期的中断，防止审计记录和安全日志文件受到非授权的修改和删除。

3）主动监控和防御。一是加强内部工作人员的安全意识，通过安全讲座、专业培训等方式，对不同部门的内部人员进行安全教育，提高其对网络和数据安全保护工作重要性的认识；对权限越高的内部人员，越要保证其安全意识。二是定期通过权威的数据库对用户设置的弱口令进行扫描检查，强制要求用户设置具有一定复杂度的口令，增加攻击者通过破解口令获取数据库访问权限的难度。三是保证管理员之间的权力制约和互相监督，避免把所有权限集中在某一个管理员，限制管理员对敏感数据的单独访问权限。四是针对一些网络攻击行为进行主动防护，采用防火墙、入侵检测和防御系统、病毒检测和查杀软件等一系列技术工具，实现对网络攻击的实时检测、预警处理和日志记录。五是对业务系统的底层操作系统和应用软件进行定期更新、升级和补丁安装。

4）强化安全管理。建立健全网络安全问责体系，将事故责任落实到具体部门和个人，完善全过程、全周期的网络安全机制。通过加强组织保障、管理运行、针对措施、技术手段来减少内部人员的违规操作和无意破坏，依托网络管理中心、审计与风险分析中心、检测与监控中心、密钥管理中心等，建立安全运行管理体系。对相关的安全机制进行统一配置和管理，汇集和分析有关信息并根据分析结果进行行动决策。以严格的管理发挥技术措施的作用，反之，以技术手段强化安全管理，使管理和技术互相促进，避免不法分子有可乘之机，严防各类安全事件的发生。

2.2.5 电子政务信息资源库

经过办公自动化、政府上网等一系列工程之后，电子政务的建设重点转变为系统集成和信息资源整合。因此，建立统一的政务信息资源库，成为实现协同工作和高效服务的关键。作为电子政务建设的核心，政务信息资源库主要用于政府办公信息资源的共享，利用新型互联网技术完成信息采集、整合、交换、分析等基本流程，不断提高信息资源的利用率，加强政府部门行政管理、指挥和决策的能力。其中，政务信息资源指的是所有对政府的各项业务工作有影响的信息，包括产生于政府内部的信息以及部分产生于政府外部的信息。根据资源共享的业务范围和信息来源，可以把政务信息资源分为原始业务信息和基础信息资源两部分。原始业务信息指政府各部门在办公过程中产生和使用的信息资源，按照一定规则将原始业务信息进行提取、筛选、转换等处理后形成基础信息，进一步进行主题分类则得到主题共享信息，可供各个部门使用。

1. 整体体系结构

作为政务信息资源的主要生产者和使用者，政府对政务信息资源的开发、利用和管理起着主导作用，并且政府的组织结构对政务信息资源的分布结构有很大的影响。与政府结构一致，政务信息资源分层次地存储在各政府部门的电子政务系统中，形成一个分布式的分层信息资源库结构。

如图2-12所示，按照政府机构的组织结构，电子政务信息资源形成一个分支众多、资源种类多样的树形结构。各级政府部门的政务信息资源可分为部门业务资源、办公信息资源和公众服务资源三大类，分别对应于G2G、G2B和G2C的电子政务应用模式。从纵向角度上看，各机构存在国家、省、市、镇等上下级的从属关系，因此，纵向的信息资源库之间在使用权限、目录级别等方面存在清晰的层次化结构。在横向角度上，同一等级的各政务信息资源均可分为部门业务资源、办公信息资源、公众服务资源等类别，虽然不存在从属关系，但通常有大量的业务交互和资源数据重叠等现象，对信息共享有较高的需求，从而使横向的信息资源形成交错重叠的分布式结构。

随着对政务系统信息化要求的不断提高，政务信息资源库也需要充分利用新技术，打破传统政务系统存在的信息孤岛，对信息资源库进行统一管理和使用，实现全系统的信息资源共享和互访问。传统的方式是使用数据库技术和Agent技术来实现多个分布式信息资源库的协同管理和控制，通过将信息资源进行合理地分类和整合，形成统一的数据仓库。近年来，随着一些新兴技术（如云计算）的发展，为电子政务信息资源库的组织和管理提供了更为便利和高效的形式，通过构建一体化的政务云平台，可以真正实现对信息资源的集中存储和管理，彻底解决信息孤岛、信息壁垒等问题。

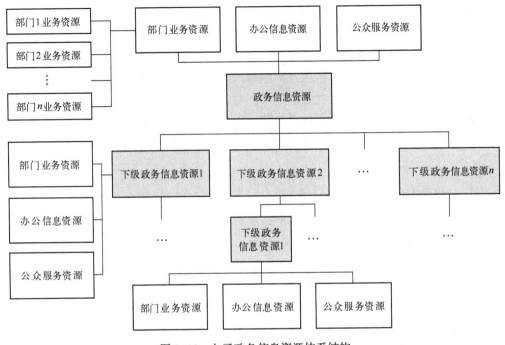

图 2-12 电子政务信息资源体系结构

2. 基础政务信息资源的建设模式

作为政务信息资源的核心部分，加强基础政务信息资源的建设对推进政务信息资源库的发展具有重要作用。基础信息资源来源于政府各部门的业务信息，具有基础性、开放性、共享性和稳定性等特征[11]。

1）基础性。基础性指基础政务信息资源是一类主题资源中的原始信息集合，并不包含所有的信息资源，但其统计数据可以反映该主题领域的整体情况，并且其他信息资源要以基础数据为准。

2）开放性。随着社会的进步和技术的发展，基础信息资源的主题分类会有所变化，根据国情来增加或减少基础信息资源的类别，将有助于电子政务更好地发展。

3）共享性。在大平台、大数据、大系统的发展趋势下，跨部门、跨地域的信息资源共享有利于提高行政办公效率、节约社会资源。但应严格区分可共享和非共享信息资源，并且为共享数据设定不同的访问权限，以便有效、安全地为政府、企业和公众提供信息资源使用服务。

4）稳定性。根据业务和需求的不同，基础信息资源的数据可能会有所变化，但在一定时间内其反映出的整体情况应该是相对固定的。特别是对于某些数据条目，比如宏观经济数据中的各数据项，在当前国情下不可能有大规模的频繁变化。

由于基础政务信息资源是各部门开展政务工作中不可缺少的一部分，因此建设真实、准确的基础信息资源库对电子政务建设有良好的促进作用。在进行基础信息资源库建设时，应减少信息资源的重复采集，降低系统复杂度和运维成本，实现跨部门的基础信息共享，从而加强政府的执政能力，提高公共服务水平。因此，基础政务信息资源库应遵循以下建设模式。

① 依牵头建设主体而定。牵头建设的主体包括"信息化主管部门牵头"和"重点/核心业务主管部门牵头"两种，相应的可以把基础信息资源库建设分为两种模式。其中，由信息化主

管部门牵头的建设模式可以看作是一种集中式管理的建设模式，通过信息化主管部门的整体协调管理和统一设计建设，可以有效避免因各部门自身利益冲突而造成的互相扯皮，防止因责任不明确而影响建设进度的情况发生。由重点/核心业务主管部门牵头的建设模式则是以重点/核心业务部门为主，其他部门为辅的共同建设，信息化主管部门进行组织和配合。这种建设模式有助于调动重点/核心业务主管部门的建设积极性，但也会存在使其"一家独大"的风险，产生信息资源服务不到位等问题。

② 依资源集中程度而定。根据资源的分布情况，基础政务信息资源库的建设可分为"物理集中式"和"物理分布式"两种模式。其中，物理集中式是指根据基础信息资源的范围，各建设部门将本部门负责收集的资源数据提交到统一的信息资源库中，牵头建设的主管部门提供资源数据库的统一管理，各资源收集部门负责相应数据的更新和维护。物理分布式则是只对核心的、基准的资源数据进行集中管理，其他相关信息资源由各部门分别存储和管理，通过资源目录、接口调用等技术实现逻辑上的集中。这两种建设模式各有优劣，集中式的建设需要一次性的大规模投入，但资源集中后便于管理和数据服务；分布式建设可以分批次进行投入，但在整体管理上更复杂。

3. 政务信息资源目录与交换体系

作为国家电子政务总体框架的重要组成部分，政务信息资源目录与交换体系是电子政务的基础设施之一。目录体系和交换体系是一个有机整体，是以政务信息资源为基础，依托统一的电子政务网络，独立于上层的服务与应用，为部门间的资源共享和业务协同提供目录和信息交换服务[12]。目录体系利用交换体系获取信息资源，通过目录记录电子政务信息资源的结构及属性数据，从而为用户提供信息查询、检索和定位等服务。交换体系包括服务层、功能层和数据层，自底向上完成信息资源交换的各项服务。政务信息资源目录与交换体系的总体技术架构如图 2-13 所示，其中，目录体系分为信息库系统和目录内容服务系统两大系统，交换体系则由信息库系统和信息交换系统组成。

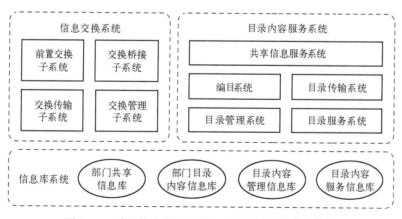

图 2-13 政务信息资源目录与交换体系总体技术架构

目录体系采用元数据的形式描述政务信息资源的特征，从而形成统一规范的目录内容，提供全国范围内跨部门、跨地区的信息共享和发现定位服务[13]。政务信息资源目录系统中的服务类型可分为资源定位与发现、服务形成与提供两类，详细流程如图 2-14 所示，两类服务分别包括 4 个和 2 个环节。

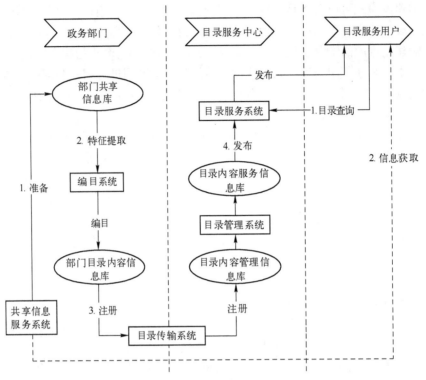

图 2-14 目录体系两类服务的详细流程

2.3 电子政务的技术框架

2.3.1 逻辑模型

从电子政务系统的逻辑结构来考虑，电子政务由核心层（C2G）、互联访问层（G2G、G2B 和 G2C）和外围业务层组成。

1）核心层包括办公自动化系统、宏观经济信息系统、应急指挥系统、计划发展信息系统、信访管理信息系统、突发事件处理信息系统、视频服务系统、政府信息发布系统、领导办公服务系统、组织人事信息系统等。

2）互联访问层包括连接核心层和外围业务层所需的交换设备、线路和应用软件，还包括信息网节点以及与本地各互联网服务提供商（ISP）的互联（如电信网、有线 HFC 网等），确保政府各局（办）之间、区之间、政府与企业和社会之间的互联互通。

3）外围业务层包括各个下属单位的办公自动化系统和业务处理系统的电子政务网络，这些网络的节点是服务社会、反馈政府的核心资源中心，包括机关内部办公自动化系统、投资项目管理系统、人口管理系统、企业信息系统、城市地理信息系统、外商投资服务信息系统、高新技术产业带信息系统等。

电子政务系统的分层逻辑模型如图 2-15 所示，它由 IT 基础设施平台、信息资源服务层、应用服务支持层、业务应用层、表现层、相关的法律法规和标准规范体系、安全保障体系构成，电子政务系统的建设就是利用各种信息与通信技术，将这个逻辑模型工程化。

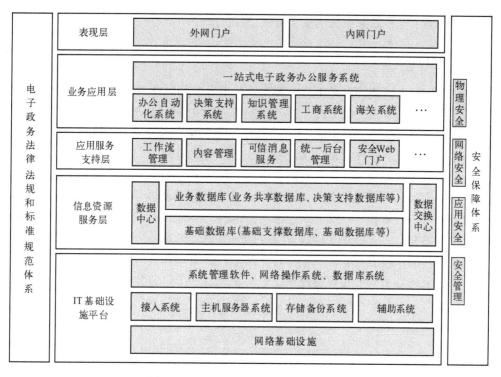

图 2-15 电子政务系统的分层逻辑模型

① IT 基础设施平台为电子政务系统提供网络通信和系统服务，包括网络基础设施、接入系统、主机服务器系统、存储备份系统、辅助系统、系统管理软件、网络操作系统、数据库系统等。IT 基础设施平台是整个电子政务系统的最终信息承载者，位于整个分层逻辑模型的最底层。

② 信息资源服务层由数据中心、数据交换中心、业务数据库、基础数据库组成，负责管理、存放政府的各类基础数据，通过对数据进行转换、加工、提取和过滤等操作，向应用服务层提供数据。

③ 应用服务支持层包括工作流引擎和电子政务中间件，为上层（业务应用层）的具体应用系统提供工作流管理、内容管理、统一后台管理等支撑。中间件支持跨平台的分布式异构数据的访问，从而向业务应用层提供统一的数据服务。工作流系统通过工作流引擎驱动数据在业务应用层的各种应用之间流转，以便根据分工，合理、高效、完整地分配信息。

④ 业务应用层包括 G2G、G2B、G2C 和 G2E 等模式下电子政务的各个应用系统，如办公自动化系统、决策支持系统、知识管理系统、工商系统等各种行业应用系统和一站式电子政务办公服务系统。

⑤ 表现层主要包括外网门户和内网门户，它通过统一的接入平台为不同的用户提供信息查询、网上办事等服务，通过信息交互履行政府沟通等职能。

⑥ 电子政务法律法规和标准规范体系分为总体标准、网络基础设施标准、应用支撑标准、应用标准、信息安全标准和管理标准等，这些标准和规范体系为电子政务系统建设的实施提供了统一的法律和标准依据。

⑦ 安全保障体系包括安全法规及安全策略、安全管理、安全技术产品、安全基础设施、安全服务等信息安全保证措施，可分为物理安全、网络安全、应用安全和安全管理 4 个层次。

该体系可以保障整个电子政务系统的安全可靠运行。

2.3.2 基础设施建设

电子政务的生存发展依赖于基础设施的建设，世界各国的电子政务发展大多都是从基础设施的建设起步的。广泛来说，电子政务的基础设施包括机构的建设、人力资源的建设、软硬件基础设施的建设以及相关法律法规的建设等。狭义上的电子政务基础设施主要指信息基础建设，包括信息传输系统、各种网络连接设备、信息终端设备等。

我国电子政务的基础设施建设的发展自20世纪80年代起，至今可大致分为办公自动化阶段、"金"字工程阶段、"政府上网"工程阶段、全面建设阶段4个阶段。

电子政务的基础设施具有广泛的适应性与渗透性、显著的经济效益和社会效益、极强的时效性和高风险性等特点。它是一个以服务为目的的系统，作为一个统一的政府基础资源的管理中心，为相关部门提供政府业务的支撑平台，其结构模型如图2-16所示。完善电子政务的基础设施建设可以促进电子政务建设的发展，带动相关信息产业的发展，并且有利于推动相关领域的标准化进程。

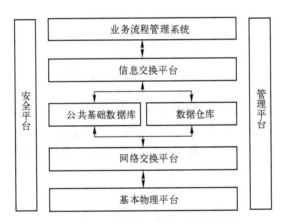

图2-16 电子政务基础设施的结构模型

1) 基本物理平台包括电子政务建设中的一些基础设施，如机房、服务器、网络设备、存储设备等。电子政务对可靠性和实时性要求较高，因此在基本物理平台的设计和建设的过程中要充分考虑其可靠性，必须保证其能进行稳定、持续的工作。

2) 网络交换平台是电子政务基础设施建设中的信息化基础设施建设项目，用于承载不同区域和不同行业之间的政务业务信息传输和信息交换，是支撑电子政务系统网络化的重要组成部分。

3) 公共基础数据库主要用于存储电子政务业务系统中的公共数据，为其他信息交换平台和功能服务平台提供强大可靠的数据支持，具体包括人口基础数据库、法人单位基础数据库、宏观经济数据库、自然资源与空间地理信息数据库、政务工作人员数据库等一系列相关数据库。

4) 数据仓库中存储了海量的政务工作数据，用于数据挖掘等工作，为电子政务的相关工作提供科学、高效的分析结果，来辅助相关的政务决策工作。

5) 信息交换平台用于处理来自不同应用系统的不同格式的数据，按照统一的标准对数据进行格式转换。不同部门、地区的电子政务系统的结构、功能、数据格式可能存在差异，利用信息交换平台则可以避免对原有的业务系统进行过多的改动。

6）业务流程管理系统通过获取各个业务应用服务系统的工作状态，来动态管理业务逻辑，对业务流程进行分析和优化。业务流程管理系统利用工作流、同步化、应用程序和数据库的联网等技术，将各业务系统中的公共流程控制部分、管理部分和其他公共部分进行抽象提取，从而对控制流程进行有效的管理。

7）安全平台和管理平台贯穿于以上各层之间，为基础设施及其之上的应用服务系统提供安全保障和统一管理，通过基础网络和相应软件系统的支持，解决信息共享与保密、互联与局部隔离的关系，确保电子政务系统的稳定运行。

2.3.3 电子政务顶层设计

研究电子政务系统的体系框架，主要是从技术的角度来分析的。为了便于系统的设计及实施，将电子政务系统分为3个层次。最顶层是应用层，有大量的社会技术系统，用来完成所有类型的行政管理工作，主要是指各类应用系统，如领导办公服务系统、计划/统计信息系统等；第二层是网络的业务层，包括各种信息技术模块，可以进行分布式计算和存储，并提供高级用户接口等服务，主要是电子政务系统中能够提供的基本网络业务和中间件服务，如电子邮件（E-mail）、万维网（WWW）、视频服务、可视会议等；第三层是物理层，它是一个受保护的、值得信赖的环境，保证业务处理的安全及合法，主要指网络之间的互联、IP分配、域名分配、物理设备线路等。

1. 国内顶层设计

近年来，我国跟踪国内外电子政务体系结构方面的最新成果，在进行大量相关科研工作的基础上，逐渐形成适合我国各地各级政府构建电子政务需要的产品GEA（Government Enterprise Architecture）。各地各级政府可以以此产品为参考模型，结合具体情况进行二次课题研究，并最终形成规范化的、符合自己需求的政府电子政务体系。GEA的研究工作对于各地各级政府的电子政务建设来说具有战略意义，其必要性体现在以下几点。

（1）推进各地各级政府的电子政务业务规范和流程优化

当前，政务信息资源的开发利用工作仍存在诸多问题，主要是：政务公开的信息远不能满足群众要求，部门间政务信息资源共享的矛盾非常突出，应用系统尚未实现对业务流程的充分优化，信息资源的整合与共享已经成为电子政务发展的瓶颈，电子政务带动信息产业及信息服务业的效果不明显，特别是在电子政务总体框架下建设统一的电子政务尚存在思想认识和体制性的障碍。电子政务的体系结构框架及其体系结构是解决当前政务信息资源开发利用工作存在问题的重要方法。

各地各级信息主管部门组织力量进行了政府主要业务的梳理试点，但是该工作还需要运用科学的方法与手段对梳理结果进行提炼、优化，并以信息技术的方式对优化的成果进行扩展和固化。例如，按照"稳定性"原则的要求，只要政府的总体职责和目标不变，则不管业务部门划分是否变动，业务群的划分都应该坚持正确、有效的原则；按照"价值流"分析策略要求（价值流是指一组从政府运转开始到结束的连续的业务活动），根据政府的使命、职责、管理目标和服务能力，分析政府实现的各种价值，归纳出实现特定价值的相关业务组合。要满足这些要求，需要用一种科学、合理的理论和方法去组织总体设计，这个理论和方法就是GEA研究的对象。

(2) 以架构设计为主线进行信息资源整合

随着电子政务的深入发展，目前电子政务已从基础设施建设阶段转到信息资源开发管理阶段，该阶段的核心在于整合。相比以往的电子政务基础建设阶段来说，信息资源开发管理阶段的信息资源规划是以架构设计（即顶层设计）为主线的。在面向构件的模式下，"业务"作为一个个复合的逻辑，可以被粒度更小的构件描述出来。虽然复合后的业务会不断地变化，但那些粒度更小的构件却是很稳定的。这时候，那些描述"业务功能点"的构件可以被更灵活地调用、重置和复用。这样就避免了传统大型企业系统的周期长、代价高等缺憾，降低了应用闲置的概率，最大限度地消除了容易出现的信息孤岛和IT黑洞等问题。在面向构件的模式中，构件成为进行软件开发、复用和组装的"积木"和基本单元。它不再是由一行行的代码来描述，而是由一个个具有独立功能构件的集合来描述。

(3) 降低电子政务开发成本并推动民族软件产业的发展

回顾各地各级政府多年来信息化的经历，由于缺乏政务实体框架以及体系结构方面的研究成果，各单位、各部门应用系统的开发与建设都是独立进行的，不可避免地造成应用系统的重复建设、数据多头采集、应用系统的开发水平与标准不一致等问题，从而导致电子政务开发成本的提高。此外，由于软件企业不了解电子政务的总体需求与要求，只能针对某些具体需求进行比较低层次的开发工作，难以形成标准化、可复用的产品。而实体体系框架和体系结构的方法实质上是统一技术要求、业务要求和管理要求的标准化手段，通过这种方法使整个电子政务工程及相关环节的建设在全市范围内有章可循、有法可依，形成一个有机的整体，避免盲目和重复，由此可以降低成本并提高效益，从而规范和促进电子政务有序、高效、快速和健康地发展。同时，必然促使软件开发走向规范化、构件化、规模化，提高软件产品的复用率，增加软件的开发商机，也就必然会吸引软件企业在这一领域加大投资，给民族软件产业的发展带来机遇。

近年来，国内有关单位已着手研究实体体系结构的理论与方法，军方有关单位早在20世纪90年代末就已开始研究国外军队的体系结构框架，研究面向部门的信息化体系结构，并已取得一定的成果。研究的创新点体现在：首次在我国提出并开展该课题研究，首次提出并将研究成果付诸电子政务建设实践；提出以实体与实体体系结构两者生存周期同步为核心，以一体化、标准化为主线，全面推进政务信息化发展的思路；运用业务转型（再造）工程、集成技术、业务和IT战略整合及数据挖掘等方法，基本解决电子政务的顶层设计和规划管理问题；选择积木和构件方案来构建实体体系。

2. 国外顶层设计

在电子政务建设中，避免重复投资，促进互操作和跨部门、跨地区的协作是各国电子政务建设的趋势和方向，利用总体架构（Enterprise Architecture，EA）理论可以有效地解决重复投资的问题，促进跨机构的协作[14-15]。通过建设政府EA，可以重新梳理业务流程，建立信息架构，明确绩效目标，确定技术标准，将信息与通信技术与政府业务进行有机地结合，按照结构化的方式对政府各部门的业务目标进行集成和统一；可以提高政务信息资源的管理水平和资金使用的效率，降低政府的运行成本，实现政府各级部门的信息资源共享和协同办公，为公众提供高效、无缝的服务。

(1) 美国的FEA

1999年，美国联邦首席信息官委员会发布了《联邦政府总体架构框架》（Federal Enterprise Architecture Framework，FEAF），旨在为联邦政府提供一个基础架构，促进各部门业务的信息共享和协同开发[16]。联邦政府总体架构（FEA）的主要思路是在现行架构转换到目标架构的过程中采用参考模型，各机构通过与 FEA 参考模型进行对比，从而发现重复投资的项目和可以协作的项目。作为 FEA 的核心，参考模型从绩效、业务、服务构件、数据、技术 5 个方面对顶层架构进行描述，如图 2-17 所示。

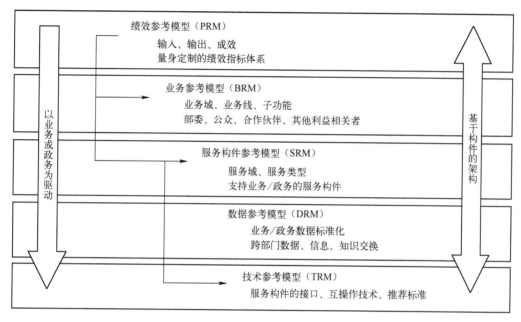

图 2-17 FEA 参考模型

绩效参考模型（PRM）位于最顶层，为电子政务系统提供一套绩效指标标准体系框架；业务参考模型（BRM）从政府职能视角提出一种联邦政府业务线框架，便于各机构发现可以协作的部分；服务构件参考模型（SRM）为业务参考模型和技术参考模型（TRM）建立一种映射关系，为电子政务业务提供共有或常用的服务功能模块，从而实现业务的重用；数据参考模型（DRM）提供业务数据和政务数据的标准规范，从而实现跨部门的数据共享。

（2）英国的 e-GIF 和 xGEA

2000 年，英国内阁办公室开发了电子政府互操作框架（e-Government Interoperability Framework，e-GIF）。e-GIF 定义了跨政府和公共领域信息流的政策文件、技术规范和管理制度，对英国所有公共部门进行强制使用[17]。e-GIF 规定了政府部门间的数据交换标准，但缺少对业务模型的规范，因此在避免重复投资、促进业务协作和重用等方面存在较大的局限性。为了弥补这一不足，2006 年，英国政府首席技术委员会发布了政府跨部门总体架构（cross-Government Enterprise Architecture，xGEA）及一系列参考模型。xGEA 包括 xGEA 参考模型、公共 EA 资产库以及用于描述跨部门合作典型和 EA 模型的一套方法流程。xGEA 参考模型通过一套公共术语和定义来促进各部门之间的交流和协作，由策略域、服务管理域、渠道域、业务流程域、业务信息域、应用域、基础设施域、整合域和安全域共 9 大域组成，每个域都有其特定的业务流程和标准规范。xGEA 为英国政府提供了业务和 IT 的蓝图，有助于促进公共基础设施的发展，持续地协调业务和 IT 功能，提高业务流程的灵活性并降低总体成本。

(3) 韩国的 GEAF

2003 年，韩国政府发布了《政府范围内总体架构框架》（Government-Wide Enterprise Architecture Framework，GEAF），用于指导电子政务的总体架构设计。GEAF 主要由政策指南、各类架构模型的实施过程及相应的建模工具、架构的支撑体系等部分组成，是模型、方法和工具的集合。

(4) 加拿大的 BTEP

2002 年，加拿大财政委员会秘书处发起了业务转换使能计划（Business Transformation Enablement Program，BTEP），用于为政府提供业务转换工具包，为电子政务实现科学的战略规划和集成的战略设计。BTEP 包含 5 个要素：转换路线图，用于判定政府部门的业务流程在互操作和集成方面的成熟度；政府战略参考模型，用于确定或指导政府项目的运行过程，使政府业务建模标准化；转换框架，基于 Zachman 框架，从横纵两个方向提取出 36 个业务要素，为业务转换提供了良好的结构；核心赋能点和需求域，分别用于增强政府业务实施过程的成熟度和灵活性，体现各政府机构的共同需求；转换的整体方法论，为业务转换工程提供了一个从规划到执行的分步、重复的过程。BTEP 为加拿大政府的各类业务提供了一个清晰的整体视图和业务架构设计、执行计划，促进了机构间的协作。

通过比较，美国、英国、韩国和加拿大对电子政务的顶层设计有以下共同点。

1）主要目的：避免重复的项目建设，促进部门间的信息共享和业务协作，为公众提供整合性的信息化公共服务。

2）理论基础：以 EA 理论和方法为基础，从全局的角度审视政府业务和信息化之间的关系，从而组建电子政务的整体架构。

3）推广动力：美国、英国、韩国和加拿大都分别制定了相关的法律法规，从而确保顶层设计项目得以推广，充分发挥其统筹协调的作用。

以上四国的电子政务顶层设计方案对我国的电子政务建设具有一定的借鉴意义。我国电子政务长久以来存在着分散建设和重复建设的现象，要实现"大平台、大数据、大系统"的发展蓝图，必须重视顶层设计的研究和实践。我国电子政务具有极其复杂的纵横关系，因此需要有一套统一的方法论作为顶层设计的理论指导和支撑。在电子政务顶层设计中，需要建立合理的条块协同机制，促进横向部门之间的信息共享和业务协同。此外，电子政务顶层设计应与项目投资挂钩，建立规范的投资规划和审批流程。

2.4 小结

本章介绍了我国电子政务的体系结构，包括各个时期电子政务建设的指导思想、建设目标和实施原则，总结了国际电子政务的发展趋势，介绍了以"三网一库"为基础的电子政务系统的网络体系结构、功能组成、技术特点以及安全体系，并进一步对电子政务的逻辑模型、基础设施建设和顶层设计进行了介绍。

2.5 思考题

1. 请论述我国电子政务发展的几个阶段及其特点。
2. 我国电子政务的体系结构经历了怎样的发展过程？

3. 我国电子政务的基础设施建设的发展包括哪几个阶段？
4. 我国电子政务发展面临着哪些机遇和挑战？

2.6 参考文献

[1] 中办发［2002］17号．国家信息化领导小组关于我国电子政务建设指导意见［OL］．http://www.neac.gov.cn/seac/zcfg/200406/1075051.shtml.

[2] 发改高技［2012］1202号．"十二五"国家政务信息化工程建设规划［OL］．http://www.gov.cn/gongbao/content/2012/content_2210096.htm.

[3] 发改高技［2017］1449号．"十三五"国家政务信息化工程建设规划［OL］．https://www.ndrc.gov.cn/xxgk/zcfb/tz/201708/t20170824_962546.html.

[4] 国家行政学院电子政务研究中心课题组．"十三五"电子政务发展趋势［J］．中国建设信息化，2017（23）：8-11.

[5] 陈晓佳．新一代电子政务框架体系规划［J］．信息与电脑（理论版），2018（14）：5-7.

[6] 严晨雪，陈建平．电子政务外网安全体系研究［J］．软件导刊，2018，17（6）：194-197.

[7] 佟君亮．电子政务PKI/CA建设的研究［J］．信息安全与通信保密，2006（6）：42-44.

[8] 陶阳．浅探市级政府机关电子政务内网建设［J］．大众科技，2011（9）：18-19.

[9] ZHANG H P, TANG Z W, JAYAKAR K. A socio-technical analysis of China's cybersecurity policy: Towards delivering trusted e-government services ［J］. Telecommunications Policy, 2018, 42（5）: 409-420.

[10] 王唤．基于电子政务内网安全防范体系的研究［J］．电脑编程技巧与维护，2016（10）：97-98.

[11] 王进孝，朱蓉华．基础政务信息资源建设研究［J］．电子政务，2010（1）：7-11.

[12] 张明阳．基于云计算的电子政务信息资源整合探究［J］．电子技术与软件工程，2018（13）：256-257.

[13] 连成叶．略论电子政务信息资源整合策略［J］．福建师大福清分校学报，2016（3）：92-95，103.

[14] KUMAR R, SACHAN A, MUKHERJEE A, et al. Factors influencing e-government adoption in India: a qualitative approach ［J］. Digital Policy, Regulation and Governance, 2018, 20（5）: 413-433.

[15] SHARMA P N, MORGESON F V, MITHAS S, et al. An empirical and comparative analysis of E-government performance measurement models: Model selection via explanation, prediction, and parsimony ［J］. Government Information Quarterly, 2018, 35（4）: 515-535.

[16] 王璟璇，于施洋，杨道玲，等．电子政务顶层设计：国外实践评述［J］．电子政务，2011（8）：8-18.

[17] Cabinet Office. e-Government Interoperability Framework. ［OL］. http://xml.coverpages.org/egif-UK.html.

第3章 电子政务基础设施平台

电子政务基础设施平台主要由网络设施、数据平台、应用支撑平台、移动办公平台等构成,其中,网络设施是"基石",影响着上层的其他设施与功能的实现,可以加快建设电子政务中各实体的数字连接方式;数据平台是"平台",存放政府的各类基础数据,通过数据转换、加工、提取和过滤等过程,向应用服务层提供数据;应用支撑平台是"枢纽",负责构建应用集成、信息管理和共性服务等系统,支持异构数据访问;移动办公平台是"辅助",使得办公方式突破时间和空间的限制,提高工作效率和协同办公的程度。

3.1 电子政务的网络设施

3.1.1 电子政务的网络设施概述

电子政务的网络设施是指为电子政务中各实体提供数字连接方式的物质工程设施。网络设施是我国电子政务的重要基础之一,是各种应用系统交互的基石,它的建设将直接影响上层的其他设施与功能的实现。合理的网络设施能够促进电子政务系统间的互联互通、信息共享、业务协同,同时也能够提供可靠的基础设施安全保障。

按照《国家信息化领导小组关于我国电子政务建设指导意见》的规定:电子政务网络有政务内网和政务外网,内外网之间物理隔离,外网与互联网之间逻辑隔离,各层网络之间应采取隔离措施,必需的数据转接应采用安全数据网关。此外,由于我国幅员辽阔,部门之间特别是上下级部门之间地理跨度大,且在以上规定中对于内网的覆盖范围并没有明确说明,这也使得在实际操作中,各地方政府往往要针对自身的实际情况进行调整,进而形成了由政务内网、政务专网和政务外网组成的"三网"结构。

政务内网是政府内部的安全网络,主要是处理政府内部的事务,其实现的功能主要有办公自动化、文档管理、辅助领导决策、视频播放、数据安全与恢复、网络安全等。

政务专网是政府上下级部门和政府之间进行互联和资源共享的基础网络,对部门内部以及部门之间的各类非公开应用提供支持。主要包括各类公文、一般涉密数据以及政府部门之间的各类交换信息,这些信息必须依据政府内部的各类管理权限来传输,防止来自内部或外部的非法入侵。其中涉及的主要应用包括:从中央政府到地方各级政府间的公文信息的审核、传递系统;从中央到地方各级政府间的多媒体信息的应用平台,包括视频会议、多媒体数据实时调度与监控等,以及同级政府之间的公文传递和信息交换。

政务外网是政府对外提供的信息交流窗口,主要功能是实现政务公开以及外界的互动联系。通过外网,政府在向社会提供信息的同时,可以了解外界对政府工作的要求和建议,同时接受外界的建议与意见;通过外网获取需要受理的业务信息,转入政务专网和政务内网进行业务处理,最后将处理的结果通过政务外网发布给社会公众。

经过几十年来的信息化建设,现今我国网络设施的建设已初具规模,从中央到地方的各级政府建立了符合需求的局域网,或通过广域网建立了纵向专网,同时各级部门也建立了各自的网站,可以对外提供服务,而这也正体现出电子政务网络横向和纵向互联的趋势。

然而,在电子政务网络的建设过程中还是存在一些问题,主要表现在以下几个方面。一是网络平台建设各自独立、重复建设,结构不合理、标准不统一,网络和应用相脱节、管理和服务不配套,没有形成一个具备统一的管理规范和技术标准的电子政务网络平台。二是信息资源依法公开和共享程度不高,重复采集、资源冗余,造成信息无法互联互通,制约了信息资源在履行政府职能中的作用。三是应用系统建设对于政府职能转变的推动不够,片面追求项目建设和技术使用,未能根据政府职能转变的要求来优化和整合业务流程。

为解决上述问题,整个电子政务网络设施平台的建设内容主要包括以下 3 个方面。一是统一的安全电子政务平台建设:对自身网络系统的建设,以及网络与外部的互联网、电信公网、短信服务网络以及无线接入网络的建设;二是政务内网建设:即对每个政府部门,分别进行公众服务业务网络、非涉密政府办公网络和涉密政府办公网络系统的建设;三是政务专网的建设:在政务内网中的非涉密政府办公网络之间建立互联的非涉密政务专网,而在内部涉密政府办公网络之间则建立互联的涉密政务专网。

3.1.2 电子政务的网络结构设计

1. 统一安全的电子政务平台

统一安全的电子政务平台是整个电子政务示范工程建设的基础工程,也是整个电子政务系统的枢纽,其主要职责是为有关政府部门的对外业务服务应用提供数据的传输和交换平台,并提供与内部政务专网、互联网或电信公网的接入接口。

统一安全的电子政务平台的网络结构如图 3-1 所示。

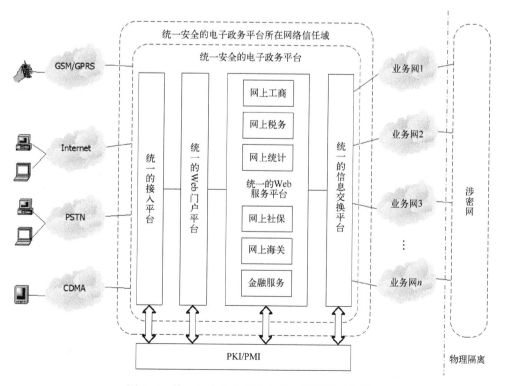

图 3-1 统一安全的电子政务平台的网络结构图

2. 公众服务业务网络

公众服务业务网络主要提供各类具体的公众政务服务资源，属于非涉密网络。公众服务业务网络通过可信 SOAP 服务器与统一信息交换平台相连接，是作为统一信息交换平台的数据源工作的。在一站式电子政务服务框架中所运行的政务公众服务业务系统的最终业务数据，全部存储在对应的政府部门的公众服务业务网络中。

3. 非涉密政府办公网络

非涉密政府办公网络是作为政府部门内部的办公业务网络以及公众服务业务网络的支撑网络运行的。非涉密政府办公网络一方面运行政府部门内部非涉密的办公系统，完成日常的办公业务处理；另一方面也需要对公众服务业务网络系统从统一安全的电子政务平台上运行的政务公众服务业务系统中所获得的业务服务请求进行处理。

由于非涉密政府办公网络中可能涉及部分敏感信息，因此需要通过采用逻辑隔离措施与公众服务业务网络之间进行隔离。

非涉密政府办公网络之间通过非涉密政务专网连接。

4. 涉密政府办公网络

涉密政府办公网络是政府内部办公网络系统。由于其中运行的是涉密的信息，因此根据国家保密局的有关要求，必须与非涉密网络进行物理隔离。

涉密政府办公网络之间通过涉密政务专网连接。

与统一安全的电子政务平台相对应的政务内网的总体结构如图 3-2 所示。

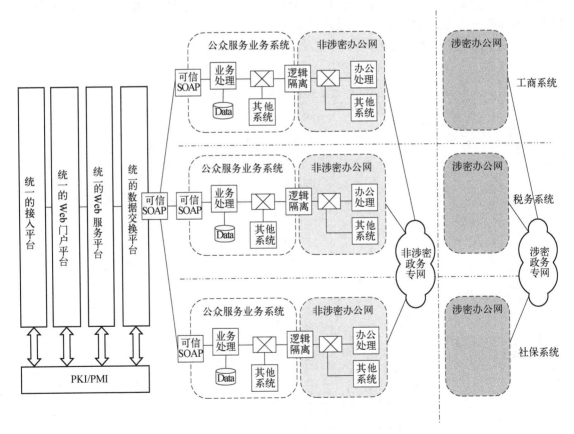

图 3-2 政务内网的总体结构

5. 网络安全结构设计

考虑到在电子政务的目标运行环境中需要处理大量敏感的政务信息，因此在统一的安全电子政务平台的网络结构设计过程中，需要着重进行网络系统的安全性设计，主要包括以下几个部分。

由于统一安全的电子政务平台采用了统一的核心交换平台和系统接入平台，对整个系统内部的安全域划分提供了清晰的界定准则。除了和接入平台以及 Web 服务系统的门户系统直接相连的网络系统为非安全网络系统外，其余的内部网络系统均可视为安全网络系统。在安全网络系统中，允许敏感信息的传输和交换；而对于非安全网络系统，则需要综合采取物理层、网络层和应用层等多个层面的安全机制。安全和非安全网络系统之间的边界网络部分将是整个系统设计的关键，也是系统安全策略的主要实施者。

统一安全的电子政务平台的接入平台提供对访问用户的物理接入的安全控制。对于统一安全的电子政务平台中安全保密级别较高的网络子系统，可通过网络层的安全保护机制提供对所传输敏感信息的保护。对统一安全的电子政务平台中的关键网络系统中的关键网络节点，将采用基于信任和授权服务机制的安全管理机制，来实现对网络资源的分配和管理。对于统一安全的电子政务平台中间的各网元，将采用本地与远程两级的安全运行监管机制，并通过与系统安全漏洞扫描、系统入侵检测和系统安全审计等相关管理子系统的配合，提供全网的安全运行管理。对于统一安全的电子政务平台的关键网络部分，还可以进一步通过机房物理安全防护等物理安全保护措施来提供附加的安全保障。

3.1.3 电子政务的网络接口设计原则

整个电子政务的网络设施主要涉及 4 类接口：统一安全的电子政务平台的对外服务接口、统一安全的电子政务平台与公众服务业务网络的接口、公众服务业务网络与非涉密政府办公网络的接口、非涉密政府办公网络与涉密政府办公网络的接口。

1. 统一安全的电子政务平台的对外服务接口

统一安全的电子政务平台的对外服务接口，主要向社会公众提供对电子政务业务服务的访问接入功能，为适应电子政务公众服务的多样化用户需求，该服务接口需要提供互联网、电信公网、无线网络三种典型网络的访问方法，以方便使用不同类型终端的公众用户接入。考虑到社会公众所使用的电子政务服务的安全性，该接口需要提供基本的网络层安全功能。其中对于通过互联网和电信公网接入的用户，可以通过接入认证交换机以及 PKI 网关设备分别得到网络接入控制和信息安全传输保护功能。

2. 统一安全的电子政务平台与公众服务业务网络的接口

统一安全的电子政务平台与公众服务业务网络的接口，是对整个统一安全的电子政务平台上所承载的具体电子政务应用系统提供安全的业务数据交换接口。对于应用层的数据交换接口而言，需要提供两个层次的安全功能，即网络层和应用层的安全功能。其中网络层主要是通过 PKI 网关提供信息传输的安全保护功能，确保传输过程的保密性和完整性。而应用层的安全功能则是主要通过可信 SOAP 服务器来完成的，重点在于应用层结合安全 SOAP 的访问控制技术和 cegXML 所提供的元素级安全功能来提供对交换业务数据的安全保护服务。

3. 公众服务业务网络与非涉密政府办公网络的接口

由于非涉密政府办公网络可能涉及部分敏感信息，因此不能直接与公众服务业务网络连接，而是必须进行逻辑隔离。该接口应提供公众服务业务网络与非涉密政府办公网络之间的网络逻辑隔离功能。考虑到可能面临的来自内部和外部的安全威胁，该接口需要提供网络接入控制和配套的安全保护措施。

4. 非涉密政府办公网络与涉密政府办公网络的接口

由于涉密政府办公网络系统主要运行涉密的内部政府办公系统，因此根据国家保密局的要求，应与非涉密政府办公网络之间进行物理隔离。

3.1.4 电子政务的网络管理平台建设

由于网络系统的复杂性和开放性，要保证网络能够持续、稳定、安全、可靠和高效地运行，使网络能够充分发挥其作用，就必须实施一系列的管理措施。

简单地说，网络管理就是为保证网络系统能够持续、稳定、安全、可靠和高效地运行，不受外界干扰，对网络系统所实施的一系列方法和措施，通常包括数据收集、数据处理、数据分析和产生用于网络管理的报告。为此，网络管理的任务就是收集、监控网络中各种设备和设施的工作参数、工作状态信息，将这些数据显示给管理员并进行处理，从而控制网络中的设备、设施、工作参数和工作状态，以实现对网络的管理。

1. 网络管理的意义

随着计算机网络的广泛应用和普及，网络时代已经到来，一方面，对于如何保证网络的安全、组织网络高效地运行提出了迫切的要求；另一方面，随着计算机网络日益庞大，使管理也变得更加复杂。这种大型、复杂、异构型的网络靠人工是无法管理的，随着网络管理技术的日益成熟，网络管理显得越来越重要。由网络引发的社会信息化、经济全球化和企业网络化，正在对人类社会的发展产生深远影响，网络管理的重要性与日俱增，这主要表现在如下几个方面。

1）网络规模越来越庞大，只靠网络管理人员来管理这么大型、复杂的网络，几乎是不可能的，因此，需要借助于先进的网络管理系统。

2）网络资源和网络服务越来越丰富，如何有效地配置、分配、控制和管理这些网络资源和网络服务已变得非常重要，其难度也越来越大。

3）现代网络包括各种各样的网络设备：大型机、小型机、工作站、微机、终端、集成器、网桥、路由器、复用器、交换机和各种各样的软件等。这些设备可能来自不同的厂商，遵守不同的标准，使用不同的技术，要对其进行故障检测诊断、维护和管理是相当困难的。

4）网络安全越来越重要，防止黑客、信息间谍和病毒的入侵，确保网络关键设备数据的安全性和完整性，成为网络管理的重要课题。

2. 网络管理的模式

在网络管理中，一般采用"管理者—代理"的管理模型。网络管理为控制、协调和监视网络资源提供手段，即利用网络实现管理者与代理之间管理信息的交换，完成管理功能。管理者从各代理处收集管理信息，然后进行处理，获取有价值的管理信息，达到管理的目的。

（1）管理者（Manager）

管理者通常位于一台联网机器中，该机器称为管理工作站。管理工作站是人类管理员与网络管理系统的接口，它通常具有网络管理的功能。网络管理工作站一般要提供以下功能。

1）具有数据分析、故障发现等功能的网络应用软件。

2）提供网络管理员监视和控制网络的接口。

3）能够将网络管理员的命令转换成对远程网络元素的监视和控制。

4）能与被管理对象的管理信息库（MIB）交换数据。

（2）代理（Agent）

代理位于被管理的设备内部，它把来自管理者的命令或信息请求转换为本设备特有的指令，来完成管理者的指示，或返回它所在设备的信息。另外，代理也可以把自身系统中发生的事件主动通知给管理者。一般的代理都是返回它本身的信息，而另一种称为委托代理的，可提供其他系统或其他设备的信息。

代理是网络中被管资源的"管理表示"。许多设备如主机、路由器、交换机，甚至集线器都可以配置管理代理，以接受管理者的管理。代理可以对来自管理者的信息查询和动作执行请求做出响应，同时还可以异步地向管理者报告一些重要的消息。

（3）管理信息库（MIB）

要想对网络资源进行管理，必须先将网络资源以计算机能够理解的方式表示出来。一个网络设备能够被抽象表示为若干被管对象，而在 Internet 管理标准中，一个对象就是代表管理代理特性的一个数据，而这些对象的集合被称为管理信息库。管理者通过读取 MIB 对象的值来实现监视功能；通过设置对象值，管理者可以使代理上发生某个动作或者修改代理的配置。一般情况下，被管理者的代理只向管理者发送自身的信息，但有时，网络中还有一种转换代理，它可以将管理者发送的管理信息转化成不同类型的设备所能理解的信息，同样也能向管理者发送其他被管理者的信息，这样管理者就可以通过使用转换代理来管理网络上的多种不同类型的设备。管理者将管理要求通过管理操作指令传送给被管理系统中的代理，代理则直接管理设备，代理可能因为某种原因拒绝管理者的命令。管理者和代理之间的信息交换可以分为从管理者到代理的管理操作和从代理到管理者的事件通知两种。一个管理者可以和多个代理进行信息交换，这是网络管理常见的情况。一个代理也可以接受来自多个管理者的管理操作，而在这种情况下，代理需要处理来自多个管理者的多个操作之间的协调问题。

3. 网络管理的功能

网络管理的功能主要包括配置管理、性能管理、安全管理、故障管理和计费管理等。

（1）配置管理

网络中包括各种各样的设备，这些设备的用途不同，其参数、状态和配置也不同。网络配置管理的目标是监视网络的运行环境和状态，改变和调整网络设备的配置，确保网络有效可靠地运行。网络配置功能包括识别被管理网络的拓扑结构、监视网络设备的运行状态和参数、自动修改指定设备的配置、动态维护网络等。

计算机网络传输的容量是有限的，当在网络中传输的数据量超过网络容量时，网络中就会发生阻塞，严重时会导致整个网络系统瘫痪。所以，流量控制是网络管理需要首先解决的问题。

（2）性能管理

网络性能主要包括网络吞吐量、响应时间、线路利用率和网络可用性等参数。网络性能管理是指通过监控网络的运行状态、调整网络性能参数来改善网络的性能，确保网络的平稳运行。

（3）安全管理

网络安全管理的目标是保护网络用户的信息不受侵犯，以防止对用户网络资源的非法访问，确保网络资源和网络用户的安全。例如，设置口令和访问权限来防止非法访问网络，对数据进行加密来防止非法窃取信息等。

(4) 故障管理

故障管理通常包括故障检测、故障诊断和故障恢复。通过故障检测来确定发生了什么故障，故障位于何处；通过故障诊断来找出发生故障的原因和解决办法；故障恢复不仅包括排除故障，而且包括如何避免发生故障，提出减少故障的措施。

(5) 计费管理

计费管理是商业化网络的重要功能，主要包括：统计用户使用网络资源的情况，根据资费标准计算出使用费用；统计网络通信资源和信息资源的使用情况，分析预测网络业务量。

3.1.5　电子政务的网络设施建设模式

在电子政务网络设施的建设中，建设和管理的模式也极为重要，它直接关乎着投资规模、运行成本和管理水平，关系到绩效评估和网络建设的成败。通过对网络建设现状进行分析，可以寻找出符合我国国情的科学合理的建设模式。纵观这些年的网络建设，可以看到如下的几种建设模式。

- 彻底自建式：这种建设模式，从挖沟埋光缆、自购网络设备到运行和管理等全部由政府承担。
- 租用光纤式：也可称为部分自建式，租用裸光纤是其主要特点。有两种形式，一种是政府只租用裸光纤，网络设备全部自购自管；另一种则是同时租用部分网络设备。
- 外包式：由政府外包给电信运营商组网和管理，通过付租金的方式偿付电信运营商的组网投资，同时电信运营商进驻政府机关办公。这种方式的新发展是，政府机关内的局域网也纳入外包，由一家电信运营商负责，政府将包括电话在内的所有电信费用全部付给这家电信运营商。
- 租用带宽式：政府租用电信带宽，自购终端接入设备，自主网管，电信运营商提供基础的网络服务。

第一种建设模式完全不可取，已经不再采用。

第二种模式由于租用裸光纤，为发挥其性能，购买或租用高性能、超高性能的网络设备就不可避免，导致了网络建设的高成本，数千万元、上亿元的网络建设投资屡见不鲜，应用成效不理想是这类网络建设模式的通病。但是，仔细分析就不难发现它还存在致命的弱点，即缺少电信级的专业化管理和设备安全可靠运行的环境。从理论上讲，由非电信专业人员管理、按非电信标准建设的网络，不可能长期、稳定地履行电子政务网络的职能，在突发事件和应急管理中的风险也更大。例如，租用光纤如何解决路由冗余问题？即使租用多条裸光纤，仍不能说达到了电信级的高可靠性标准。

第三种模式在网络管理上没有问题，但往往要求电信运营商建立光纤高速网，仍没有解决租用费用高昂、成本过高的问题。由于网管也由电信运营商负责，存在信息安全管理的问题，特别是存在着涉及国家秘密的信息安全管理是否符合政府管理制度的问题。

第四种模式根据应用需求租用网络带宽，自购的网络设备与所租用的带宽相符，使投资趋向合理。自主网管能够保证信息安全管理符合政府管理制度的要求。基础网络服务由电信运营商提供，确保了全网的专业化管理，满足高可靠性、可用性要求。但这种模式的缺点是，当应用需求增加时，部分网络设备需要升级，需要再投资和再培训，且各地的网管水平不平衡，不可能达到电信级专业化的管理水平。

结合第三种和第四种模式，可以看到存在"电信整体外包，按需租用带宽，自主虚拟网管"的新型建设管理模式。电子政务是惠及全民的社会工程，国家电信基础设施必然是电子政务的基础设施。从这个意义上讲，电子政务网络已经就绪，新型的建、管模式是：采用国际上的信息技术服务管理体系标准（ISO 20000），由电信运营商整体外包电子政务网络，向政府提供满足需要的、可靠的网络接入服务；政府只需按所使用的网络带宽来租用相应的服务，对于网络接入设备，既可以采用单独租用的方式，也可以纳入租用带宽的方式一并按月付费；为了确保电子政务信息安全符合政府管理制度要求，政府需要建立虚拟网管，并与电信运营商协同共管。此模式的最大好处是，政府机构不用再购买和管理网络设备，而是购买电信运营商提供的网络服务。这将大大降低电子政务网络建设和管理的行政成本，网络运行成本也完全与政务应用联系在一起，符合建设节约型政府和高效、低成本电子政务的要求；网络运行管理完全符合电信级的专业化管理标准，与电子政务的需求相符；网络管理符合政府信息管理制度的要求，能够确保信息安全；政府将主要精力集中于服务体系、应用系统及信息资源的建设，可以大大加速电子政务的进程。

3.1.6 电子政务的网络设施建设中的关键技术

建设网络基础设施的目的是实现各个网络之间横向和纵向的互联互通。这其中的关键技术主要有以下几种。
- 局域网的互联。
- 网络接入方法。
- 网络隔离方法。

1. 局域网（LAN）的互联方法

（1）网络互联的目的

网络互联通常是指将不同的网络或相同的网络用互联设备连接在一起，而形成一个范围更大的网络。通过对现有的局域网的互联，扩展了原有的政府上下级部门和平级部门之间沟通和交流的机制，实现了在更大范围内的信息交换、资源共享和协同工作，提高了办事效率，为政府部门的发展和提供社会化的服务带来了新的机会。

（2）局域网互联的硬件设备

1）中继器（repeater）：中继器工作在 OSI 参考模型的物理层，只具有信号放大再生等功能，因此只能连接使用相同媒体访问方法和相同数据传输速率的 LAN。中继器在执行信号放大功能时不需要使用任何智能或算法，只是将来自一侧的信号转发到另一侧（当为双口中继器时），或将来自一侧的信号转发到多个口，以驱动长距离的通信。使用中继器扩充网络距离是最简单、最廉价的方法，但当负载增加时，网络性能将会急剧下降，所以只有当网络负载很轻和网络时延要求不高的条件下才能使用。

2）网桥（bridge）：它能将一个较大的 LAN 分割为多个网段，或将两个以上的 LAN 互联为一个逻辑 LAN。无论是哪种情况，LAN 上的所有用户都可访问服务器。网桥工作在物理层之上的数据链路层，即数据链路层和子层媒体访问控制（MAC）。当 LAN 上的用户数和工作站数增加时，LAN 上的通信量也会随之增加，因而引起性能下降。为了避免这种情况，就必须将网络进行分段，以减少网络上的用户数和通信量，而将网络进行分段的设备便是网桥。网桥从应用上可分为本地网桥、远程网桥和主干网桥；从帧转发功能上可分为透明网桥和源地址路径选择网桥。

网桥的优点是：使用网桥进行互联克服了物理限制，这意味着构成 LAN 的数据站总数和网段数很容易被扩充；网桥的存储和转发功能可使其适应于连接使用不同 MAC 协议的两个 LAN，因而构成一个不同 LAN 混接在一起的混合网络环境；网桥的中继功能仅仅依赖于 MAC 帧的地址，因而对高层协议完全透明；网桥将一个较大的 LAN 分成段，有利于改善 LAN 的可靠性、可用性和安全性。网桥的主要缺点是：由于网桥在执行转发前先接收帧并进行缓冲，与中继器相比会引入更多时延；由于网桥不提供流量控制功能，因此在流量较大时有可能使其过载，从而造成帧的丢失。

3）路由器（router）：路由器在网络层提供连接服务，用路由器连接的网络可以使用完全不同的数据链路层协议和物理层协议。由于路由器所在的 OSI 层次比网桥高，所以，路由器提供的服务也更为完善。路由器可根据传输代价、转接时延、网络拥塞状况以及信源和终点间的距离来选择最佳路径。路由器的服务通常要由端用户设备明确地请求，它处理的仅仅是其他端用户设备要求寻址的报文。路由器了解整个网络，维持互联网的拓扑结构，了解网络的状态，因而可使用最有效的路径发送包。

4）网关（gateway）：网关是互联网中处于 OSI 参考模型的运输层之上的设施，之所以称之为设施，是因为网关不一定是一台设备，有可能在一台主机中实现网关功能，当然也不排除使用一台计算机来专门实现网关具有的协议转换功能。网关使用协议转换器来提供高层接口。

（3）局域网互联方式

对局域网而言，所涉及的网络互联问题有网络距离延长、网段数量的增加、不同 LAN 之间的互联及广域互联等。网络互联中常用的设备有中继器、网桥、路由器、网关等。局域网互联方式按不同标准可分为以下几种：从距离上分，有本地局域网互联和远程局域网互联，即 LAN-LAN 和 LAN-WAN；从互联所采用的介质区分，有同轴电缆（Coaxial Cable）、各类非屏蔽双绞线（Unshielded Twisted Pair，UTP）和屏蔽双绞线（Shielded Twisted Pair，STP）、单模或多模光纤（Optical Fiber）等连接方式。

LAN 借助远程连接和高速光纤主干线可扩充为城域网（MAN）和广域网（WAN）。远程连接可以将分布在两条街道或者地球的两个半球的 LAN 连成一体，选择哪种远程连接手段主要取决于传送速度、连接距离、网间通信量、网络通信应用种类以及价格等方面的要求。对于不同的应用，选择适当的速度很关键。非对称数字用户线路（ADSL），通常使用电话线提供长距离的连接，也可以使用原有的电话线路，从而不会影响电话业务。但是其速度会受到限制，一般上行速度为 640 Kbit/s，下行速度为 8 Mbit/s。当前，随着对带宽需求的不断增加，光纤技术逐渐取代了 ADSL 技术，成为主流的连接方式。光纤可以提供高达 Gbit/s 级别的数据传输速率。

1）本地局域网互联方式。

本地局域网的互联主要有以下 3 种方式。

- 用网桥或路由器实现互联。目前的局域网，不论采用何种拓扑结构、介质访问控制方法及传输介质，一般都遵循 IEEE 802 标准，具有相同的逻辑链路控制（LLC）子层，而 MAC 子层和网络层可能不同。对于相距不远的局域网，可以用本地网桥或路由器将它们连接在一起。
- 利用光纤分布式数据接口（FDDI）实现互联。FDDI 是目前最成熟、传输速率高达

100 Mbit/s 的高速网络技术，采用 FDDI 可以组建高速局域网。当单位较大、含有较多的部门局域网，而且部门局域网之间的信息量较大或较频繁地访问主服务器时，利用 FDDI 实现网络互联是比较恰当的。这时的网络结构实际上是一个两级网络结构，各部门的局域网为基础网，FDDI 为主干网。利用 FDDI 实现局域网互联，不仅可以提高局域网之间互访和局域网对连接在 FDDI 主干网上的服务器的访问速度，而且具有较高的可靠性，并能覆盖较大的地理范围。因为 FDDI 非常可靠，不会因某个局域网的故障而影响其他网络，而且 FDDI 的最大距离可达 100 km，所以可用它来连接地理上较分散的局域网。

- 利用路由器或交换式集线器实现互联。利用 FDDI 实现互联，虽然可获得较好的互联网网络性能，但其价格昂贵、技术复杂，主要用于构造较大型且性能要求较高的互联网网络。在一般情况下，常用的互联设备是高档路由器或集线器。利用路由器实现局域网互联：前几年较常用的方式是，以路由器为中心来互联一幢大楼或一个企业中的局域网，这种互联方式实现了分布处理和集中管理，即把处理功能分布在各个工作站和服务器上，但管理功能集中在路由器上。同时还可以互联不同类型的网络，从而使物理层、数据链路层和网络层上都不相同的网络实现互联，但路由器是在网络层上实现互联的，所以延迟较大；利用交换式集线器实现互联：这种互联方式于 20 世纪 90 年代初推出，由于使用方便、性能又好，被大量采用。

2）远程局域网互联方式。

当一个单位分布在很广的地理范围（如处于不同的城市、不同的国家）时，其所属的各部分网络之间必然相距甚远。这时就需要通过广域网（WAN）使各局域网互联。

路由器是互联 LAN 和 WAN 最常用的设备。路由器的档次很多，其端口数从几个至几十个不等，所支持的协议也有多有少。

然而局域网的类型有很多。因此，利用广域网互联局域网的形式也有多种，主要有以下几种形式。

- 租用专线互联：租用专线互联远程局域网是目前最成熟、最常用的一种方式。这种方式不仅技术成熟，而且地理覆盖面广。但是租用专线价格昂贵，所提供的服务和故障处理也不能令人满意，尤其是当租用专线涉及多个国家时，一旦出现问题就较难解决。
- 利用 X.25 分组交换网互联：利用 X.25 分组交换网互联远程局域网，不仅技术成熟、地理覆盖面广，而且还有整套差错控制设施，能够提供更多的服务，因而能适应各种网络，包括低质量网络，但是也因此使其传输速率不高，只能以 64 Kbit/s 的速率运行。
- 利用帧中继互联：利用帧中继互联远程局域网是一种常用的方式。由于帧中继具有较高的传输速率（可达 2048 Mbit/s），帧中继的流水线特性又特别适合局域网的突发性、高速率与大流量数据传输的特点，因而利用帧中继来互联局域网有很大的优越性。现在开通帧中继的国家和地区越来越多，我国也于 1994 年开通了帧中继。目前，帧中继主要是以永久虚电路方式提供服务，类似于租用专线，但价格比租用专线便宜一半以上。
- 利用异步传输模式（ATM）网互联：用 ATM 网互联远程局域网是一种比较好的方式，不仅传输速率很高，还能提供数据和语音业务，支持图像和视频业务，具有较宽广的发展前景。

3）虚拟专用网络（VPN）。

在电子政务专网系统的建设过程中，很多单位都是采用租用电信运营商"专线"的方法来组建系统内部专网。但运营商提供的专线业务一般采用的线路载体是光纤，所以铺设成本高昂。更重要的是，电信运营商提供的专线租用费用一般较高，导致用户要支付昂贵的线路租用费用，以维持系统专网的运营。

虚拟专用网络是指通过一个共享的基础网络设施，同时提供多个私有网络的连接，每个私有网络拥有独立的 IP 地址空间以及不同的服务策略需求。这些虚拟的私有网络不仅共享同一个基础网络设施，并且在每个 VPN 内部可以连接任意的网络节点，而各私有网络的数据则可以在 VPN 之间安全地隔离。目前普遍应用的三层 MPLS VPN，可以在客户边缘设备（CE）和运营商边缘设备（PE）之间交换第三层（IP）的信息，在 PE 路由器和它所直连的 CE 路由器之间建立路由对等关系，这非常适合电子政务网络的点对多点（P2MP）的路由模式。

虚拟专用网络可以帮助远程用户、政府上下级部门及平级部门之间建立可信的安全连接，并保证数据的安全传输。通过将数据流转移到低成本的公共网络上，可以大幅度地减少花费在城域网和远程网络连接上的费用。同时，这将简化网络的设计和管理，加速连接新的用户和网站。另外，虚拟专用网络还可以保护现有的网络投资。

2. 互联网的接入方式

电子政务的发展对通信基础设施提出了越来越高的要求，各种网络接入技术越来越受到人们的重视，现有的互联网接入方式主要有以下几种。

（1）电话线拨号（PSTN）

通过电话线，即可利用当地运营商提供的接入号码，拨号接入互联网，其速率不超过 56 kbit/s。特点是使用方便，只需有效的电话线及自带调制解调器的计算机就可完成接入。PSTN 运用在一些低速率的网络应用（如网页浏览查询、聊天、Email 等）中，适用于临时性接入或无其他宽带接入场所。缺点是速率低，无法实现一些高速率要求的网络服务，其次是费用较高，其接入费用由电话通信费和网络使用费组成。

（2）数字用户线路（xDSL）

数字用户线路（x Digital Subscriber Line，xDSL），通过在现有的电信网络上使用高级调制技术，在现有的铜质电话线路上采用较高的频率及相应的调制技术，即利用在模拟线路中加入或获取更多的数字数据的信号处理技术来获得高传输速率（理论值可达到 52 Mbit/s）。xDSL 支持数据、语音和视频通信，包括多媒体应用。xDSL 目前有 6 种服务类型：非对称数字用户环路（Asymmetrical Digital Subscriber Line，ADSL）、速率自适应数字用户线路（Rate Adaptive Digital Subscriber Line，RADSL）、高比特速率数字用户线路（High Bit Rate Digital Subscriber Line，HDSL）、超高比特速率数字用户线路（Very High Bit Rate Digital Subscriber Line，VDSL）、对称用户数字线路（Symmetrical Digital Subscriber Line，SDSL）、ISDN 数字用户线路（ISDN Digital Subscriber Line，IDSL）。其中，ADSL 的应用最为广泛。

（3）混合光纤同轴电缆（HFC）

混合光纤同轴电缆（Hybrid Fiber Coax，HFC），是光纤和同轴电缆的结合，即光纤用于中央设备，同轴电缆用于连接个人用户。本质上，HFC 是具有层次结构的，它在需要最高带宽的网络端口上使用光纤，在可容忍的低速率的部分使用同轴电缆。

为使用 HFC，拥有电缆的公司需要更换许多现存的电缆和线路放大器。对于电子政务系统来说，这种接入方式的缺点在于其网络架构属于网络资源分享型，当用户激增时，速率就会下降，且其不稳定，扩展性不够。

（4）以太网宽带接入（FTTX+LAN）

以 FTTX+LAN（小区宽带）为主要方式，实现不同速率的宽带接入，提供高速的局域网及高速的互联网网络服务。通过光纤接入到小区节点或楼道，再由网线连接到各个共享点上（一般不超过 100 m），提供一定区域的高速互联接入。其优点是速率高，抗干扰能力强，适用于家庭、个人或各类企事业团体，可以实现各类高速率的互联网应用（视频服务、高速数据传输、远程交互等），缺点是一次性布线的成本较高。

（5）光纤接入

未来，光纤接入必然会替代过渡性的数字用户线路、混合光纤同轴电缆和以太网宽带接入等其他接入方式。光纤接入网有多种方式，最主要的有光纤到路边、光纤到大楼和光纤到家，即常说的 FTTC、FTTB 和 FTTH。结合成熟的局域网络技术，为用户端提供 10 M/100 Mbit/s 交换或共享速率。这种解决方案的缺点是需要进行网络结构化布线。

光纤接入在各地城域网的建设中得到了广泛的应用。城域网的建设不必过多考虑全国的整体结构，因此最新的技术可以不断地被采用。当前城域网的建设在全国范围内如火如荼地开展起来，其发展目标是在当地建立一个以大容量光纤为传输介质，基于 IP 交换的综合业务网络。而光纤接入可以作为用户直接接入高速城域网的一种便捷手段，因而受到了广泛的关注。

（6）无线接入

电子政务无线接入方式为电子政务提供了强大的扩展能力和移动能力，是新一代电子技术发展和竞争的焦点。现在所采用的无线接入方式主要有移动通信网络、无线局域网等。

1）移动通信网络。

4G 可以以 100 Mbit/s 的速率传输数据，包括高质量的音频、视频和图像等，极大地丰富了移动电话的应用场景，丰富了电子政务系统的功能。4G 使用正交频分复用技术，将频域内的信道分为多个互相正交的子信道，并在各个子信道内使用一个子载波进行调制。正交频分复用技术可以消除或者减小子信道间的干扰，提高频谱资源的利用率。同时也可以简化接收机的设计。4G 中还使用了 Turbo 编码、自动重发请求（ARQ）和分集接受等技术提高信息传输的可靠性，使用 MIMO 技术、软件定义无线电技术、多用户检测技术等先进技术提高信息传输容量，降低组网成本。5G 可以实现高数据速率、减少延迟、节省能源、降低成本、提高系统容量和大规模设备连接。ITU IMT-2020 规范要求传输数据的速率高达 20 Gbit/s，可以实现宽信道带宽和大容量 MIMO。

2）无线局域网（WLAN）。

无线局域网（Wireless Local Area Network，WLAN）是利用无线通信技术与设备来组建计算机局域网的一种方式。无线局域网是基于有线网而发展起来的，是有线局域网的延伸，它可以使计算机在联网的同时，依然保持高度的移动性、方便性，不仅能够快速、方便地解决有线方式不易实现的计算机互联，还能通过无线局域网实现许多新的应用。

同时，IEEE 802.11 所定义的无线局域网还具有以下的功能，如介质访问控制层功能、漫游功能、自动速率选择功能、电源管理功能、保密功能等，这些都保证了无线网络可靠、高效的工作。基于无线局域网的良好性能，在电子政务无线接入中采用 WLAN 接入电子政务综合业务平台的方式，完全可以实现用户的移动接入。当前正在不断普及的 802.11ac 标准使用 5 GHz 的频段，其信息传输速率高达 1 Gbit/s。

3. 软件定义网络（SDN）

在传统的电子政务网络中，由于网络中数据节点和数据量的增加已无法适应现在的需求，因此，软件定义技术在电子政务网络中得到了很多的应用[1]。随着网络应用服务的增多，不同网络的应用场景也随之出现。相对来说，网络的管理机制和通信机制一直落后于网络本身的发展，从而成为网络进一步发展的瓶颈，软件定义网络技术在这种情况下应运而生。软件定义网络通过对传统网络中的控制层和数据层进行分离，从而使网络管理可以独立于设备，控制逻辑可以独立于底层的网络设备，因此，网络变得更灵活和可扩展。最早的 SDN 架构由开放网络基金会（ONF）提出，如图 3-3 所示。SDN 逻辑架构分为三层，分别为基础设施层、控制层以及应用层。

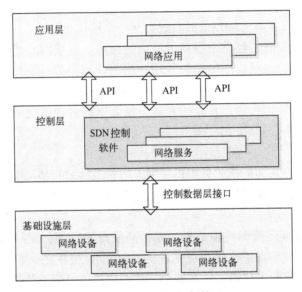

图 3-3 SDN 逻辑架构

基础设施层：基础设施层主要包括传统网络中各种底层的网络设备，如传感器节点、各类电子设备以及支持和控制平面通信协议的交换设备。该层主要负责底层网络状态的收集和上层下发流表的转发和执行。

控制层：控制层主要包含各类软件定义的网络服务，负责网络中数据平面资源的整合、网络拓扑结构的维护以及网络上设备状态信息的维护。通过南向接口，控制平面可以和基础设施直接通信，从而可以进行策略下发等操作。同时通过对应用层提供的各类 API 接口，可以方便管理者直接通过 API 接口来管理整个网络状态信息。

应用层：应用层包含各类网络的应用，通过控制层提供的 API 接口，用户可以对网络信息执行不同的特定控制，这些控制会由控制层转化，并下发到具体的基础设施上。

SDN 基础架构的应用平面、控制平面、数据平面的具体协同操作如图 3-4 所示。数据平面由不同的网络元素组成，网络元素之间可以通过各类协议规则相连接。控制平面中的控制器负责全局的策略配置和性能监控，并且对全网进行控制。在应用平面中，管理员可以通过应用层各类 SDN 应用和 SDN 所提供的北向接口对网络的控制，进行个性化定制而不需要关心网络底层的相关信息，并可以通过简单的编程快速部署新的应用。

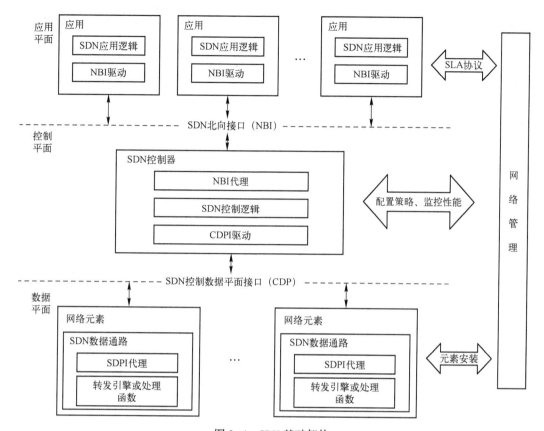

图 3-4 SDN 基础架构

SDN 将控制平面和数据平面分离开来。应用平面通过 SDN 的北向接口（North bound Interface，NBI）和控制平面进行通信。通过标准化接口，可以简化应用平面对于整个网络的控制和操作。控制平面和数据平面通过 SDN 控制数据平面接口进行通信，这使得网络控制和数据转发可以分离，并可以分别进行优化，从而降低了网络的复杂度。

为了推动 SDN 的发展，标准化组织开放网络基金会应运而生。而 OpenFlow 协议作为实现控制和转发分离的基础，越来越受到人们的关注[2]。图 3-5 描述了 OpenFlow 的运行机制，从图中可以看到，OpenFlow 协议主要包括端口、流表、通信信道和数据结构等。

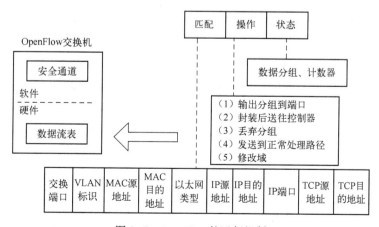

图 3-5 OpenFlow 的运行机制

OpenFlow 的交换机包括多个流表和一个组表。流表操作主要包括匹配、状态和操作这三种。

1）匹配：匹配操作通过将数据包的输入端口、报头字段部分，与之前控制器中所传递的信息进行匹配，从而观测是否可以直接使用以往的策略。如果和之前控制器中所保存的信息相匹配，则不需要执行转发策略请求操作，便可以直接转发数据包。

2）状态：状态包括数据分组和计数器。计数操作是指当数据包进行匹配操作时，如果匹配成功，计数器便对此转发策略加一。

3）操作：操作和传统的数据包转发内容相同，包括发送数据、发送数据到控制器、数据包超时丢弃等操作。

交换机每次接收到数据包时，并不直接执行转发操作，而是先在以往的流表中查找是否可以匹配到过去配置的条目。如果匹配成功，则执行流表中相应的操作，并且将计数器中数字加一；如果匹配不成功，则将数据流的第一条报文转发至控制器，请求转发策略。

4. 云计算

云计算是基于互联网相关服务的增加、使用和交付模式，通常涉及通过互联网来提供动态易扩展且经常是虚拟化的资源[3-5]。在电子政务基础设施平台建设过程中使用云计算，可以使开发团队专注于与电子政务功能相关的实现与维护，而不用在机器和网络的管理上消耗大量时间与精力。除了可以减小计算机基础设施的维护成本之外，云计算还可以使电子政务应用更快速地启动和运行，提高应用的可管理性，减小维护应用的工作量。云计算也可以动态地分配计算资源，当遇到突发的流量高峰时可以灵活地为相关应用分配更多计算资源，以满足相关应用的需求，具有计算资源可弹性伸缩的优势[6-7]。

目前云计算的部署方式大致可以分为以下 3 种。

（1）公有云

公有云是指可以被公共用户使用的云端基础设施。公有云通常价格较为低廉，用户使用公有云时也不必考虑网络以及设备的维护，仅需要专注于核心业务应用即可。而且公有云可以提供资源的动态分配，在业务高峰时可以购买额外的计算资源来满足用户的需求，在业务低谷时释放多余的计算资源以节约成本。

（2）私有云

私有云与公有云的基础架构较为相似，主要区别在于私有云的资源通常只可以被一个组织进行管理和使用。公有云由于其开放性，使得用户的重要数据的安全性得不到很好的保证。在数据安全十分重要的场景下，如电子政务等，通常选择架设私有云而不是公有云。私有云也可以有效地利用已有的硬件设备，降低成本。

（3）混合云

混合云是指公有云与私有云的混合，其融合了公有云和私有云两种模型的优势。通常重要的数据被保存在私有云当中，以提供较高的安全性保障。而当私有云中的计算资源不足以满足业务需求时，会使用公有云的计算资源。这种方法使得混合云能够有效地处理突发流量请求，同时保护敏感数据的安全。

5. 网络隔离

随着工作要求的逐步提高，电子政务已经不再是简单的单机、单网络就能够满足的，系统内的各终端机不但需要连接、形成局域网，而且还需要随时与系统外网络连接，例如与互联网的连接，于是外网的病毒、木马侵扰等不安全因素给电子政务带来了巨大的安全隐患，不但能够摧毁系统，更能够盗取这一行业的重要数据。因此，既能在双网间快速切换，又能成功抵御复杂网络环境下的多种攻击成为行业用户的迫切需求，于是网络隔离技术应运而生，并随着电子政务的普及而快速地发展。

从《国家信息化领导小组关于我国电子政务建设指导意见》中可以看出，隔离在实现上有两种方式，即逻辑隔离和物理隔离。逻辑隔离是一种不同网络间的隔离方式，被隔离的两端仍然存在物理上的数据通道连线，但通过技术手段可以保证被隔离的两端没有数据通道，即逻辑上隔离。逻辑隔离一般使用协议转换、数据格式剥离和数据流控制的方法，在两个逻辑隔离区域中传输数据。并且数据传输的方向是可控状态下的单向，不能在两个网络之间直接进行数据交换。而物理隔离是指内部网不得直接或间接地连接公共网。物理隔离的目的是保护路由器、工作站、网络服务器等硬件实体和通信链路，使其免受自然灾害、人为破坏和搭线窃听攻击。只有使内部网和公共网之间实现物理隔离，才能真正保证内部信息网络不会受到来自互联网的黑客攻击。此外，物理隔离也为内部网划定了明确的安全边界，使得网络的可控性增强，便于内部管理。

现在的市场上充斥着大量的隔离产品，而这是经历了五代隔离技术不断的实践和理论相结合后得来的。常见的隔离技术主要分为以下几种。

（1）完全的隔离技术

完全的隔离技术是完全切断计算机与互联网的联系，从而形成完全的物理隔离。但是这种隔离技术使得网络处于信息孤岛状态，若想从互联网获取信息，则需要另一台能够连接互联网的计算机，因此需要两套网络和系统，这不仅造成信息交流的不便和成本的提高，同时也给维护和使用带来极大的不便，而且文件传输过程中不能防范人员的操作失误或计算机病毒给系统以及数据带来的损害。

（2）硬件卡隔离技术

硬件卡隔离技术是在客户端增加一块硬件卡，这样，客户端硬盘或其他存储设备首先连接到该卡，然后再转接到主板上，通过硬件卡便能够控制客户端硬盘或其他存储设备。而在选择不同的硬盘时，同时选择该卡上不同的网络接口，连接到不同的网络。因为硬件卡是通过选择不同的硬盘连接到不同的网络，所以也被称为硬盘隔离技术。

虽然硬盘隔离技术能够一定程度地对内外网进行隔离，但是两套系统仍然共用内存，因此存在着较大的安全隐患。且普通计算机搭配硬件卡时经常会遇到兼容性风险，不仅系统不够稳定，而且网络切换的等待时间动辄几分钟，造成工作的极度不便。

（3）数据转播隔离技术

数据转播隔离技术通过转播系统分时复制文件来实现隔离，其切换时间非常久，甚至需要手工完成，这不仅明显地减缓了访问速度，更不支持常见的网络应用，失去了网络存在的意义。

（4）空气开关隔离技术

它是通过使用单刀双掷开关，使得内外网分时访问临时缓存器来完成数据交换的，但在安全和性能上存在许多问题。

（5）安全通道隔离技术

此技术通过专用通信硬件和专有安全协议等安全机制，来实现内外网的隔离和数据交换，不但解决了以前的隔离技术存在的问题，并且有效地把内外网隔离开来，高效地实现了内外网数据的安全交换，支持多种网络应用，成为当前隔离技术的发展方向。

要实现高速、有效的网络隔离，需要注意以下几点。

1）隔离产品要保证自身具有高度的安全性，至少在理论和实践上要比防火墙高一个安全等级。从技术实现上，除了和防火墙一样，需要对操作系统进行加固优化或采用安全操作系统外，关键是要把外网接口和内网接口从一套操作系统中分离出来。也就是说，至少要由两套主机系统组成，一套控制外网接口，另一套控制内网接口，然后在两套主机系统之间通过不可路由协议进行数据交换，如此，即便黑客攻破了外网系统，仍然无法控制内网系统，从而实现了更高的安全等级。

2）保证网间隔离的关键是网络包不能进入对方网络，无论中间采用了什么转换方法，只要最终使得一方的网络包能够进入到对方的网络中，都无法称之为隔离，即达不到隔离的效果。显然，只是对网络包进行转发，并且允许建立端到端连接的防火墙，是没有任何隔离效果的。此外，那些只是把网络包转换为文本，交换到对方网络后，再把文本转换为网络包的产品也是没有做到隔离的。

3）既然要达到网络隔离，就必须做到彻底防范基于网络协议的攻击，即不能让网络层的攻击包到达要保护的网络中，所以必须进行协议分析，完成应用层数据的提取，然后进行数据交换，这样就把诸如 TearDrop、LAND、Smurf 和 SYN Flood 等网络层的攻击包，彻底地阻挡在了可信网络之外，从而增强可信网络的安全性。

4）作为一套适用于高安全度网络的安全设备，要确保每次数据交换都是可信的并且可控制的，需要严格防止非法通道的出现，以确保信息数据的安全和访问的可审计性。所以必须使用一定的技术，保证每一次数据交换过程都是可信的，并且内容是可控制的，可采用基于会话的认证技术、内容分析和控制引擎等技术来实现。

5）隔离产品会部署在多种多样的复杂网络环境中，并且往往是数据交换的关键点。因此，产品要具有很高的处理性能，不能成为网络交换的瓶颈；要有很好的稳定性，不能出现时断时续的情况；要有很强的适应性，能够透明接入网络，并且支持多种应用。

3.2 电子政务的数据平台

电子政务的数据平台一般负责管理和存放政府的各类基础数据，通过数据转换、加工、提取和过滤等过程，向应用服务层提供数据。该平台一般包括数据库和数据库管理系统。

3.2.1 数据平台的相关概念和理论

1. 元数据

元数据（Metadata），是对数据资源的描述，是关于数据的数据。元数据是信息共享和交换的基础和前提，用于描述数据集的内容、质量、表示方式、空间参考、管理方式以及数据集的其他特征。例如，"职工姓名"是对职工"张三""李四"等姓名的抽象，这些具体的姓名是业务数据，而抽象的职工姓名即为元数据。

电子政务系统的所有元数据都可以存储在一个数据库中，这个数据库称为元数据库（Meta Database），它描述了电子政务系统中所有信息资源的情况。

2. 资源目录体系

政务信息资源是由政府部门或者为政府部门采集、加工、使用、处理的信息资源，包括政府部门依法采集的信息资源、政府部门在履行职能过程中产生和生成的信息资源、政府部门投资建设的信息资源、政府部门依法授权管理的信息资源等。

政务信息资源目录是按照一定的规则对政务信息资源的元数据的排列，它以核心元数据为基础，对政务信息资源进行分类和格式标准化，实现信息资源的有序组织。政务信息资源目录体系是采集、存储、使用和管理政务信息资源目录内容，通过元数据描述和检索机制，定位并发现信息资源，实现信息资源共享的系统。

3. 数据仓库

随着电子政务系统海量数据的存在和政府决策的需要，传统的数据库系统已经无法满足需要，因而利用数据仓库技术已是必然。基于数据仓库的决策支持系统（DSS）由3个部件组成：数据仓库（Data Warehousing）技术，联机分析处理（On Line Analytical Processing，OLAP）技术，数据挖掘（Data Mining）技术。

联机分析处理是使分析人员、管理人员或执行人员能够从多种角度对从原始数据中转化出来的、能够真正被用户所理解的、并真实反映企业特性的信息进行快速、一致、交互地存取，从而获得对数据更深入了解的一类软件技术。OLAP的目标是满足决策支持或多维环境特定的查询和报表需求。数据仓库侧重于存储和管理面向决策主题的数据；而OLAP侧重于对数据仓库的数据分析，并将其转换成辅助决策的信息。OLAP的一个主要特点是多维数据分析，这与数据仓库的多维数据组织形成了相互结合、相互补充的关系。因此，利用OLAP技术与数据仓库的结合，可以较好地解决传统决策支持系统既需要处理大量数据、又需要进行大量数值计算的问题。OLAP的多维数据分析主要通过对多维数据的维进行剖切、钻取和旋转，来实现对数据库所提供数据的深入分析，为决策者提供决策支持。多维结构是决策支持的支柱，也是OLAP的核心。

4. 企业应用集成（EAI）

企业应用集成（Enterprise Application Integration，EAI），是将基于不同平台、采用不同方案建立的异构应用集成的一种方法和技术。EAI通过建立底层结构，来联系贯穿整个企业的异构系统、应用、数据源等，满足在企业内部的企业资源计划（ERP）、供应链管理（SCM）、客户关系管理（CRM）、数据库、数据仓库，以及其他重要的内部系统之间无缝地共享和交换数据的需要。有了EAI，企业就可以将企业核心应用和新的Internet解决方案结合在一起。

EAI将进程、软件、标准和硬件联合起来，实现两个或更多的企业系统之间的无缝集成，使它们就像一个整体一样。尽管EAI常表现为对一个商业实体（例如一家公司）的信息系统进行业务应用集成，但当在多个企业系统之间进行商务交易的时候，EAI也表现为不同公司实体之间的企业系统集成，例如B2B电子商务。

EAI技术层次体系最下面的一层是应用接口层，它要解决的是应用集成服务器与被集成系统之间的连接和数据接口的问题。其上是应用整合层，它要解决的是被集成系统的数据转换问题，通过建立统一的数据模型来实现不同系统间的信息转换。应用整合层之上是流程整合层，它将不同的应用系统连接在一起，进行协同工作，并提供商业流程管理的相关功能，包括流程设计、监控和规划，实现业务流程的管理。最上端的是用户交互层，为用户在界面上提供一个统一的信息服务功能入口，通过将内部和外部的各种相对分散的信息组成一个统一的整体，保证用户既能够从统一的渠道访问其所需的信息，也可以依据自己的需求来设置和提供个性化的服务。

5. 可信信息总线和适配器法

可以利用可信信息总线和适配器法进行系统集成，以消除电子政务系统中的"信息孤岛"以及信息交换等问题。在总线上，点之间的交换是对等的，若某个节点发生故障，不会影响其他节点之间的通信。适配器、总线和控制器一起构成了信息交换平台。可信信息总线集中了所有的数据交换接口，进行所有的信息交换及其管理工作，有人也把它叫作政府总线。在可信信息总线拓扑结构中，连接的数量与要连入的应用个数相等。每增加一个节点，增加的连接也只有一个。通过总线，应用之间的维护、安全控制和信息过滤都会变得非常容易，不需要对遗留系统进行大的修改或重新开发。

6. 数据存储备份技术

对于一个单位来说，网络数据的安全性是极为重要的。无论是来自自然灾害的威胁，还是其他主客观因素的灾难，一旦重要的数据被破坏或丢失，就会对单位的日常工作造成重大的影响。这时，最关键的问题在于如何尽快恢复计算机系统，使其能正常运行。而唯一可以将损失降至最小的、行之有效的办法莫过于数据的存储备份。

数据备份系统的建设，对保障系统的安全运行、保障各种系统故障的及时排除和数据库系统的及时恢复起到关键作用。常用的数据备份方式有完全备份、差异备份和增量备份3种。存储备份技术并不仅仅指数据的简单备份，还包括内容及备份的管理等多方面。数据存储备份技术一般包含硬件技术及软件技术等，硬件技术主要是磁带机等存储硬件技术，软件技术主要是通用和专用备份软件技术等。事实证明，只有采取硬件备份和很好的管理软件相结合的方式，才能为电子政务提供安全的数据保护。

3.2.2 数据平台的设计

电子政务数据中心是电子政务体系中的重要组成部分，主要承担政务信息流的生成、运行、交换、存储、处理、发布和利用等任务。政务信息流与政务应用系统之间的关系非常密切，因而，电子政务数据中心在电子政务体系中占据着核心地位，正如《国家电子政务总体框架》中指出："政务信息资源开发利用是推进电子政务建设的主线，是深化电子政务应用取得实效的关键。"

数据中心是面向电子政务，基于 XML 和 Web Services 技术的数据交换、数据流管理和跨部委协同工作的应用支撑平台系统。其核心内容是数据集中存储管理、提供共享和交换平台，提供公共服务和决策支持服务。

1. 数据中心系统的设计原则

（1）集中性原则

系统规划、设计和建设要以管理系统集中、数据集中、处理集中为原则，统一规划、统一标准、统一设备。

（2）安全、保密性原则

从设备安全、网络安全、数据安全等多角度考虑系统的安全性和保密性，采用多种手段对安全性和保密性进行控制，来确保信息的安全。

（3）技术先进性

各种设备均采用技术成熟、稳定且具备先进设计理念的产品，系统在建成后能通过升级保持其先进性，延长生命周期。

（4）高可靠性

系统软硬件的选取均以高可靠性为衡量标准。主要部件采用冗余机制和高效的故障管理来保证系统具备极高的可靠性。软件采用模块化、分层隔离以及负载均衡的设计思想，充分保证系统的高可靠性。

（5）高可用性

系统具有高效的软硬件使用效率，关键设备均达到硬件配置最高的使用率，同时采用优化的流程设计来确保系统的高可用性。

（6）易维护性

系统硬件要实现远程管理及维护，系统软件均采用模块化的设计，并提供友好的人机接口，确保系统的易维护性。

（7）灵活的扩展性

服务器、存储阵列扩容方便，可实现弹性部署。系统关键设备均采用集群技术以及负载均衡技术，可充分保证系统的容量随着用户的增多而扩展，实现系统的平滑扩容。软件系统架构充分利用网络的扩展性强的特点，采用分散控制、集中管理的结构，使得系统可扩展性很强。

（8）良好的开放性

系统采用业界主流的硬件平台、操作系统平台、数据库平台以及标准的协议，保证系统的开放性。

（9）极高的性价比

以实际的需求和品质要求为标准，既不为强调技术而牺牲成本，又不为追求低价而牺牲质量，采用具有最佳性价比的方案。

2. 数据中心体系的结构

数据中心在电子政务系统中处于中心地位，包括公共数据（信息）库、模型库、文件交换站以及发布信息的政府门户网站，各数据源将自己的数据上传给数据中心，而各部门则根据自己的需要从数据中心获取数据，实施自己的应用。

数据中心体系的构成基于以下几点来考虑。

1）数据中心主要管理由核心业务数据整合而成的共享数据库，以及与相关业务部门交换数据的接口数据文件。通过数据中心，实现了包括公文、法律法规、国内外动态等核心业务部门和相关业务机构的数据资源共享。

2）数据文件可以通过公文交换系统、邮件网络方式直接传递，但都存在安全隐患问题，如果通过政务专网及信息资源中心进行转发，可以解决数据传递过程中的安全隐患，同时实现整个系统的单一出口或入口。

3）从网络流量和业务办理机构的操作性能等方面进行综合考虑，在整合核心业务数据时，如果采用同步实时复制方式，既不能保证网络流量得到满足，又降低了业务办理机构的操作性能和数据存储速率；如果采用异步批量复制方式，利用网络的空闲时间进行数据的批量复制，就可以解决以上问题。

4）数据集中存储，既方便了数据的安全控制，又方便了数据的异地集中备份，从而最大限度地发挥数据中心的作用。

3. 资源目录体系设计

（1）资源目录的分类

一般来说，电子政务系统的资源目录体系可以分为共享存储资源目录、交换资源目录和各下属单位自有资源目录3大类。这3类资源从形式上代表了集中共享数据资源、交换共享数据资源和分布私有数据。资源目录体系是动态变化的，因此资源目录体系将是不断扩充并完善的。

（2）资源目录管理系统的选择

资源目录管理系统应该具有强大的 XML 数据存储和处理能力，这是一般关系型数据库所不具备的。因此，必须选择一种基于 XML 的数据库系统作为数据中心的资源目录管理系统，这种资源目录管理系统的存储和管理是基于 XML 且面向对象的，具有动态交换信息、信息和元数据非结构化等特点，同时，该管理系统还可以将其他数据存储在关系型数据库中，如 Oracle、DB2 和 Domino 等。

4. 数据存储设计

（1）数据库分类

按照信息的应用属性，数据库的分类见表 3-1，可将电子政务系统的数据类型分为基础数据库和业务数据库两大类。基础数据库类包括基础支撑数据库和基础数据库。基础数据库是国家统一建设的战略性基础数据库。业务数据库类包括共享业务数据库和决策支持数据库。

表 3-1 数据库的分类

基础数据库类		业务数据库类	
基础支撑数据库	基础数据库	共享业务数据库	决策支持数据库
元数据库 代码数据库 业务规则数据库 标准规范数据库	人口信息数据库 法人信息数据库 空间地理与自然资源信息数据库 宏观经济信息数据库	办公数据库 审批数据库 政务公开数据库 企业服务监管数据库 城市管理信息数据库	统计分析数据库 模型数据库 方法策略数据库

（2）基础支撑数据库

基础支撑数据库对整个数据中心的其他数据库起支撑和管理作用，主要负责对整个核心数据库进行描述，实现对数据的管理、控制和配置，同时对数据库中的信息进行管理规范的制定和执行。

1）元数据库。

元数据是使数据充分发挥作用的重要条件之一，它可以促进数据的管理、使用和共享。通过元数据库的建设，可以对数据中心资源目录体系中的数据库、表、数据项和各种属性等进行描述。元数据库分为共享存储数据元数据库、交换数据元数据库和各下属单位数据资源元数据库，分别描述存储在数据中心核心数据库中的数据、用于交换的数据和目前仍分布存储在各下属单位中的数据。元数据库可以用于管理、处理核心数据库中存储的数据，可以用于交换的数据和政务网中其他的数据，可以用于定制数据交换的数据流程、数据加工处理的工作流程，可以用于快速找到用户所需要的数据，同时，也使数据中心的管理员可以方便、快捷地实现对数据的管理和控制。

元数据主要是对数据中心的资源目录体系进行描述，因此，根据元数据的用途可将资源目录体系分为共享存储目录体系、交换目录体系和分布数据目录体系。共享存储目录体系主要是对数据的共享存储情况进行描述，如数据的内容、来源、存储位置等。交换目录体系是对数据的交换情况进行描述，如交换数据的内容、来源以及数据交换的去向等。分布数据目录体系主要是对分布在电子政务网中的数据进行描述，如数据的种类、内容、所属单位和共享的程度等。

2）代码数据库。

代码数据库用于给出各数据项代码指标的意义和取值范围，并对其进行描述。每个数据项都有代码和取值范围，这些代码和取值范围组成了数据字典，其目的就是统一数据标准，保证数据的一致性和同步性。

3）业务规则数据库。

业务规则数据库对核心数据库的各个数据项指标的具体业务规则和数据转换规则进行了描述。业务规则数据库解决了数据中心在进行数据共享和交换过程中，数据项属性，如代码、类型、大小和取值范围不一致的问题。如在人口基础数据库的人口基础数据中，关于性别的代码，各相关业务系统采用了不同的定义规则，有的将表示男性的代码定义为"01"，有的定义为"A"，有的定义为"Male"等，而在数据中心中必须统一用一个编码，如"01"。因此，在与各相关部门进行数据交换时，数据中心就要根据情况制定相应的转换规则，对其进行转化，从而保证数据的一致性和准确性。例如，15位数字的身份证号码需要按照统一的规则转换为18位数字。

4）标准规范数据库。

标准规范数据库对数据的存储、提取、采集、权限控制等进行标准规范的制定、描述和使用，同时实现数据中心各项标准、规范的参数化定义和管理。

基础支撑数据库是数据中心进行数据共享、交换、应用和管理的基础。当用户需要使用数据中心的某类数据时，应首先从元数据库中检索是否存储有相关的数据，然后根据存储的表名检索数据的存储位置和相关的属性字段，接着通过调用规则库中的数据转换规则和数据字典对其相关的部分进行转化，为用户提供最终的结果。对于管理员来说，通过基础支撑数据库的管理也可实现对核心数据库的管理，以避免直接操作核心数据库而造成的数据不一致性和不完整性。

（3）数据库相互的关联

相关政府部门或下属部门的一些数据经过基础支撑数据库的转换存放于主题操作数据库或办公数据库中（映射关系），主题操作数据库用于存放经常使用的业务及办公数据。大量的数据资源以目录形式存储，其数据总是存在于相关部门或下属部门，这样既保证了数据动态更新的一致性，也保证了数据的安全性。但在设计业务数据时，要从响应速度、冗余、一致性等方面进行判断。

5. 多媒体数据库管理

电子政务的数据中心系统需要面对多媒体文档的检索、访问和分发问题。在大多数情形下，查询一个特定的多媒体片断是一个复杂的过程，需要花费大量的时间和经费。随着内容向着数字化格式方向的转变，管理大量的信息，特别是多媒体素材的问题更加显著。

在数据中心解决方案中，通过元数据机制来存储和检索多媒体数据是一种十分有效的管理方法。多媒体数据提供访问视频的参考信息，就像书的索引一样。视频索引允许用户检索、浏览、预览和有效地管理视频内容，以便可以通过适当的方式分发视频信息。视频的索引、管理和分发解决方案可以使视频的检索变得非常容易并且具有交互性，就像在互联网上寻找图片和文本文档一样，可以让使用者随时随地浏览、检索、下载和共享视频信息。

灵活的元数据存储系统允许通过不同的方式进行内容分发，通过数据中心的多媒体数据管理系统，多媒体管理将变得像文本文档的管理一样简便、快速和高效。利用XML格式的数据库服务器对XML标准和元数据管理的优势，建立多媒体信息的元数据索引，并进行存储和管理，以方便用户进行多媒体信息的检索、管理和发布。

3.2.3 数据平台的数据交换

一般来说,电子政务系统是构筑在各个政府部门的信息系统之上的,把各个部门的数据库作为其共享的一部分。而我国政府的信息系统是在不同时期,由不同的公司,利用不同的工具,在不同的开发平台上开发出来的,并且运行在不同的操作系统和不同的数据库平台之上,这就是造成"信息孤岛"的主要原因。要建立跨各政府部门的办公平台,实现异构系统之间、新老系统之间信息的透明交换是基础性工作。因此,建立安全、稳定、高性能、跨平台、跨系统、跨应用和跨地区的数据交换平台(数据交换中心)是最重要的,各行业、各部门的系统将统一通过这一平台进行信息交换,以达到整个电子政务网内资源共享互通的效果。

1. 信息交换的需求分析

电子政务系统中信息交换按交换对象一般分为 3 大类。

1)基于政务外网之上的政府部门之间的信息交换。
2)基于政务内网之上的政府内部之间的信息交换。
3)基于互联网和政务外网之上的政府同企业、公民之间的信息交换。

实践证明,若每个政府部门同其他部门以"点对点"的手工编程方式实现数据交换,其代价是非常高的。从当今 IT 技术上进行分析,可以采用多种方式来解决这个问题,如 EAI 技术、可信总线法和适配器法等。

要进行信息的透明交换,首先要解决一系列的技术问题,如信息的格式、信息的安全、信息的封装与解码、信息语义的统一解释等。

2. 信息的统一

要设计一个数据交换中心,实现政府部门之间数据的透明交换,在设计中要考虑 3 个方面的基本问题,即信息的统一表示、完整的消息服务能力和功能完备的信息交换平台的体系结构。

(1)信息的统一表示

要实现信息共享,实现异构系统之间的互联互通,信息的统一表示是关键。信息的统一表示应独立于系统和平台。为了实现这一目标,在进行平台开发、应用系统开发时要制定或遵循 4 个方面的信息标准:元数据标准,信息编码标准,显示标准,解析、转换和封装标准。

(2)完整的消息服务能力

电子政务平台是一个中间件软件,它在信息交换过程中要进行频繁的信息封装、控制信息的同步/异步交换和排队处理等。

(3)功能完备的信息交换平台的体系结构

1)根据环境的不同,实现信息的交换有 3 种方式。

第一种,具有相同数据库管理系统(DBMS)的分布式系统的数据交换,可直接用相应系统的有关功能。

在 Oracle 系统中,可以利用快照技术实现表数据的交换。

在 Sybase 系统中,可以利用复制服务器实现数据的交换。

第二种,利用已有的消息中间件服务器(如 IBM 的 MQSeries,BEA 的 MessageQ 以及 Java 的 JMS)来实现。

第三种,通用数据交换器的结构。在电子政务系统中,多数情况是异构数据库之间的信息交换。一般要在各单位的服务器上加装工作站适配器实现异构数据交换、安全认证、传输前后的打包和解包等功能。

2）自成体系的交换平台。

利用多层结构体系、J2EE+XML、Web Services 和数据库等技术，构造数据交换、数据流引擎和数据中心系统，数据交换、数据流引擎与数据中心系统构成"可信信息交换平台"，实现电子公文与政务综合信息的共享和交换，为并联审批等业务提供支持。

3. 业务数据管理设计

业务数据包括关系型数据和非结构化数据。业务数据管理系统直接管理面向主题的操作数据库，其管理的数据来自于数据交换平台中的动态信息。通过业务数据管理系统，可以对业务系统的数据模型进行定义，建立政府各部门业务数据库同操作数据库之间的映射关系，从而建立和维护面向主题的操作数据库。同时，业务数据管理系统也能通过操作数据库向数据仓库提供数据，实现决策数据的积累。

面向主题的操作数据库，一方面需要与数据交换系统交换大量的基于 XML 标准的数据和文档，对吞吐能力和存储能力要求很高；另一方面，又要依据元数据的定义与政府各部门的数据库建立映射关系，满足与政府各部门数据的一致性要求。这就要求面向主题的操作数据库应该直接建立在纯 XML 数据库之上，同时，依靠 XML 数据库提供的业务数据管理系统来管理和维护。在数据中心建立和维护的面向主题的操作数据库，能够以纯粹且标准的 XML 格式进行信息的储存与撷取，而不需要间接转化成其他格式。操作数据库也提供接口模块，容许从不同的信息来源存取外部信息，如 Oracle、DB2、SQL。操作数据库能够通过对 HTTP/SOAP 网关的访问来处理大量的输入、输出信息。除此之外，操作数据库也可以处理结构化与非结构化的信息（如影像、声音等多媒体信息）；可以通过统一资源定位符（URL）及部分 HTTP 要求进行储存对象的修改；可以通过 SQL 查询语言对一般性结构对象或特殊属性的 XML 对象进行复杂查询（如全文检索功能）。操作数据库的存取模块支持 HTTP V1.0 与 V1.1，通过标准的网页服务器就可以将操作数据库与网络结合。操作数据库的数据对象可直接经由 URL 存取，甚至可以把储存在信息资源数据库内的传统信息转换成网络对象。

3.3 电子政务的应用支撑平台

电子政务的应用服务支持层包括工作流引擎和电子政务中间件。中间件支持跨平台的分布式异构数据的访问，从而向业务应用层提供统一的数据服务。工作流系统通过工作流引擎驱动数据在业务应用层的各种应用之间流转，以便根据分工，合理、高效和完整地分配信息。通过上层（业务应用层）的应用系统完成各种具体的政务应用。

一般来说，应用服务支持层是基于灵活的目录服务系统和标准规范的信息交换格式，构建应用集成、信息管理和共性服务等系统，一方面，对内支持公文处理、公文交换、决策支持和信息管理等应用服务，另一方面，对外支持灵活的公众管理和应用服务。

应用服务支持层采用面向对象、组件式设计等多项技术，提供的构件系统是跨领域、与具体业务无关、通用的基础服务，能随着电子政务系统的发展而扩展、伸缩。应用系统一般通过应用开发接口或声明性的描述来使用这些构件服务。

3.3.1 应用支撑平台的关键技术

1. 中间件技术

为解决分布异构问题，人们提出了中间件（Middleware）的概念。中间件是位于平台（硬件和操作系统）和应用之间的通用服务，这些服务具有标准的程序接口和协议。针对不同的操作系统和硬件平台，它们可以有符合接口和协议规范的多种实现[8]。

中间件是软件构件化的一种表现形式。中间件抽象了典型的应用模式，应用软件制造者可以基于标准的中间件进行再开发，这种操作方式其实就是软件构件化的具体实现。

2. 组件开发技术

应用系统利用已有的软件构件，将会大大提高生产效率，减少大量的重复劳动。构件是可复用的软件组成成分，可被用来构造其他软件，它可以是被封装的对象类、类树、一些功能模块、软件框架、软件构架（或体系结构）、文档、分析件和设计模式等。从广义上讲，软件构件技术是基于面向对象的，以嵌入后马上可以使用的即插即用型软构件概念为中心，通过电子政务构件的组合来建立电子政务应用的技术体系。

电子政务系统构件库由工作流引擎、用户管理、认证授权、数据采集、统计报表、全文检索、数据服务等构件组成，这些构件形成一个软构件集合，供电子政务系统中的应用系统集成使用，并通过计算机网络实现分布式计算。

采用软件构件技术开发电子政务应用系统的过程与搭积木的过程类似，一般是先构筑系统的总体框架，然后利用已经构造好的各个构件，依次将其安装到系统中去。对各种应用系统来说，在功能上有类似之处，因而利用软件的重用技术就可以把开发过程大大简化。构件开发技术在确定系统总体框架、构筑总体框架、修改总体框架、构造构件以及修改构件等阶段，都与"软构件集合"打交道，这个软构件集合也被称为"软构件库"。开发电子政务构件库，就是尽量使开发出的构件具有较大的灵活性和变通性，为其重用做好准备。每开发出一个构件，便将该构件的功能、调用接口等信息放入软构件集合，供不同的应用系统组建，从而形成基于构件的组合来建立应用的技术体系。

3. 统一访问控制体系

根据基础平台安全管理框架，存取控制是和具体应用功能绑定的。在功能模块开发时，每个应用功能建立自己的用户角色，并在程序中定义角色的访问能力和控制范围；同时，功能模块在向目录服务提出注册申请时，还需指出是否只有注册用户才可以访问本功能，是否只有网站管理员才可以使用本功能，是否只有政府管理员才能使用本功能，来进一步限制用户的使用，应用程序框架提供的目录服务系统将自动实现这种检测。

4. 单点登录技术

单点登录（Single Sign On，SSO）是一种方便用户访问多个系统的技术，用户只需在登录时进行一次注册，就可以在多个系统间自由穿梭，不必重复输入用户名和密码来确定身份。单点登录的实质就是安全上下文或凭证在多个应用系统之间的传递或共享。当用户登录系统时，客户端软件根据用户的凭证（例如用户名和密码），为用户建立一个安全上下文，安全上下文包含用于验证用户的安全信息，系统用这个安全上下文和安全策略来判断用户是否具有访问系统资源的权限。

SSO 采用基于 PKI 技术的 CA 证书来解决网上用户身份认证、信息完整性、防抵赖等安全问题。可以通过采用统一的电子政务安全 Web 门户技术，解决用户单点登录入口、个性化定制等问题，为整个应用系统提供统一的用户界面以及系统入口。政务内网门户要求通过口令或CA身份认证，提供单点登录功能，并可按级别提供不同的信息服务。单点登录技术可以通过采用接入认证网关技术和采用集中式授权服务来实现。

5. 门户（Portal）技术

Portal 是将 Web 技术与企业或政府部门的运行过程相集成的解决方案，提供了一个单独的网关来访问信息和应用，以实现对各种系统和信息资源的共享与统一管理。Portal 可以对未组织的信息进行编目和跟踪，例如，字处理文件，并将其发送给用户的计算机。Portal 也可以访问国际互联网上的内容，并根据用户的商业需求和角色来过滤这些内容。

Portal 在企业和政府部门信息发布的高效和简易性上具有明显的优势。它能将存储在企业和各个政府部门内的各种数据源转换为可用的信息，通过新型的信息传递方式传递，从而提高效率。

6. Web Services 技术

Web Services 平台通过一套协议来实现分布式应用程序的创建。任何平台都有自己的数据表示方法和类型系统，Web Services 平台通过提供一套标准的类型系统，来实现不同平台、编程语言和组件模型中不同类型的系统之间的沟通，实现互操作性。在传统的分布式系统中，基于界面的平台提供了一些方法来描述界面、方法和参数（如 COM 和 COBAR 中的 IDL 语言）。同样地，Web Services 也提供了一种标准来描述 Web Services，让客户可以得到足够的信息来调用这个 Web Services。最后，用户还可以通过与平台和编程语言无关的远程过程调用（RPC）协议来对这个 Web Services 进行远程调用。

利用 Web Services，政府部门和个人能够迅速且廉价地通过互联网向全球用户提供服务，建立全球范围的联系，在广泛的范围内寻找可能的合作伙伴。随着 Web 服务技术的发展和运用，人们目前所进行的开发和使用应用程序的信息处理活动，将过渡到开发和使用 Web Services。将来，Web Services 将取代应用程序成为 Web 上的基本开发和应用实体。

3.3.2 安全 Web 门户

安全 Web 门户是一个统一的电子政务系统服务入口，为接入用户提供一个统一的访问窗口和到各类具体电子政务业务服务系统的连接[2]。

安全 Web 门户系统由 Web 服务器、应用服务器、数据库服务器、信息防篡改服务器、密码服务系统等构成。Web 服务器、应用服务器、数据库服务器一同组成 Web 服务开发运行平台。信息防篡改服务器对 Web 服务器和应用服务器上的文件进行监控，防止非法用户篡改信息，保证所发布信息的正确性和完整性。密码服务系统提供基本安全处理和密码算法实现。安全 Web 门户系统中的 Web 服务器、应用服务器采用分布式计算技术，支持系统规模的可扩展性，可根据业务量的大小动态配置，并实现负载均衡。安全 Web 门户系统还需要提供可定制的个性化界面内容和界面形式，提供可直接应用的适合用户部门和角色功能的视图模板。

3.3.3 工作流管理服务

工作流（Workflow）就是业务过程的部分或整体在计算机应用环境下的自动化，使在多个参与者之间按照某种预定义的规则传递文档、信息或任务的过程能够自动进行，从而实现某个预期的业务目标，或者促使此目标的实现。

简单地说，工作流就是一系列相互衔接、自动进行的业务活动或任务。一个工作流不仅包括一组任务（或活动）及它们的相互顺序关系，还包括流程及任务（或活动）的启动和终止条件，以及对每个任务（或活动）的描述。工作流技术适应于电子政务平台框架下的具体电子政务应用系统中各个政府职能部门之间的联办互动工作，公文流转、网上审批、信息传递等系统都要用到工作流技术。采用工作流引擎技术将信任服务、授权服务和工作流等业务流程有机融合，构成安全的工作流业务系统，为不同业务系统的集成提供技术手段。

工作流的实施有3个基本步骤：映射、建模和管理。映射是第一个步骤，其首要任务是将组织内全部现有的手工和自动化的业务流程写入文档；建模则是开发一个有助于建成流线型业务过程的模型；第三阶段是软件实施以及跨越全部工作部门、业务单元甚至是整个企业的无缝系统集成。

为了确保工作流系统能够"无缝地"实施，项目组都必须遵从已经定义好的、经过实践确认的、行之有效的工作方法，并且在每个工作阶段都必须有可以度量的标准。一个深思熟虑的实施计划被有经验的团队执行，是成功地采用和实施工作流的决定因素。

3.3.4 内容管理服务

在电子政务发展的早期，信息交流采取的基本是"公示"方式，政务网站相当于一个公告牌；随着技术的发展，政务网站和浏览者之间的交流进入了"互动"阶段，既有政务信息的"广播"，也有作用对象的"反馈"。目前，电子政务已经进入"信息分享协作"阶段——电子政务的各个环节之间都有信息交流和分享协作。而且随着电子政务服务对象从政府内部扩展到其他政府部门、企业和公众，电子政务已经进入了信息资源与社会服务高度"整合"的阶段，对资源共享和协作管理提出了更高的要求。只有通过高性能的信息检索和内容管理技术，对海量且种类繁多的政务信息资源进行科学的收集、筛选、分类、检索、及时更新和有效利用，才能真正实现资源共享，才能使电子政务发挥最大的效应。而一站式电子政务的基础就是协作内容管理，包括审批工作流、自助式安全信息发布、方便快捷的信息查询等。以信息资源整合、检索、共享、协作和传递为核心的内容管理，已成为电子政务最重要的基础设施之一。

内容管理是实现信息共享和服务的基础，是一个能管理分散、同构和异构数据的安全可靠的系统，提供政务信息处理结果的安全存储和查询、决策等服务。内容管理的主要功能包括信息采集（手工采集或自动采集）、信息报送、信息审核、信息发布、信息检索、信息生命周期管理、信息目录管理和仓储管理等。信息处理的大致过程是：信息采集→信息报送→信息审核→信息发布，而信息检索为信息处理提供了全程的内容查询工具，仓储管理、信息目录管理、信息生命周期管理则实现了对信息处理、存储、利用的全程管理。

3.3.5 可信消息服务

可信消息服务是电子政务系统应用服务支持层所提供的关键服务，将各种格式的信息从一个地方传到另外一个地方。通过可信信息交换系统，可以实现电子政务系统跨平台、跨系统、跨应用、跨地区的互联互通和信息共享，为政府部门之间的公文交换、网上审批等提供支持。

可信消息服务组件实现的消息服务包括消息管理服务和失败消息管理服务。

1) 消息管理服务：通过JMS机制来执行消息管理服务，使数据交换系统提供多种消息模式管理，包括点对点消息处理、并发消息处理、推/拉式消息处理等。

2) 失败消息管理：对传送过程中出现的没有交付传送的消息，系统通过管理界面对这些消息进行管理和审核。

可信消息服务组件通过统一的信息封装格式支持两种消息定义方式，通过统一编址实现消息路由，通过串联、并发、负载均衡、断点续传等措施实现可靠的消息传递，并提供多种管理功能，如日志、审计、会话管理和传输优先级等管理。

3.3.6 统一后台管理

应用系统的集成需要强大的后台管理系统，一般的电子政务系统是基于 B/S 体系架构、大型关系数据库技术和 J2EE 技术实现的统一后台管理系统，采用基于关系数据库技术实现的目录服务技术，提供可视化的组件机构、角色和统一的用户权限自定义与管理功能，能方便地进行数据建模的自定义与设计，并提供基于 Web 方式的电子表单自定义功能，集成先进的工作流管理技术，将组织机构、角色、电子表单、数据建模等有机地结合起来，实现各类业务系统及数据资源的统一管理和维护，同时实现对各类应用模块、资源信息的发布与管理；提供相应各类应用模块的检索、登录功能，应用统一的用户、权限管理技术，实现应用资源的统一管理、调度和维护，实现较为完善的基于角色的功能模块控制任务，以适应复杂多变的政府业务流程的需要，以图形化的拖曳技术解决应用编程开发的问题，从而快速搭建新的业务系统，满足政府众多的业务需求。

3.4 电子政务的移动办公平台

电子政务的移动办公平台包括移动电子邮件、移动 OA 和社交网络平台三部分，接下来会对这三部分进行详细阐述。

3.4.1 移动电子邮件

通过手机客户端电子邮件软件的应用，政府工作人员可以随时随地访问内部的电子邮箱，审批、回复以及本地保存电子邮件，读取电子邮件中包含的附件，并可进行初步的编辑。

移动电子邮件是相对于有线互联网电子邮件而言的，它是指以无线方式接入互联网处理邮件的服务业务，是以移动终端设备来处理电子邮件的。

目前，在各种不同的移动电子邮件方案中，用户类型、邮件安全性或保密性、邮箱服务器的功能和类型、接收邮件的方式、邮件接收的格式和大小等方面差异较大。依据接收邮件的方式、用户类型可以将移动电子邮件技术方案分为两大类，分别是手动接收型和通知型。

手动接收型，手动接收型的移动电子邮件是比较早期的实现方式，采用这种方式时，邮件不能主动到达用户的移动终端，用户仍然需要手动通过移动终端的上网功能登录邮件系统页面或客户端来收取邮件，受无线网络带宽和传输速率的限制，对邮件附件的文件格式和大小限制较大，而且受限于终端屏幕等因素，无法达到良好的体验效果。

通知型，与上一种方式相比，这种方式的邮件系统在用户设定的邮箱有邮件到达时，会向用户的移动终端发送"邮件到达"的通知，用户可以通过计算机登录邮箱来查阅邮件。使用短信通知型方式接收邮件的用户只能收到邮件到达的通知，或者只能看到邮件的标题和正文，邮件不能自动到达手机终端，用户仍需要登录网站才能查阅完整的邮件，而且无法实现在移动终端上进行回复、归档以及查看附件等功能。

3.4.2 移动OA

移动OA（Office Automation），即移动办公自动化，是利用无线网络实现办公自动化的技术。它将原有OA系统上的公文、通信录、日程、文件管理、通知公告等功能迁移到手机上，让用户可以随时随地进行掌上办公，对于突发性事件和紧急性事件有极其大的支持。

由于移动OA允许用户在任何时间、任何地点，以任何方式处理任何事，可以实现对企业内部的有效管理，因此与传统的OA系统对比，移动OA既可以实现传统OA系统的所有功能，同时也可以实现一些原有办公系统无法实现的功能，实现与协同管理系统的无缝结合，实现对业务的自由掌控，例如，完成现场数据采集以及利用GPS系统实现对外勤人员的考勤等。

移动OA的功能主要包括公文处理、公告发布、通信录、信息查询、日程管理和邮件提醒等。其中公文处理为主要功能，包括新建公文、公文处理批复、公文流转、公文查阅和建立公文列表等。

3.4.3 社交网络平台

社交网络平台的主要作用是为一群拥有相同兴趣与活动的人创建在线社区。这类服务往往是基于互联网，为用户提供各种联系、交流的交互通路，如电子邮件、实时消息服务等。典型的社交网路平台包括微博、微信等[9-10]。微博，即微博客（MicroBlog）的简称，是一个基于用户关系的信息分享、传播以及获取平台，用户可以通过浏览器以及各种客户端，实现信息的即时分享。随着微博的迅速发展，越来越多的党政机构和党政干部开通了政务微博，政务微博网站已成为政务公开、为民服务、了解民意、政民互动的重要平台[11]。

在社交网络平台上，人与人之间的关系主要通过关注来进行维系。当关注一个人的时候，通过手机和互联网平台可以非常方便和及时地收到这个人所发布的信息。社交平台上信息的流动、信息的获取，主要是通过这种关注和被关注的关系来完成的。除了通过关注与被关注外，平台的提供商还会根据话题的流行度、用户的兴趣等，针对不同个体进行信息的推荐与推送。

相对于传统博客，微博非常轻松，用户随时都可以发表感言。用户可以通过各种终端设备非常方便地分享信息，提高碎片化时间的利用率。现在，除了手机WAP上网以外，通过短信、彩信、手机客户端、平板计算机客户端都可以非常方便地更新微博。在互联网端，除了网页之外，也有像微信、QQ这样的聊天工具，包括桌面的客户端，可以非常方便地更新和浏览信息。

微博同时也是一个传播速度很快的平台，它的传播是通过转发功能实现的。当一条信息通过微博发布后，信息发布者的所有粉丝都可以及时收到信息，而这些粉丝可以通过转发来完成信息的再次传播。整个过程中，信息是通过多级的方式进行快速传播的。

但也应该看到，社交网络平台传递的仅是信息，其可靠性不及传统新闻媒体。经过不断的转发，信息在网络上快速传播，快得让人根本来不及查证它的真实性，这就为谣言的传播制造了"温床"。正是因为社交网络平台的这种"双刃剑"效应，我们更应该监管和利用并举。在各种突发的自然灾害、意外事故、群体冲突等重大事件发生时，进行快速信息发布，并澄清谣言。同时，完善相关法律法规，加强对网上舆论的引导与管理。

3.5 案例分析

以下内容摘自《上海市电子政务云建设工作方案》，有删改。为贯彻落实创新、协调、绿色、开放、共享的发展理念，通过制度和模式创新，进一步转变电子政务发展方式，建立与政府履职相适应的电子政务体系，不断提升政府管理能力和公共服务水平，根据《国家信息化发展战略纲要》《政务信息资源共享管理暂行办法》和市委、市政府关于本市电子政务集约化建设和信息共享的要求，上海市政府办公厅、上海市经济和信息化委员会制定了该工作方案。

1. 电子政务云建设总体目标

充分运用云计算、大数据等先进理念和技术，按照"集约高效、共享开放、安全可靠、按需服务"的原则，以"云网合一、云数联动"为构架，建成市、区两级电子政务云平台，实现市政府各部门基础设施共建共用、信息系统整体部署、数据资源汇聚共享、业务应用有效协同，开展政务大数据开发利用，为政府管理和公共服务提供有力支持，提高为民服务水平，提升政府现代治理能力[12-13]。

2. 体系与架构

政务云体系：以"集中+分布"为建设原则，以政府购买服务的方式，依托政务外网，统一为各部门提供服务。为充分利用现有信息化基础设施，部分委办局根据现有业务规模、机房环境、技术力量和条线要求等情况，申报云分中心建设改造方案，经市政府办公厅、市经济信息化委确认后，按照相关标准规范实施推进，形成5个左右的云分中心；随后逐步实现云分中心向市级云中心整合。16个区政府自主建设区级云，与市级云在逻辑上实现一体化。全市最终形成"1+16"的市、区两级云体系，如图3-6所示。

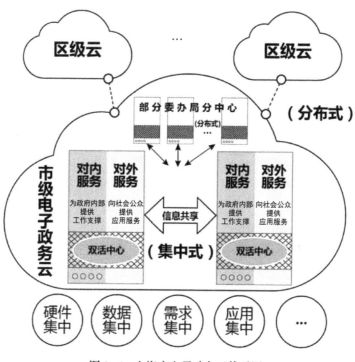

图3-6 上海市电子政务云体系图

市级云架构：由设施资源层、中间平台层、业务应用层等组成，在政务云管理体系和安全体系保障下，通过各类用户终端，为政府内部提供统一信息化支撑，向社会公众提供高效的外部服务，如图3-7所示。

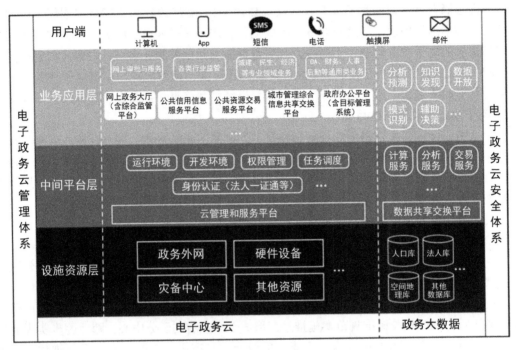

图3-7 上海市市级电子政务云架构图

3.6 小结

本章主要介绍了实施电子政务网络基础设施平台建设所涉及的各个方面，包含电子政务的网络设施、电子政务的数据平台、电子政务的应用支撑平台和移动办公平台。在对各个子平台具体内容进行介绍的基础上，结合案例说明了电子政务网络基础设施平台建设的必要性、目的以及具体实施方法。

3.7 思考题

1. 电子政务网络设施需要用到哪些关键技术？
2. 电子政务相关的数据如何统筹处理？
3. 电子政务支撑平台需要用到哪些关键技术？

3.8 参考文献

[1] KIM H, FEAMSTER N. Improving network management with software defined networking [J]. IEEE Communications Magazine, 2013, 51 (2): 114-119.

[2] BONNEAU J, HERLEY C, VAN OORSCHOT P C, et al. The quest to replace passwords: A framework for comparative evaluation of web authentication schemes [C]//2012 IEEE Symposium on Security and Privacy. IEEE, 2012: 553-567.

[3] 卢金晨. 基于PaaS的电子政务服务平台框架研究 [D]. 杭州: 浙江工业大学, 2015.

[4] LU G, ZENG W. Cloud Computing Survey [J]. Applied Mechanics & Materials, 2014, 530: 650-661.

[5] 张艳. 美国政府云计算研究与应用对我们的启示 [J]. 电子政务, 2011 (Z1): 111-115.

[6] 郑炯, 杨婷. 政务信息系统云化迁移探讨 [J]. 电子产品可靠性与环境试验, 2018, 36 (S1): 191-195.

[7] 赵斌, 王姝. 我国电子政务云框架服务体系研究与实践 [J]. 信息化建设, 2011 (4): 35-37.

[8] 李晓东, 杨扬, 郭文彩. 基于企业服务总线的数据共享与交换平台 [J]. 计算机工程, 2006 (21): 217-219+223.

[9] 王玥, 郑磊. 中国政务微信研究: 特性、内容与互动 [J]. 电子政务, 2014 (1): 66-77.

[10] 赵尔丹, 张照枫, 田寒. "互联网+"背景下移动网络在人社电子政务系统中的应用研究 [J]. 现代营销 (经营版), 2018 (2): 54.

[11] 刘宁雯. 中国政务微博研究文献综述 [J]. 电子政务, 2012 (6): 38-43.

[12] 黄铧焕, 薛丽芳. 大数据, 大政务, 新网络: 大数据时代电子政务网络的发展方向 [J]. 电子政务, 2013 (5): 104-109.

[13] 徐青山, 杨立华. 大数据对中国电子政务发展的影响及应用 [J]. 北京航空航天大学学报 (社会科学版), 2016, 29 (6): 7-12+26.

第4章 电子政务的应用系统

当前,人类对于电子政务的需求呈现多样化的特征,其应用系统的涉及范围也随之拓宽,包括办公、环境、金融、医学、公共安全等方面。随着计算机技术和现代通信技术的发展,人们已经步入以数字化和网络化为特征的知识经济时代,电子政务存在进一步优化的可能性。本章介绍的办公自动化、一站式服务、门户网站、知识管理、协同政务、信息资源服务和基于人工智能的政务决策支持,引领着电子政务向更高效、便捷的方向发展。

4.1 电子政务的应用系统概述

应用系统是电子政务建设的主要内容。到目前为止,我国已建、在建和拟建的电子政务应用系统包括办公、宏观经济、财政、税务、金融、海关、公共安全、社会保障、农业、质量监督、检验检疫、防汛指挥、国土资源、人事人才、新闻出版、环境保护、城市管理、国有资产监管、企业信用监管、药品监管等,为党委、人大、政府、政协、法院、检察院等提供电子政务技术支持。"十一五"期间,国家围绕优先支持的业务,以政务信息资源开发利用为主线,以政务信息资源目录体系与交换体系为支撑,兼顾中央和地方的信息需求,统筹规划应用系统的建设。其重点是完善已建的应用系统,强化已建系统的应用,推动互联互通和信息共享,支持部门间的业务协同。对新建的应用系统,要根据业务发展的需要,统筹规划建设。各地区、各部门要做好需要优先支持的业务的流程梳理,搞好部门应用系统和地方综合应用系统的衔接。应用系统建设要有利于深化政府机构改革和优化组织结构,避免简单地在原有体制和业务流程基础上建设应用系统。

4.2 办公自动化

4.2.1 办公自动化介绍

随着计算机网络技术和信息技术的发展,政府机构改革不断深化,国家机关的管理职能不断加强,传统的纸上办公方式与不断增长的办公业务量之间的矛盾日益突出。同时,随着信息量的迅速膨胀及对数据共享要求的提高,想要靠人工手段及时对大量的信息进行收集、处理、分析及科学决策是难以做到的。因此,改革传统办公模式,实现办公自动化,已势在必行[1]。

我国政务信息化进程大致分为3个阶段。

1) 以单项业务处理为中心,以桌面文字处理工具为典型的个人办公软件阶段。
2) 以数据处理为中心,基于关系型数据库技术,以C/S体系结构应用为特征的阶段。
3) 以工作流为中心,普遍使用网络技术,使内部人员可以方便、快捷地共享信息,高效地协同办公,实现迅速、全方位的信息采集、信息处理,为决策者提供科学的依据。

办公自动化是一种新型的将现代化办公和计算机网络功能结合起来的办公方式，是当前新技术革命中一个非常活跃且具有很强生命力的技术应用领域，是信息化社会的产物。

在行政机关、企事业单位工作中，主要采用 Internet/Intranet 技术，基于工作流的概念，以计算机为中心，采用一系列现代化的办公设备和先进的通信技术，广泛、全面、迅速地收集、整理、加工、存储和使用信息，使企业内部人员方便、快捷地共享信息，高效地协同工作；改变过去复杂、低效的手工办公方式，为科学管理和决策服务，从而达到提高行政效率的目的。企业实现办公自动化的程度可以作为衡量其能否实现现代化管理的标准。我国专家在第一次全国办公自动化规划讨论会上提出办公自动化的定义为：利用先进的科学技术，使部分办公业务活动物化于人以外的各种现代化办公设备中，由人与技术设备构成服务于某种办公业务目的的人-机信息处理系统。

办公室自动化是近年随着计算机科学的发展而提出来的新概念。办公室自动化系统一般指实现办公室内事务性业务的自动化，而办公自动化则包括更广泛的意义，即包括网络化的大规模信息处理系统。办公自动化没有统一的定义，凡是在传统的办公室中采用各种新技术、新机器、新设备从事的办公业务，都属于办公自动化的领域。通常办公室的业务，主要是进行大量文件的处理，起草文件、通知、各种业务文本，接受外来文件存档，查询本部门文件和外来文件，产生文件复件等。所以，采用计算机文字处理技术生产、存储各种文档，采用其他先进设备，如复印机、传真机等复制、传递文档，或者采用计算机网络技术传递文档，是办公室自动化的基本特征。办公室是各行业工作的领导进行决策的场所，领导机关在办公室做出决策，发布指示。除了文档上的往来之外，领导机关更深层的工作实际上是信息的收集、存储、检索、处理、分析，从而做出决策，并将决策作为信息传递给下级机构、合作单位或业务关联单位。这些都需要办公自动化的辅助。

4.2.2 办公自动化技术的三个层次

办公事务级 OA 系统、信息管理级 OA 系统和决策支持级 OA 系统是广义的或完整的 OA 系统结构中的三个功能层次。三个功能层次间的相互联系可以由程序模块的调用和计算机数据网络的通信手段来模拟实现。一体化的 OA 系统是利用现代化的计算机网络通信系统，把三个层次的 OA 系统集成为一个完整的 OA 系统，使办公信息的流通更为合理，减少不必要的、重复输入信息的环节，以期提高整个办公系统的效率。一体化、网络化的 OA 系统的优点是，不仅在本单位内可以使办公信息的运转更为紧凑有效，而且有利于和外界的信息沟通，使信息通信的范围更广，能更方便、快捷地建立远距离的办公机构间的信息通信，并且有可能实现世界范围内的信息资源共享。

第一个层次只限于单机或简单的小型局域网上的文字处理、电子表格、数据库等辅助工具的应用，一般称之为事务型办公自动化系统。办公事务级 OA 中，最为普遍的应用有文字处理、电子排版、电子表格处理、文件收发登录、电子文档管理、办公日程管理、人事管理、财务统计、报表处理、个人数据库等。这些常用的办公事务处理的应用可做成应用软件包，包内的不同应用程序之间可以互相调用或共享数据，以便提高处理办公事务的效率。这种办公事务处理软件包应具有通用性，以便扩大其应用范围，提高其利用价值。此外，在办公事务级 OA 上可以使用多种 OA 子系统，如电子出版系统、电子文档管理系统、智能化的中文检索系统（如全文检索系统）、光学汉字识别系统、汉语语音识别系统等。在公用服务业、公司等经营业务方面，使用计算机替代人工处理的工作日益增多，如订票、售票系统，柜台或窗口系统，银行业的储蓄业务系统等。事务级或业务级的 OA 系统的功能都是处理日常的办公操作，是直接面向办公人员的。为了提高办公效率，改进办公质量，适应人们的办公习惯，要提供良好的办公操作环境。

第二个层次是信息管理级 OA 系统。随着信息利用的重要性不断增加，在办公系统中，对和本单位的运营目标关系密切的综合信息的需求也日益增加。信息管理级的办公系统，是把事务级（或业务级）办公系统和综合数据库紧密结合的一种一体化的办公信息处理系统。综合数据库存放着该有关单位的日常工作所必需的信息。例如，在政府机关，这些综合数据库包括政策、法令、法规、有关上级政府和下属机构的公文和信函等的政务信息；一些公用服务事业单位的综合数据库包括和服务项目有关的所有综合信息；公司企业单位的综合数据库包括工商法规、经营计划、市场动态、供销业务、库存统计、用户信息等。作为一个现代化的政府机关或企、事业单位，为了优化日常的工作，提高办公效率和质量，必须具备供本单位的各个部门共享的综合数据库。这个数据库建立在事务级 OA 系统的基础之上，构成信息管理级的 OA 系统。

第三个层次是决策支持级 OA 系统。它建立在信息管理级 OA 系统的基础上，使用由综合数据库系统所提供的信息，针对所需要作出决策的课题，构造或选用决策数字模型，结合有关内部和外部的条件，由计算机执行决策程序，作出相应的决策。

随着三大核心支柱技术，即网络通信技术、计算机技术和数据库技术的成熟，OA 系统已进入到新的层次。这个层次包括信息管理级 OA 系统和决策支持级 OA 系统。事务级 OA 系统又称为普通办公自动化系统，而信息管理级 OA 系统和决策支持级 OA 系统又称为高级办公自动化系统。例如，市政府办公机构，经常定期或不定期地收集各区、县政府和其他机构报送的各种文件，然后分档存放并分别报送给有关领导阅读、处理，最后将批阅后的文件妥善保存，以便以后查阅。领导研究各种文件之后做出决定，一般采取文件的形式向下级发送处理指示。这一过程，是一个典型的办公过程。在这一过程中，文件便是信息，其传送便是信息传送过程。但应当注意到，领导在分析决策时，可能要翻阅、查找许多相关的资料，对其进行参照研究，才能作出决策，所以相关的资料查询、分析、决策的选择也属于信息处理的过程。例如，北京市东城区政府报来的文件要求在某地区盖一座公共建筑，申请批准，文件传递到北京市政府有关机构，市有关领导看到文件后，既需要寻找市里有关规划中盖楼的文件法规，又需要研究全市的经费预算，以及许多其他的参考资料，然后研究决定同意或不同意，并以文件或通知的形式把决定反馈给东城区政府。在这个例子中，信息以文件的方式传递、处理；领导查阅、参照的有关法规也是信息，这是数据信息。领导经过客观信息分析，可以做出几种可选择的方案。在这个过程中，如果采用计算机处理来往的文件，可以说是初步程度的自动化；如果可以用计算机查询各种资料数据，这是更进一步的自动化；如果由计算机自动分析有关事件的资料，自动提供若干个供决策者采用的可能决策，则是更深层次的有人工智能观念的办公自动化。如果市政府办公系统和市政府法规信息数据库系统、市政府财务管理系统是一个集成化的统一系统，计算机可以自动从有关系统中寻取机关资料，这种系统就是办公自动化更高层次的集成化系统。另外，如果市政府办公系统和区政府办公系统是一个集成的计算机网络系统，可以通过网络传递信息，可以远程处理业务，那这就是一个更进一步的网络化的办公室自动化系统。所以，办公室自动化系统本身是一个多层次的系统，在各种层面上，可以说实现了办公自动化的一部分业务，而从最初级的自动化开始，将会随着所采用的技术不同而逐步构成一个更高级的自动化系统。

4.2.3 办公自动化的意义

虽然许多诸如 Lotus 1-2-3 和 MS Office 系列的应用软件可以提高办公效率,但是这仅是针对个人办公而言。办公自动化不仅可以提高个人办公效率,更重要的是可以实现群体协同工作。群体协同工作意味着要进行信息的交流,工作的协调与合作。由于网络的存在,这种交流与协调几乎可以在瞬间完成,并且不必担心对方是否在电话机旁边或是否有传真机可用。这里所说的群体协同工作,可以包括在地理上分布很广,甚至分布在全球各个地方,甚至是工作时间都不一样的一群工作人员。

我国的 OA 经过从 20 世纪 80 年代末至今几十年的发展,已从最初的提供面向单机的辅助办公产品,发展到今天可提供面向应用的大型协同工作产品。办公自动化究竟要解决什么问题?办公自动化就是用信息技术把办公过程电子化、数字化,就是要创造一个集成的办公环境,使所有的办公人员都可以在同一个桌面环境下一起工作。具体来说,主要实现以下7个方面的功能。

1)建立内部的通信平台。建立组织内部的邮件系统,使组织内部的通信和信息交流快捷通畅。

2)建立信息发布的平台。在内部建立一个有效的信息发布和交流的场所,例如电子公告、电子论坛、电子刊物,使内部的规章制度、新闻简报、技术交流、公告事项等能够在企业或机关内部员工之间得到广泛的传播,使员工能够了解单位的发展动态。

3)实现工作流程的自动化。这会涉及流转过程的实时监控、跟踪,解决多岗位、多部门之间的协同工作问题,以及如何实现高效率的协作。各个单位都存在着大量流程化的工作,例如公文的处理、收发文、各种审批、请示、汇报等,通过实现工作流程的自动化,就可以规范各项工作,提高单位协同工作的效率。

4)实现文档管理的自动化。可使各类文档(包括各种文件、知识、信息)能够按权限进行保存、共享和使用,并有一个方便的查找手段。每个单位都会有大量的文档,在手工办公的情况下,这些文档都保存在每个人的文件柜里。因此,文档的保存、共享、使用和再利用是十分困难的。另外,在手工办公的情况下,文档的检索存在非常大的难度。文档多了,当需要什么文件时可能无法及时找到,甚至找不到。办公自动化使各种文档实现电子化,通过电子文件柜的形式实现文档的保管,按权限进行使用和共享。例如,某个单位来了一个新员工,只要管理员给他注册一个账号,并给他一个口令,该员工就可以自己上网查看这个单位积累下来的规章制度、各种技术文件等信息,只要他的身份权限符合可以阅览的权限范围,便可以自己阅读,这样就减少了很多培训环节。

5)辅助办公。它牵涉的内容比较多,包括会议管理、车辆管理、物品管理、图书管理等与人们日常事务性的办公工作相结合的各种辅助办公,实现了这些辅助办公的自动化。

6)信息集成。每个单位都存在大量的业务系统,如购销存、ERP 等各种业务系统,企业的信息源往往都在这些业务系统中,办公自动化系统可以与这些业务系统实现很好的集成,使相关的人员能够有效地获得整体的信息,提高整体的反应速度和决策能力。

7)实现分布式办公。这就是要支持多分支机构、跨地域的办公模式以及移动办公。目前,地域分布越来越广,移动办公和跨地域办公成为一种很迫切的需求。

4.2.4 办公自动化程度和自动化方法

办公自动化的实施应该考虑企业的实际情况，主要是企业的经济实力。按照上述分析，初创企业进行办公自动化建设就需要较多投入，既要搭建企业的 Intranet 网络，又要开发办公自动化系统，需要企业有较强的经济实力才能完成；而对于中小型企业，由于企业的 Intranet 网络已经存在，只是没有或没有好的办公应用系统，所以只需投入比网络投资少得多的资金即可开发出通用的办公自动化系统，并产生较高的投资回报。即便是开发综合办公自动化系统，其投资也要比网络投资少得多，而产生的经济效益却更高；对于大型企业，由于其办公自动化基础好，只需较少的投资，即可达到目前办公自动化的最高水平。

4.3 一站式服务

所谓的"一站式服务"，其实就是只要客户有需求，一旦客户进入某个服务站点，所有的问题都可以解决，没有必要再找第二家。其本质就是系统销售服务，原为欧美国家商业概念，即商家为赢得消费者，不断扩大经营规模和商品种类，尽最大努力满足消费者的购物所需，而不需要东奔西跑。同时包含了一站式搬家服务，即打包、运输、还原等一站式精品搬家服务。

一站式服务，也就是传统意义上的资源外包服务。早在很多年以前，像 IBM、HP 等大公司就已经开始对外提供完整的资源外包服务，为其他企业提供从通信资源、硬件设备到应用软件、系统集于一体的全方位综合服务。

经过国外多年的实践，资源外包服务已经十分成熟，并且已获得市场的认可。在国内，首先出现的是互联网数据中心（Internet Data Center，IDC）的"一站式服务"，目前，还有互联网内容提供商（Internet Contents Provider，ICP）的"一站式服务"。

目前，国内 IDC 的"一站式服务"大概有以下几类。

1) 专做 IDC 服务：在为客户提供传统的电信服务（接入和托管服务）基础上，引入管理服务的概念，为客户网站提供安全、加速、存储备份和监控服务等管理服务。

2) IDC+ICP 服务：不仅向客户提供包括电信服务和管理服务在内的 IDC 服务，还向客户提供各种专业的服务，包括网站建设、制定网上营销策略等内容。

3) IDC+ICP+ISP 服务：IDC 可以充分调用自身各方面的资源，做到为网站客户提供全方位的综合服务。

近年来，随着我国电子政务的发展，"电子政务一站式服务"这种思路也越来越符合我国电子政务建设发展的需求[2]。电子政务一站式服务模式将政府分为前台和后台两部分。前台是指政府门户网站，它连接各政府网站，面向公众接受服务请求，然后返回服务结果；后台是指电子政务系统中基于政务内网和专网的并联审批和协同办公系统。理想的一站式服务是用户通过政府门户网站便能直接进入业务办理程序，后台的处理可能要跨越不同的政府部门或者同一政府部门的不同处室，对公众是完全透明的。电子政务一站式服务的体系结构如图 4-1 所示。

网络基础层是一站式服务赖以实现的物质基础；共享数据库和数据中心形成了一站式服务的数据层，实现了政府各部门之间有效的数据交换、共享和查询；业务处理层可以实现一站式服务后台的功能，完成跨部门的服务办理与业务协同；用户接口层完成前台的接待与回应；统一的规划、管理、法规、安全和标准是实现一站式服务的保障。

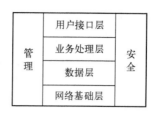

图 4-1 电子政务一站式服务的体系结构

目前，我国电子政务一站式服务的实现还存在着许多问题，主要包括电子政务内外网的物理隔离所导致的内外网不能互联互通问题、传统政府业务流程与电子政务需求的不适应问题、信息孤岛问题和高素质政务信息人才缺乏的问题等[3]。

4.4 门户网站

门户网站，是指通向某类综合性互联网信息资源，并提供有关信息服务的应用系统。门户网站最初提供搜索引擎和网络接入服务，后来由于市场竞争日益激烈，门户网站不得不快速地拓展各种新的业务类型，希望通过门类众多的业务来吸引和留驻互联网用户，以至于门户网站的业务包罗万象，成为网络世界的"百货商场"或"网络超市"。目前，门户网站主要提供新闻、搜索引擎、网络接入、聊天室、电子公告牌（BBS）、免费邮箱、电子商务、网络社区、网络游戏、免费网页空间等服务。在我国，典型的门户网站有新浪、网易和搜狐等。

简单地说，出名的、内容包罗万象的、访问量特别大的、影响力也特别大的网站就叫门户网站，这其实并没有一个准确的界限。网站不是为了赶一时的潮流或是博取一个好名声，而是要通过互联网这个全球性的网络来宣传企业、开拓市场，同时，降低企业的管理成本、交易成本和售后服务成本，并通过开展一系列的电子商务活动获得更多的利润，这些与企业的经营目的是一致的。所以，只有把信息技术同企业的管理体系、生产流程和商务活动紧密结合起来，才能正确地建设和维护这个网站，并使其发挥作用，为企业服务。

建设门户网站是建设电子政务的关键。电子政务事实上是建设一个虚拟的政府，使公民能够通过开放的网络门户与政府更加便捷地沟通，其手段主要是通过门户网站用统一方式提供不同种类、层次的服务。在一个工作流程中，公民由原来办一件事跑很多部门，转化为访问一个网站便能办好事情。要求公民访问多个独立的网站是不合理的，而门户网站提供"一站式服务"，将诸多部门集中起来，提供全天候服务，使公民和企业在与政府沟通时更加便利，可以享受更具体和个性化的服务。

政府门户网站是我国各级政府机关公开政务信息，并且与企业和大众互相交流的公共平台，属于官方网站，具有权威性。其目的主要是公开信息，以及加强公众与政府的互动。政府门户网站是透明、公开、阳光政府的具体体现，有利于反腐倡廉工作的实施和推动，有效地推进了我国政府信息的公开。近几年，我国公民的信息化意识越来越强，全国各地都把推进信息化建设作为一项战略性的任务，无论是在政府、企业，还是在教育、金融等方面都取得了实质性的进展。政府门户网站作为实施电子政务最基本的载体，很大程度上体现了我国电子政务的发展水平。政府门户网站建设的不断完善，也为电子政务的更深一步发展夯实了基础。总之，在未来的几年，甚至是几十年，我国的政府门户网站将随着信息技术的进步有更大的改观，这对电子政务的发展无疑会起到非常有力的促进作用[4]。

门户网站是电子政务的一个具体体现,除了政府门户网站,企业也有大量的应用。由于政府门户网站的内部信息关系到国家的信息安全,对电子软件本身的要求也就很高,因此,需要电子政务的应用水平有所提升。这样,一方面民族企业能随之崛起并壮大;另一方面,电子政务的水平也能随着越来越多的企业和社会团体的参与而不断提高。

4.5 知识管理

电子政务是政府管理政务信息的工具,而知识管理(Knowledge Management)则是一种思想。知识管理起着指挥和引导的作用,领导着电子政务向着更方便、高效的方向发展。电子政务和知识管理相互融合,互相促进,互相补充[5]。

在知识爆炸的环境下,传统产业经济正在向新兴知识经济转变,竞争的压力使企业产生了对知识应用的巨大需求。然而,大多数的企业还不能应对知识经济的挑战。针对发达国家进行的调查表明,72%的经理承认在他们的企业中知识没有被再利用,88%的员工没有机会从经验总结中受益或接触行业最佳的实践。

很多企业虽然开始认识到员工的知识是其最宝贵的财富,但缺乏把知识变成企业竞争力的手段。很多企业领导者还不能回答下面的问题:怎样把分散的、为单个员工所掌握的知识变为系统的、为整个组织所拥有的知识?企业中有价值的知识究竟在何处?什么样的企业行为会干扰知识的分享?怎样克服这些障碍?因此,知识管理将成为企业管理的一个重要内容。企业需要更多地转向知识管理并加强协作能力来应对知识经济的挑战,将现有的组织、知识、人员和流程与知识管理与协作紧密结合起来。

1. 知识管理简介

作为一种新的管理理念和方法,知识管理已成为各行业不可或缺的重要手段和工具。它不仅是将获取的各种信息转化为知识,并通过网络与信息技术实现知识发现和使用的流程,更是一种先进的管理思想和管理理念[6]。

知识是信息、洞察力、经验以及最佳实践、教训、直觉和理性的总称;知识管理则是一种系统化的流程。而一个企业的知识资本是方法、工具、培训、数据、思考和经验的集合,对企业从事经营管理活动具有重大价值;知识管理作为一种系统化的流程,用以获得、创造、综合、学习、分享和使用信息、洞察力及经验,从而实现企业目标。完整的知识管理系统应该包括组成企业知识的三个主要成分:行业知识、业务知识及客户知识。

"协作"和"群体"是知识共享与管理的两个核心要素。"协作"产生于共同的目标、价值、需求、理想、追求或兴趣。而"群体"则是指正式或非正式指定的、通常是自发组织的员工的群体。协作和群体使个人知识变为组织知识,领导者必须学会在他们的组织中培养协作精神,并推动群体的形成。因为企业文化、竞争压力和人的天性等因素,使得分享知识在很多时候会遇到阻力。领导者应该找到鼓励企业文化进步的途径,来推进协作,达到分享和转移知识的目的。信息管理主要侧重的是建立并维持一个通畅且高效的信息网络,从事信息的收集、检索、挑选、分类、存储、传输和分析等。尽管在信息管理的高级阶段,信息管理人员也参与一些商业竞争方面的战略分析,但在信息管理中,对如何利用信息来进行企业创新并没有什么特殊的要求,而且企业的信息管理者和信息使用者之间的沟通往往不够。而知识管理则是对包括信息在内的企业所有的知识进行全面的管理,将企业的知识资源统筹起来,与其他资源相结合,致力于企业的创新活动。所以,与知识管理相比,信息管理只是知识管理中的一部分内容。

2. 智力或知识资产的构成

并不是所有的信息都是有价值的。因此，由公司自己来决定什么样的信息才是智力和知识资产。一般来说，智力和知识资产可以分成两类：显性知识和隐性知识。如专利、商标、商业计划、市场研究和客户名单这些都是显性知识。根据实践经验来看，显性知识能通过计算机进行整理、归档和储存。隐性知识是储存在人们的大脑里难以言述的知识。隐性知识带来的挑战是如何辨认、产生、分享和管理它。而像电子邮件、软件包、即时信息等IT相关技术能够帮助隐性知识传播，但是识别隐性知识是大部分公司的主要障碍。

在如今的信息驱动经济时代，公司需要抓住最有利的时机，并且最终从知识资产而不是有形资产中获得最大利益。为了使公司从知识资产中获得最大利益，知识管理的从业者认为知识必须被分享，并且作为合作基础。然而更好的合作其本身并没有实现，没有一个良好的商业环境，知识管理便无从谈起，而且可能会出现有害的情况。

3. 知识管理的推动者

由于知识管理不是一个技术概念，而是一个商业计划，因而企业知识管理不应该由信息总监来主管（信息总监适合领导IT部门的知识管理）。一些公司让知识总监或其他高级总裁来领导知识管理，而其他公司则让一些运用知识管理的职能部门发起人来主管。

4. 知识管理的技术支持

知识管理工具的范围很广，从标准的、离线Email软件包，到一些专门为支持社团建立和认证而设计的精密协助工具。通常来说，这些工具不外乎下面几种，即知识库、专业知识工具、互联网学习工具、讨论和交流技术、同步互动工具和搜索资料工具。

4.6 协同政务

4.6.1 协同政务的出现

协同政务是电子政务建设中的重要内容，是与整体性政府改革理念相契合的重要方面。但无缝隙的协同政务也是电子政务发展过程中的一大难点。虽然我国电子政务建设不断取得成就，各部门之间的电子政务建设不断整合，但电子政务建设中"纵强横弱""信息孤岛"等问题仍然大量存在，真正的跨部门协同治理尚未全面实现[7]。

现代企业的竞争已经不再是单个企业之间的竞争，而是供应链之间的竞争，即企业不但要依靠自身的资源，还必须把经营过程中的有关各方（如供应商、制造工厂、分销网络、客户等）纳入一个紧密的供应链中，才能在市场上获得竞争优势。同时，随着网络时代的到来，工厂、分销商、零售商也遇到了更大的压力。客户和消费者需要更高层次的服务，他们需要掌握自己的交易活动，需要即时信息，需要对库存、产品、订单等信息的可见。

这对供应链的协作应用提出了新的要求，即通过收集数据来提供一个供应链视图，客户可以提前管理和监控库存（包括供应商、仓库、商店等）的变化，进而针对库存的变化实时预警。客户利用在采购过程中获得的数据，评价供应商的业绩。供应商们也可以通过消费者的期望来评定自己的市场表现，以便采取行动来取得或巩固自己的有利地位。这种需求催生出协同商务（Collaborative Business）的模式。协同商务的一个重要特征就是供应链上的各个要素在采购、供应、销售等各个环节上互相协调，以共同求得成本最低、利润最大化。

把企业管理领域的协同商务思想引入到公共管理领域，就产生了"协同政务"（Collaborative Governance）这一新概念。协同政务是指在信息化的背景下，政府部门之间利用信息技术手段进行跨部门的业务协作，最终通过改变行政管理方式实现充分利用政府资源的新型政府工作模式。

美国联邦政府在电子政务建设中提出了"让人们点击3次鼠标把事情办完"的口号。这就需要有一套高效的协同政务系统，减少企业或公民与政府部门沟通的时间和成本。许多企业或公民要办理的业务往往涉及多个政府部门，特别是一些行政审批事项。传统方式是企业或公民自己挨个部门办理，直到办理完毕。在协同政务条件下，政府部门可以通过网络联合办公，企业或公民只需在政府网站下载有关电子表格，填好后提交给网络就行了，剩下的事情则由相关政府部门处理，并把最终结果反馈给他们。这样，政府办事效率可以得到显著提高，企业或公民也可以有更多的时间为社会创造财富。协同政务系统常用的信息技术包括计算机支持的协同工作技术、工作流技术、中间件技术和Web服务技术等。

4.6.2 协同政务的应用

目前，我国各级政府部门建立了大量独立的政务信息系统，政务数据资源也分散在各个部门，这不仅造成了大量重复建设，提高了电子政务的建设成本，而且割裂了电子政务系统之间的联系，造成政务信息不能共享，引发了一系列问题。例如，有的企业虽然在工商部门登记注册了，但没有在税务部门登记注册，以偷逃税款。因此，迫切需要开展协同政务建设。开展协同政务是打破目前电子政务建设中各自为政、信息孤岛等现象，避免电子政务投资黑洞的必然要求。总的来说，协同政务建设可以从下面几个方面入手。

（1）深化行政管理体制改革

信息化是一种手段，不可能取代行政管理。许多专家认为"电子"只是手段，"政务"才是核心。在现代信息技术飞速发展的今天，相对滞后的行政管理体制和思想观念是制约电子政务发展的瓶颈之一。工业时代的行政管理方式已无法适应信息时代的行政管理方式，计划经济情况下的行政管理方式已无法适应市场经济情况下的行政管理方式。党中央、国务院提出建设创新型国家的宏伟战略，其中内容包括理论创新、制度创新、科技创新。"制度创新"的另外一种理解是"管理创新"，特别是公共管理创新。协同政务建设需要在公共管理理论和方法的基础上进行创新，如政府资源规划（GRP）、政务流程再造（GPR）。协同政务建设需要打破政府部门"各自为政"的局面，理顺那些涉及多个部门的公共事务管理体制。

（2）建立部门利益协调机制

部门利益是指行政部门偏离公共利益导向，追求部门的局部利益，变相实现小团体或少数领导个人的利益。中国现代国际关系研究院经济安全研究中心主任江涌在《瞭望》新闻周刊上撰文指出："在决策或履行职能过程中，有些部门过多从本部门利益出发，过于强调、维护与谋取本部门利益，影响了决策的战略性、全局性和前瞻性，损害了社会公正与大众利益，增添了国家经济及政治风险。"部门利益化的确存在一些危害，但要彻底消除部门利益是不可能的。与其采取"堵"的方式，不如采取"导"的方式，即通过对话、协商、立法等方式协调政府部门之间的利益关系。在协同政务建设中，单位预算、拨款制度决定了必须要协调部门的利益。

（3）统一电子政务标准规范

我国电子政务标准化、规范化工作明显滞后于电子政务建设，强制性标准规范文件较少，建议性标准规范文件又缺乏约束力。各个部门自行开发或外包给IT企业开发的软件系统往往缺乏标准化、规范化，现有系统与以前系统的兼容性差，不同IT企业开发的系统之间兼容性差，政府部门内部、政府部门与政府部门之间往往无法互联互通。目前，电子政务数据库、业务系统、政府门户网站都缺乏标准规范，不仅使政务信息无法共享，而且难以开展电子政务的绩效评价。因此，建议政府有关部门与IT企业合作，尽快制定有关标准规范，使新建的电子政务系统能够"互联互通、共建共享"。

（4）对现有的电子政务系统进行整合

在实际的电子政务建设过程中，即使是同一系统的政府部门，也可能存在不同类型的数据库管理系统，即由不同IT厂商用不同软件开发工具开发的业务系统，更何况隶属于不同系统的政府部门。面对大量存在而且花了巨资的"信息孤岛"，全部推倒重建是不太现实的。况且行政管理体制改革是一个长期的过程，不是一朝一夕能够解决的。为了不让已有的投资失去效用，利用技术手段对现有电子政务系统进行整合才是明智之举，如中间件技术、Web服务技术、计算机支持下的协同工作（CSCW）技术、工作流管理技术等。

从经济学角度来看，每个政府部门各自独立开发建设自己的电子政务系统的累计投资，肯定超过整体设计、系统建设的统一电子政务系统的投资，还会加大系统的维护成本。同时，由于各个部门系统开发的技术方式和技术标准很难统一，这样就会造成各个部门系统之间很难进行信息共享。从行政关系上说，中央部委与各个省、市、县的相关厅局之间的关系可分为指导关系和直属关系。在电子政务投资中，属于直属关系的政府部门基本由中央财政拨款投资，属于指导关系的政府部门由地方财政拨款投资。但不论谁拨款投资，都必须进行信息共享，要求从上到下统一规划、采用统一的建设标准，以便开展协同政务。

4.7 信息资源服务

随着计算机技术和现代通信技术的发展，人类已经步入知识经济时代，为了提高我国的国际竞争能力，特别是提高我国的创新能力，我国政府特此制定了由"知识生产系统、技术生产系统、知识传播系统和知识应用系统"4个良性循环的子系统所形成的知识传播系统，已经被纳入国家创新体系当中。经过多年的发展，信息管理的过程已经经历了传统管理时期、技术管理时期、信息资源管理时期，现在正逐渐向"网络信息资源管理"阶段演进。这种演进对信息管理工作模式和服务模式势必造成巨大的改变，产生新的社会需求，而网络信息资源管理正是这种新需求下的产物。

信息资源是企业生产及管理过程中所涉及的一切文件、资料、图表和数据等信息的总称。它涉及企业生产和经营活动过程中所产生、获取、处理、存储、传输和使用的一切信息资源，贯穿于企业管理的全过程。

信息资源与企业的人力、财力、物力和自然资源一样同为企业的重要资源，且为企业发展的战略资源。同时，它又不同于其他资源（如材料、能源资源），是可再生的、无限的、可共享的，是人类活动的最高级财富。

信息同能源、材料并列为当今世界的三大资源。信息资源广泛存在于经济、社会的各个领域和部门。是各种事物形态、内在规律、和其他事物联系等各种条件、关系的反映。随着社会的不断发展，信息资源对国家和民族的发展，对人们的工作、生活至关重要，成为国民经济和社会发展的重要战略资源。信息资源的开发和利用是整个信息化体系的核心内容。

电子政务信息资源共建共享，在这一环境下，政府创造、收集、分析、利用、传播和发送信息。电子政务信息资源共建共享不仅仅是利用先进的信息技术代替手工劳动，而且是通过政府管理手段的革新，不断为政府职能、组织结构、决策方式、管理行为、运行模式、工作流程等进行相应的改革和调整，促进政府管理方式的变革，从根本上提高政府管理的水平。

电子政务信息资源共建共享的顺利实现，必须建立强有力的组织、法律政策、经济、技术、人才和安全保障机制。

1. 组织保障机制

组织保障机制是一种通过建立相关的组织管理机构，实施人为干预与调节，来增进电子政务信息资源共建共享的行政机制。电子政务信息资源的共建共享，应纳入国家统一规划和管理，由某一专门机构来具体负责实施。而我国目前还没有专门主管信息资源开发利用的部门，这对实施国家的发展战略、发展协作性的生产体系、规范行业行为等都是不利的。所以，有必要成立一个电子政务信息资源建设的服务机构，负责实施电子政务信息资源的共建共享，统筹兼顾、统一规划，从全局出发，重点规划、设计政府部门协同工作的内容和流程，打破信息资源"部门割据""条块分割"的局面，解决政务信息资源为各个部门所有、各个部门垄断的问题，真正实现电子政务信息资源的共建共享。建立信息资源共建共享的服务机构是实现电子政务信息资源共享的有效手段。

2. 法律政策保障机制

我国政府曾经先后制定并颁布了一系列有关电子政务建设的法规政策，如《国家信息化领导小组关于我国电子政务建设指导意见》《电子政务工程技术指南》《电子政务信息共享互联互通平台总体框架技术指南（试行）》《国家信息化领导小组关于加强信息处理安全保障工作的意见》《全国政府系统政务信息化建设2001—2005年规划纲要》等。政府部门还需要加快制定一系列有关电子政务信息资源共建共享的方案、制度、规定、条例等，明确各相关主体的责任、权利和义务，为电子政务信息资源的共建共享提供一个良好的法律政策环境。在制定有关电子政务信息资源共建共享的发展规划和相关标准时，要坚持共享共赢、公平多赢、可操作等原则，不仅要有相关部门的领导、IT专家参与，还要注重吸收行政管理领域的专家和信息资源管理领域的专家参与，确保法律政策的科学性、权威性、统一性。

3. 经济保障机制

经济保障机制是按照"谁投资谁受益"的原则建立的、协调电子政务信息资源共建共享供需双方利益的市场机制。电子政务信息资源共建共享的实现离不开足够的资金投入，政府是实施电子政务的主体，各级政府要成为资金投入的主体力量，要为电子政务信息资源的共建共享提供足够的资金投入，各级政府要将电子政务信息资源的共建共享所需经费纳入本级政府的财政预算，对于涉及多个部门的信息共享、互联互通工程建设，应统筹安排资金，公共部分的建设要设立专项经费予以保障。而共建共享所需资金仅仅依靠政府的财政投入远远不够，还应在充分发挥中央和地方政府财政投入主导作用的同时，制定相应政策，充分调动高等院校、科研院所、中介机构、行业协会、企业等各方面的积极性，鼓励和引导社会资金参与电子政务信息资源共建共享系统工程建设、管理和运营，电子政务信息资源共建共享工程的建设和管理需要积极探索市场化的运行模式，逐步向企业化、市场化的运行方向转化。在资金投入过程中，要切实加强资金管理，完善资金管理制度和资金使用的绩效考评制度，提高资金使用的规范性和有效性。

4. 技术保障机制

（1）构建信息共享互联互通平台

按照《电子政务信息共享互联互通平台总体框架技术指南（试行）》的要求，信息共享互联互通平台应由流程管理系统、应用集成系统、应用适配器系统、管理和监控系统、安全支撑系统5个基本系统组成。其中，流程管理系统、应用集成系统、应用适配器系统是平台的核心。信息共享互联互通平台采用"三横两纵"的总体框架结构。"三横"为流程层的流程管理系统、应用层的应用集成系统、数据层的应用适配器系统。"两纵"为支撑"三横"的管理和监控系统、安全支撑系统。"三横两纵"以"三横"为主体，重点解决信息共享互联互通中数据交换、应用集成、流程协同三个层次的问题；"两纵"是"三横"实现安全的、可管理的、可监控的信息共享互联互通环境的支撑。

（2）全面推行标准化

标准化是实现电子政务信息资源共建共享的先决条件，无论是网络统一平台，还是资源共建共享，都需要标准的约束。目前，我国电子政务相关的标准很多，仅已经颁布的国家级标准就有800多个，此外还有各式各样的行业标准。但是如此众多的标准缺乏统一性，标准的过多、过泛给政府部门和相关厂商带来了很多不便，甚至形成了大量的"信息孤岛"。对众多标准加以统一和规范，是解决标准滞后与过多、过泛的唯一途径。因此，要加强标准化建设的管理工作，统一网络和信息的标准规范，统一标准是互联互通、信息共享、业务协同的基础。

（3）加强共享数据库建设

目前，我国信息资源开发和共享相对滞后的矛盾十分突出，在信息化建设中出现了"有路无车"和"有车无货"等现象，许多数据库更新不及时，甚至是"死库"，一些电子政务的关键业务不能实现互联互通和互操作。从而造成了许多信息基础设施和技术设备得不到充分利用，制约了电子政务功能的发挥。因此，必须改变目前建库力量分散、低水平重复建设的局面。按照整合、共享、完善、提高的要求，建立电子政务信息共享数据库，有效调控增量资源，激活存量资源，最大限度把发挥现有资源的潜能。

5. 人才保障机制

电子政务培训工作已经被纳入"国家信息化培训工作"中，成为"国家信息化培训工作"的一个重要组成部分。根据政府有关部门文件的指示精神，国家信息化培训认证管理办公室成立了"公务员信息技术与电子政务应用能力培训专家委员会"，并制定了《国家公务员信息技术与电子政务应用能力培训大纲（试行）》，同时配套制定了《考试大纲》，建立了相应的题库，由信息产业部信息化推进司组织编写了《信息技术与电子政务》系列教材。目前，信息资源理论研究的重心在高等院校，因此，一方面要充分发挥高等院校在信息资源理论研究方面的优势，大力培养信息资源管理理论研究的队伍和人才，推动信息资源管理思想的普及；另一方面要充分发挥党校、行政学院干部培训基地、信息中心的职能、专业作用，利用其人力、远程、多媒体和计算机教室等软硬件资源，加强对广大公务员，特别是主管信息化工作的各级领导干部，关于电子政务知识和操作技能的培训、网络环境下的工作方法和能力的培训，提高公务员及企事业单位信息主管的信息化知识及网络应用、管理水平。此外，还要通过广播、电视、报刊、互联网等多种媒体形式，加大对计算机和网络知识、电子政务知识的普及教育，努力提高全民信息化的思想认识水平，提高社会整体的素质能力，为电子政务信息资源共建共享提供强有力的人才保障体系。

6. 安全保障机制

影响电子政务信息安全的因素有很多，如网上黑客入侵和犯罪、网上病毒泛滥和蔓延、信息间谍的潜入和窃密、网络恐怖集团的攻击和破坏、内部人员的违规和违法操作、网络系统的脆弱和瘫痪、信息安全产品的失控等。因此，保障电子政务信息资源的共建共享，首先要保障共建共享信息的安全，信息安全是电子政务信息资源的共建共享中最关键、最根本的问题。为此，要切实做好电子政务信息资源的保密管理和安全管理工作，采取切实有效的措施，对信息进行分级管理和访问权限控制，防止信息泄露和人为破坏等问题。要加强安全技术的研发，并积极采用先进、实用的安全技术、安全产品等，同时要建立健全安全规章制度，加强对人员、组织和流程的管理，按照政务公开和国家安全的要求，科学合理地划分信息保密等级，做好信息的及时解密工作。此外，还需要不断进行信息的保密、安全教育，提高全社会对信息的保密、安全意识。

4.8 基于人工智能的政务决策支持

4.8.1 决策支持系统概述

决策支持系统（Decision Support System，DSS）是以运筹学、控制论、管理科学和行为科学为基础，以仿真计算、计算机技术和信息技术为手段，以决策者为主的人机交互信息系统。DSS 的目的是解决非结构化问题，该系统能够提供给决策者其所需要的数据、信息和背景资料等，来确认决策的目标，并且识别所需解决的问题，从而建立或者修改决策模型，并提供各式备选方案，之后还要对方案进行评价和优选，通过人机交互功能来分析、比较和判断，以支持正确的决策实施。

决策支持系统的概念是在 20 世纪 70 年代被人提出的，1980 年，Sprague 提出了决策支持系统的基本组成，即决策支持系统的三部件结构，分别是对话部件、模型部件和数据部件。这个概念的提出极大地推动了决策支持系统的发展[8]。

传统的决策支持系统是使用数据模型和数值计算方法来辅助决策，即 DSS 只能支持和辅助决策者做出决策，并不能替决策者作出决策，具有无法表示复杂决策过程的局限性。20 世纪 80 年代末到 90 年代初，随着人工智能的发展以及专家系统（Expert System，ES）的出现，决策支持系统开始与专家系统相互结合，形成了智能决策支持系统（Intelligent Decision Support System，IDSS）。智能决策支持系统充分发挥了专家系统以知识推理的形式解决定性分析问题的优势，并以决策支持系统为核心，结合定性分析和定量分析，使问题解决的能力和范围得到了较大的发展。智能决策支持系统是决策支持系统发展的新阶段。到了 20 世纪 90 年代中期，数据仓库（Data Warehouse，DW）、联机分析处理（On-line Analytical Processing，OLAP）和数据挖掘（Data Mining，DM）等新技术相继出现，至此形成了新决策支持系统的概念。新决策支持系统的特点是，决策支持信息和知识是从完全不同于传统决策支持系统模型和知识辅助决策的数据中获得的。传统的决策支持系统和新决策支持系统是两种不同的决策支持模式，二者不能相互替代，而应该相互结合。

我国的决策支持系统研究开始于 20 世纪 80 年代，其中区域发展规划是应用最为广泛的领域。天津大学信息与控制研究所创办的《决策与决策支持系统》刊物，极大地推动了我国决策支持系统的发展。除此之外，许多单位在智能决策支持系统的研制中也取得了不错的成绩。

例如，以中国科学院计算技术研究所史忠植研究员为首的课题组研制并完成的"智能决策系统开发平台 IDSDP"就是一个典型代表。

随着互联网的普及，基于网络环境的决策支持系统将出现在新的结构中。数据资源、模型资源、知识资源等决策支持系统的决策资源将作为共享资源，以服务器的形式在网络上提供并发共享服务，开辟决策支持系统的新途径。基于网络环境的决策支持系统是决策支持系统的发展方向[9]。

4.8.2 人工智能的定义

在日常生活中，人工智能（Artificial Intelligence，AI）已经无处不在了，但是并非所有人都留意到它的存在。那么，人工智能到底该如何定义？在有些人眼中，那些从外表来看和人类一样，并且拥有与人类一样的思维和大脑的机器人，才能被称为人工智能；另外一种看法就是，那些计算速度远超人类的计算机，一秒钟就能完成数百亿次计算，也应该被称为人工智能。那么，到底什么是人工智能？

历史上，人工智能的发展并不是一帆风顺的，它的定义也历经多次转变。直到今天，人工智能被广泛接受的定义仍然还有很多种。通常来说，使用哪一种定义要看当前人们所讨论问题的场景和所关注的重点。这里就列举几种至今仍流行的人工智能的定义。

定义一：AI 就是与人类行为相似的计算机程序。

和仿生学派强调对人类大脑的研究和模仿不同，实用主义者从来不认为人工智能的实现需要遵循所谓的规则或者理论框架。

也就是说，不管计算机以何种形式、何种方法去实现某一种功能，只要这个功能表现得和人在这个环境下的行为相似，那就可以说，这个计算机程序至少在这个领域内拥有了人工智能。这个定义忽视了达成这一结果的手段，只是从近似于人类行为的最终结果出发。另一种对人工智能的定义则更加重视人工智能的实用色彩：AI 就是可以解决问题并且能得到最大收益的计算机程序。

"if…else…"的分支结构几乎在所有的程序设计语言中都有，与这个相关联的一个哲学问题是，程序对一个条件做出判断然后完成后面的操作，这个"判断"是由计算机自己独立做出的，还是由编程序的人做出的？

执行"if…else…"的程序有没有智能，完全取决于那个程序有没有做了和人相似的有智能的事。

1964~1966 年，麻省理工学院开发了一个"智能"聊天程序 Eliza，这是第一个聊天机器人，当年，Eliza 的聊天记录让人们不敢相信。但是事实上，Eliza 是没有智能的，它只是使用了对话者自己的智能来让它所说的话有意义。换句话说，其实它根本不知道谈话对象所表达的"意思"，即它的"大脑"中只有词表和映射规则。

定义二：AI 就是会学习的计算机程序。

这个定义几乎就是把人工智能和机器学习等同了起来。那么，什么是机器学习？机器学习是一门致力于研究如何通过计算的手段，利用经验来改善系统自身性能的学科。在计算机系统中，"经验"一般都是以"数据"的形式存在的。所以，机器学习所研究的主要内容就是在计算机上从数据中产生"模型"的算法，即"学习算法"，有了这个学习算法之后，人们只需要把数据给它，它就能根据这些数据产生相应的模型。之后在面对新情况的时候，模型就会给出相应的判断。如果说计算机科学是一门研究关于"算法"的学问，那么，机器学习可以说是一门研究关于"学习算法"的学问。2000~2010年,机器学习开始爆发出令世界震撼的威力,在计算机视觉领域取得了非常大的突破和进展。如今,"无学习,不 AI"几乎已经成为人工智能研究的核心指导思想。谷歌的 AlphaGo 就是先学习了大量的职业棋手棋谱,然后又在大量的自我对弈中不断学习和提高,最终才战胜了人类世界冠军。一般来说,人工智能的典型应用都有深度学习的技术基础,是计算机从大量的数据中,通过自我学习掌握经验模型的结果。这个定义也是符合人类认知的特点的,即所有人都需要通过学习才能得到知识。人们的智慧就是在成长的过程中逐渐学习形成的。所以,如今最典型的人工智能系统,是通过学习大量数据来训练经验模型,这个方法可以看成是模拟了人类成长和学习的全过程。

定义三:AI 就是根据对环境的感知,做出合理的行动,并且获得最大收益的计算机程序。

这个定义既强调了人工智能能够根据环境感知做出主动反应,又强调了所做出的反应必须能够达到目标。与此同时,不再一味地强调人工智能对人类思维方式或者人类总结的思维法则的模仿。

4.8.3 智能决策支持系统概述

作为人工智能的一个重要研究领域,智能决策支持系统已成为学术界关注的焦点,它有助于决策者和信息管理者、资源规划者和管理者、策略规划者和装备控制者提高工作效率。其发展前景吸引了全世界的关注。

智能决策支持系统是决策支持系统和人工智能结合的产物,它起源于 20 世纪 80 年代初,由 Bonczek 等人率先提出。它的设计思想是把 AI 的知识推理技术和 DSS 的基本功能模块有机地结合起来。有的 DSS 已融进了启发式搜索技术,这就是人工智能技术在 DSS 中的初步实现。将人工智能技术引入决策支持系统主要有两方面原因:第一是人工智能可以作为处理定性的、近似的或者不精确的知识而引入 DSS 中;第二是 DSS 具有强大的交互性,这就要求使用更方便,并且在接口水平和在进行的推理上更为"透明"的技术,而人工智能在接口水平,尤其是在对话功能上对此可以做出有用的贡献,比如自然语言的研究和使用,使 DSS 能够以更接近于人类的语言来实现接口功能。20 世纪 90 年代之后,随着 Internet 技术、分布计算和网络计算的蓬勃发展,IDSS 开始集中式地演化,并且产生了一系列的新概念、结构和观点。

4.8.4 智能决策支持系统的未来发展方向

21 世纪以来,随着人工智能、大数据、计算机网络技术的蓬勃发展,给 IDSS 的发展提供了强有力的技术支持。如今,IDSS 的主要发展方向如下。

1. 注重基于知识的人机交互

智能决策支持系统注重决策过程的交互性,对人机对话系统有比较高的要求。长期以来,人们对数据、信息和知识的认识仅限于"数据→信息→知识"的单链条关系。事实上,从数据中得到信息,再从信息中得到知识,这只是决策过程的开始,对数据、信息和知识的关系的研究表明,其他关系的研究对提高决策质量也是十分有意义的。在如何从数据中提取信息、如何将信息呈现给决策者等问题中,知识发挥着巨大的作用,对这些问题的研究产生了"数据→知识→信息→数据"的循环或网状关系。

2. 分布式并行化决策求解

决策环境的复杂性往往会超出人类的求解能力,促使研究者不再使用传统的模型求解方法,而是去寻找新的技术。同时,因为技术的不断进步,尤其是 IT 的进步,也在为 IDSS 的研究提供更加强有力的手段和工具。当前，随着计算机网络的发展，决策环境出现了新的特点：分析和决策中使用的数据不再是集中在一个物理位置，而是分散到不同的地区和部门；运行在 Internet/Intranet 环境里的分析、决策模型和知识处理方法，也从集中式处理发展到在网络环境下的分布，或者分布式并行的处理方式。与此同时，决策的可行解也存在着计算效率的问题，有时候 IDSS 的顺序计算结构也会成为决策的瓶颈。对复杂决策问题的并行求解已经得到了广泛的关注，分布式数据仓库、分布式决策处理的研究、分布式人工智能技术的应用、并行决策计算等成为新的研究热点。

3. 注重各种相关技术的集成应用

IDSS 的核心是用于知识和知识决策的知识总是与特定的应用领域相关联。不同的领域具有不同的知识表示和处理特点。不同的智能决策方法各有特点和适用范围，将方法综合成为提高系统决策能力的重要途径。同时，决策信息来源的多样性也对信息融合提出了新的要求。如何从不同的方面综合信息来服务决策目标是决策中的一个普遍问题。它经历了从简单的叠加，到优化的线性组合。逻辑、线性优化、决策树和神经网络可以用来实现不同层次的信息。目前，在证据理论、贝叶斯网络等不确定推理技术的信息融合领域已经取得了一些成果。这个领域更高的目标是寻找更多的一般知识表示和推理算法。

4. 决策过程的理解

对决策过程的理解是建立智能决策支持系统的基础。目前，对人的决策过程的理解仅限于程序清晰、可计算的部分，对于较为先进的人的决策过程依然缺乏清晰的认识。事实上，人的决策涉及多个方面，如问题识别、问题分解和解决过程，这都需要各种知识和方法的结合。人的认知能力几乎是无限的，只有人类能够在复杂多变的环境中做出正确的决策。对人的决策的理解是建立智慧型决策支持系统的关键，对决策过程的理解实际上是对人的智慧的认可。到目前为止，还没有更好的方法来准确地模拟出人类的思维。

5. 时空与多维决策过程

目前，对决策支持系统的研究大都集中在解决决策问题的过程上，决策问题始终与决策过程和决策环境的各个方面有关。在决策过程中引入时空等多维度规则，可以突破时间和空间的限制，优化和完善决策过程，增强决策支持的效果。时间是决策的内在维度，当实时决策需求高时，时间可能是最重要的决定因素。空间维度用于观察外部世界，并与决策环境的空间因素有关。一般用来描述对决策产生重大影响的因素，如不同意见和附加信息等。许多决策过程对时空因素提出了相当高的要求，这又给决策支持系统的理论和方法提出了新的挑战。

智能性和决策支持是当今 IDSS 的两大特性，随着 AI 领域中新技术的不断发展，如何把专家系统和机器学习等的优势合理地结合起来投入于 IDSS 的构建，是 IDSS 今后发展的首要问题之一。

4.8.5 电子政务中的智能技术

电子政务中使用的智能技术包括基于智能学习的智能信息检索、智能网络入侵检测、智能体和智能网络监控等技术。

1. 智能信息检索

目前网络上的信息检索技术可以分为网站分类和全文检索两种。

网站分类是对网络进行树状的归类，能够对每个网站都有一个简单的描述，但是因为描述无法深入到网站的内部，所以人们无法查询网站内部的重要信息，因此会产生信息的丢失。全文检索技术处理的对象是文本，它可以对大量的文档进行从字到文档的倒排索引，在这个基础上，用户可以通过关键词来进行文档查询，之后该系统返回包含关键词的网页。返回的信息过多是这个技术的主要缺陷，可能会发生"资源迷向"的问题。

电子政务中的信息检索技术，应该具备从海量的网上数据中获取隐含的、有价值的信息来为政府机构提供有价值的决策支持的功能。这就需要智能检索技术可以用于完成三个信息检索的任务：信息建模、询问评估和关联反馈。智能技术应用于全文信息检索的主要方法有以下两种。

1）软计算方法。以神经网络、进化计算、模糊系统和概率学习等为代表的软计算方法已经用于网上的信息检索。神经网络通过传播激活评价标准来产生单一的查询；遗传算法则可以产生一组查询，同时选择最匹配的查询；最终的响应由组合最好的查询结果构成。

2）模糊神经聚类算法。模糊化自适应谐振理论算法是一种新颖的神经网络模糊聚类算法，它综合了多种神经网络无监督学习算法的优点，具有结构灵活、聚类精度高、便于调节、对噪声和初始状态不敏感等特点。

2. 智能网络入侵检测技术

入侵检测技术是一种利用入侵者留下来的痕迹，去发现来自外部或者内部的非法入侵的技术。它以探测与控制为核心，进行主动防御，是网络安全中非常重要的部分。入侵检测技术包括基于神经网络的入侵检测技术、基于专家系统的入侵检测技术和基于模型推理的入侵检测技术。

3. 智能体

智能体是一个具备控制问题求解机理的计算单元，网络中的智能体一般是一个专家系统、一个模块或者一个求解单元。支持智能体独立工作的技术主要有：模式匹配和复杂的逻辑比较、基于知识的快速推理、当数据不完整时可进行默认推理的能力以及继承其他智能体知识的能力。

4. 智能网络监控

网络管理通过规划、监视、分析、扩充和控制来保障政府网络服务的有效提供，它是电子政务中不可或缺的重要环节。因为网络信息的传输存在无法确定的时延，以及容易发生信号丢失等问题，所以智能网络需要应急的监控措施。

4.8.6 决策支持系统在电子政务中的应用

随着时代的发展和社会信息化的不断推进，政务信息化和电子政务建设正在飞速发展。联合国经济社会理事会认为电子政务是通过信息通信手段的密集性和战略性，应用组织公共管理方式，目的在于提高效率，增强政府的透明度，改善财政约束，改进公共政策的质量，增强决策的科学性，建立良好的政府之间、政府与社会、社区以及政府与公民之间的关系，提高公共服务的质量，赢得广泛的社会参与度。相应地，参事工作作为政府工作的一部分，在新的历史时期，也需要电子政务手段的支持。

那么在电子政务中，应用智能决策支持系统的意义是什么？简单来说，电子政务智能决策支持系统的目的是满足国家对于信息的需求，同时考虑对社会各界的信息服务，充分地利用电子计算机、现代信息技术和智能决策方法，来建立可靠的、及时的、统一的、功能齐全的基础数据库系统和智能决策支持系统。

决策支持系统运行的具体步骤如下，其运行示意图如图4-2所示。

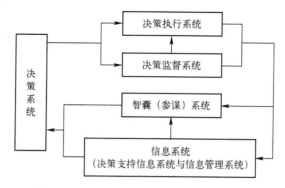

图 4-2 电子政务决策支持系统运行示意图

1) 智囊系统通过信息系统提供的信息来制定各种可实行的决策方案。
2) 通过电子政务系统提供的平台，智囊系统把决策方案上报给决策系统。
3) 通过信息系统生成的决策信息，决策系统来确认最优的决策方案，并且生成必要的决策指令。
4) 通过电子政务平台，决策系统将指令下发给决策监督系统和决策执行系统。
5) 决策执行系统在决策监督系统的监督之下，贯彻执行决策指令。
6) 通过信息系统，将决策指令执行的情况和结果反馈到智囊系统。
7) 根据具体的情况，智囊系统会向决策系统提供反馈信息或者决策修正方案。
8) 通过修正方案或者反馈信息，决策系统确认新的决策并且下发执行。

可以发现，决策支持系统和电子政务平台的有机结合，能够极大地提高决策的科学性、适应性和时效性。

电子政务的建设大致包括三个层面：一是政务数据的电子化，即建立数据库系统；二是政务流程的电子化，即把已经规范的政务流程以软件程序的方式固定下来，提高工作效率；三是对电子化的数据进行科学的加工和处理，同时运用理论和定量模型来为决策提供支持。随着电子政务管理和服务功能的充分发挥，对于在快速信息流平台上办公和寻求服务的人们来说，对决策支持的需求也会变得越来越大。

4.9 小结

本章主要介绍了电子政务的相关应用系统建设，如办公自动化、一站式服务、门户网站、知识管理、协同政务和信息资源服务的相关阐述，最后介绍了基于人工智能的政务决策支持系统。随着时代的发展，人工智能应用到政务决策支持将是一种必然的趋势。

4.10 思考题

1. 办公自动化的意义是什么？
2. 一站式服务有哪些优点和缺点？
3. 门户网站的含义、分类和作用是什么？
4. 知识管理的核心是什么？
5. 协同政务建设的关键问题是什么？该如何发展和建设协同政务？

6. 信息资源有哪些特点？应该如何高效地利用信息资源？
7. 为什么要将人工智能应用到政务决策支持系统中？这样做有什么好处？

4.11 参考文献

[1] 吴楠. 浅谈电子政务办公自动化系统 [J]. 广播电视信息, 2014（11）: 50-52.
[2] 魏武华. 电子政务一站式服务体系结构研究 [J]. 中国管理信息化, 2013, 16（15）: 88-89.
[3] 魏武华. 电子政务一站式服务存在的问题及对策研究 [J]. 价值工程, 2013, 32（19）: 206-208.
[4] 田恬. 国内外电子政务门户网站发展现状及趋势 [J]. 中国管理信息化, 2016, 19（8）: 149.
[5] 孙琦. 浅谈基于知识管理的电子政务信息资源整合的构建 [J]. 信息化建设, 2015（8）: 57.
[6] 何书瑶. 基于知识管理的电子政务研究进展 [J]. 黑龙江科技信息, 2016（11）: 174-176.
[7] 赵小青. 跨部门电子政务如何协同发展 [N]. 东莞日报, 2017-08-21（A06）.
[8] 谢耘耕, 陈虹, 刘锐, 等. 大数据背景下的舆情决策支持系统研究综述 [J]. 新媒体与社会, 2014（4）: 155-173.
[9] 邓文华. 决策支持系统在电子政务中的应用 [J]. 福建电脑, 2006（9）: 73-74.

第5章 电子政务的安全保障建设

随着电子政务的广泛应用，其安全问题应运而生。为了保护电子政务的系统安全和信息安全，保证未经授权的信息不会被修改、破坏或泄露，安全保障体系的建设就显得尤为重要。电子政务的安全保障体系包括物理安全、网络安全、主机安全和应用安全，同时对用户进行分级管理以增强系统的安全性。当前，电子政务的安全保障体系采用了多种安全技术，由于现代网络蕴含了许多新业务和产业，需要采用新设计的信息安全技术对安全保障体系的建设进行完善。

5.1 电子政务的安全保障体系概述

随着进一步深化改革、扩大开放，关于电子政务的讨论、规划和设计实施已经成为政府乃至整个社会热门的话题。电子政务拥有经济、政治和军事等多方面的不同价值的信息，其安全性决定了政府机构的行政事务能否正常开展。因此，电子政务的信息安全就成为电子政务最为重要的基石，是电子政务建设和正常运行的前提条件。随着我国信息化发展程度的日益提高，电子政务的信息安全问题也越来越受到人们的重视，而电子政务的安全保障体系对于促进我国电子政务的健康有序发展具有深远意义。

5.1.1 信息安全与电子政务安全的发展历史

信息安全的概念远远早于计算机和网络的出现，但是随着信息化的发展，信息安全的形势变得更加复杂。通常，信息安全经历了5个发展阶段：通信安全、计算机安全、信息系统安全、信息安全保障和网络空间安全/信息安全保障阶段。

信息安全是信息本身的保密性（Confidentiality）、完整性（Integrity）和可用性（Availability）的保证，即防止未经授权使用信息、防止对信息的非法修改和破坏、确保及时可靠地使用信息。

保密性：确保信息没有非授权的泄露，不被非授权的个人、组织和计算机程序使用。

完整性：确保信息没有遭到篡改和破坏。

可用性：确保拥有授权的用户或程序可以及时、正常地使用信息。

信息安全问题的来源包括内因和外因。内因主要是信息系统越来越复杂，外因则主要是来自对手的威胁和自然的破坏。中共中央办公厅发布的《国家信息化领导小组关于加强信息安全保障工作的意见》，是我国信息安全保障工作的纲领性文件。

信息安全保障的第一阶段，即通信安全是在20世纪40~70年代，主要关注传输过程中的数据保护，其核心思想是通过密码技术实现通信保密，保证数据的保密性和完整性。第二阶段，即计算机安全是在20世纪70~90年代，主要关注数据处理和存储时的数据保护，其核心思想是预防、检测和减轻计算机系统（包括软件和硬件）用户（授权和未授权用户）执行的未授权活动所造成的影响。第三阶段，即信息系统安全是在20世纪90年代后，重点在于保护比"数据"更精练的"信息",确保信息在存储、处理和传输过程中免受偶然或恶意的非法泄密、转移或破坏,其核心思想在于综合通信安全和计算机安全。目前,信息安全的核心思想是保障信息和信息系统资产,保障组织机构使命的执行,综合技术、管理、过程、人员,以确保信息的保密性、完整性和可用性。2009 年,世界各国的信息安全政策、技术和实践等发生重大变革,各国达成了将网络安全问题上升到国家安全层面的共识,核心思想是从传统防御的信息保障(IA),发展到以"威慑"为主的防御、攻击和情报三位一体的网络空间安全/信息安全保障阶段。各个阶段的信息、安全威胁和安全措施如表 5-1 所示。

表 5-1 各个阶段信息安全威胁和安全措施

阶 段	年 代	安 全 威 胁	安 全 措 施
通信安全	20 世纪 40~70 年代	搭线窃听、密码学分析	加密
计算机安全	20 世纪 70~90 年代	非法访问、恶意代码、脆弱口令等	安全操作系统设计技术
信息系统安全	20 世纪 90 年代后	网络入侵、病毒破坏、信息对抗等	防火墙、杀毒软件、漏洞扫描、入侵检测、PKI、VPN 等
网络安全空间/信息安全保障	目前	黑客、恐怖分子、信息战、自然灾难、电力中断等,上升到了国家安全的高度	技术安全保障体系、安全管理体系、人员安全意识培训、教育、认证体系、网络防御、网络攻击和网络利用

电子政务安全是指保护电子政务网络及其服务不受未经授权的修改、破坏或泄露,防止电子政务系统资源和信息资源受自然和人为有害因素的威胁和危害。电子政务安全就是电子政务的系统安全和信息安全,它主要是一种信息系统安全,尤其是在网络安全和计算机安全方面。总的来说,电子政务的安全包括物理安全、网络安全、信息传输安全、信息存储安全、信息访问安全、制度安全、人员安全、有关防病毒方面的安全、电子政务系统身份认证的安全等。从信息的层面来看,包括信息的完整性、保密性、不可否认性等。从网络层面来看,包括可靠性、可控性、互操作性、可计算性等。从设备层面来看,包括物理安全、设备备份、质量保证等。从管理层面来看,包括人员的可靠性、规章制度的完整性等。电子政务的安全保障体系是一套涉及多方面、多层次的、复杂的系统,用来实现电子政务安全的目标。

5.1.2 电子政务的安全目标

电子政务的安全目标就是保护政务信息资源的价值不受侵害,保证信息资产的拥有者面临最小的风险并获取最大的安全利益,使电子政务信息基础设施、信息应用服务和信息内容抵御上述威胁,具有保密性、完整性、真实性、可用性、不可抵御性和可靠性的特点[1-3]。这 6 个信息安全目标是相互关联的。

1. 保密性

保密性是防止信息泄露给非授权个人或实体,只允许授权用户访问的特性。保密性是一种面向信息的安全性,它建立在可靠性和可用性的基础之上,是保障网络信息系统安全的基本要求。电子政务系统中的信息依据其保密程度分为以下类别。

1)涉及国家秘密的信息,包括绝密级、机密级和秘密级信息。

2)敏感信息,指不涉及国家秘密,但在政务工作过程中需要在一定范围内保密,不对社会公众开放的信息。

3)公开信息,指对社会公众开放的信息。

2. 完整性

完整性是信息在未经合法授权时不能被改变的特性，也就是信息在生成、存储或传输过程中，保证不被偶然或蓄意地删除、修改、伪造、乱序、插入等破坏和丢失的特性。电子政务完整性目标包括以下两个方面。

1）电子政务系统中存储、传输和处理的信息完整性保护。

2）电子政务系统本身的完整性保护。系统完整性保护涉及物理环境、基础网络、操作系统、数据库系统、电子政务应用系统等信息系统的每一个组成部分的完整性保护。

3. 可用性

可用性即电子政务系统在需要时，允许授权用户或实体使用的特性；或者是电子政务系统部分受损或需要降级使用时，仍能为授权用户提供有效服务的特性。电子政务的可用性目标保护包括以下两个方面。

1）电子政务系统所提供的服务的可用性。

2）电子政务系统中存储、传输和处理的信息的可用性。

4. 不可抵御性

不可抵御性也称作不可否认性，即在电子政务系统的信息交互过程中所有参与者都不能否认或抵赖曾经完成的操作的特性。通常，不可抵御性目标是政府部门的一种策略需求，可以为拒绝否认、威慑违规、隔离故障、检测和防止入侵、事后恢复和法律诉讼等提供支持。

5. 真实性

真实性要求确保电子政务系统的访问者与其声称的身份是一致的，确保电子政务系统操作的数据是真实有效的数据。

6. 可靠性

可靠性是电子政务系统能够在规定条件下和规定时间内完成规定的功能的特性。可靠性包括硬件可靠性、软件可靠性、通信可靠性、人员可靠性和环境可靠性。

5.1.3 电子政务安全隐患及安全保障的意义

当前绝大多数的电子政务工程，均是按照分别建设政务内网、政务外网和公共服务网设计的，但政务内网、政务外网、公共服务网和网络环境，都是采用TCP/IP而建立的，而TCP/IP以开放和自由为基础，在协议规划、服务模式、网络管理等方面均缺乏安全性设计，所以电子政务信息系统存在着先天的安全隐患。另外，操作系统面临来自互联网的黑客攻击和内部用户随意利用办公终端与互联网连接的风险，再加上恶意病毒的无规律性的连续侵袭，同样是目前电子政务安全的主要隐患。况且，我国还缺乏拥有自主知识产权的基础信息设备制造业，大多数电子政务系统中所使用的设备也是引进的，这些设备本身就可能存在安全隐患[4]。

建设电子政务必须建立网站，建立网站就必须有网址，而国内用户注册境外".com"等域名的数量远远超过注册".cn"域名的数量，不仅每年要向境外缴纳数千万美元的注册费，还给国家信息安全埋下隐患。".com"等境外域名的解析过程在国外数据库中进行，对方通过对我国信息流量的监测和统计，可以获得大量的有效信息，给国家信息安全造成严重的隐患。另外，一旦发生特殊情况，若国外域名注册机构对我国采取封锁措施，相关网站将因无法解析域名而瘫痪。

由于电子政务利用了现代信息科技和网络技术，所有网络安全问题都可能成为电子政务的安全隐患。在科技快速发展的今天，电子政务的发展就是充分应用现代化信息技术，进而推进政务信息化的过程。政府部门工作的性质决定了系统中的信息具有保密性的特点。伴随着网络的迅速发展，病毒和黑客入侵信息网络系统、滥用网络资源的事件不胜枚举。对于政府网络系统来说，这些入侵行为不仅带来了巨大的经济损失，更会威胁社会稳定和谐、国家安全，甚至是人类存亡的重大问题。没有安全保障的电子政务信息系统不可能称为真正意义上的电子政务信息系统。

信息安全是构建电子政务的重要保证，电子政务不同于电子商务活动，政务信息比商务信息更敏感，不仅涉及公民的隐私，甚至可能涉及国家安全等诸多内容，还直接影响到维护公共秩序的行政监管的准确实施，涉及为社会提供公共服务的质量保证，与政府管理活动息息相关。然而，电子政务信息存在诸多安全隐患，对此，电子政务的安全保障体系建设显得尤为重要[5]。因此，为确保我国政府的电子政务系统安全，构建完善的安全保障体系，关乎国家经济、政治、国防和信息产业发展的全局，所以电子政务的安全保障体系的建设一定要做好长远的规划，采用的技术要确保其先进性及可扩展性，以适应环境的动态变化[6]。完善电子政务的安全保障体系不仅是电子政务建设中的重要环节，更是电子政务能够顺利展开和长远发展的重要保障机制。

5.1.4 电子政务的安全保障体系结构

国际标准化组织所定义的安全体系结构中包括 5 种重要的安全服务，这些安全服务反映了信息系统的安全需求。这 5 种服务并不是相互独立的，而且对不同的应用环境有不同程度的要求[7]。在通常的电子政务系统中，最为重要的安全服务是实体标识、认证、访问控制。协议层次的划分参照 TCP/IP 的分层模型，在各个协议层中实现安全目标，各协议层的安全目标及手段如图 5-1 所示。

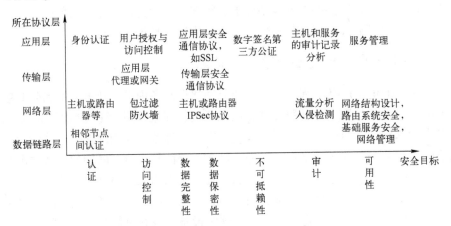

图 5-1 各协议层的安全目标及手段

系统单元给出了信息网络系统的组成，系统单元安全模型如图 5-2 所示。

因而，电子政务的安全保障体系是一项系统工程，在其安全建设上要求统一考虑，长远规划，保证技术的先进性和可扩展性。在技术上要求适应网络的动态变化，建立自适应的安全保障体系。同时要求有相关的法律保障，加强安全管理。其关键是增强安全意识，要求从国家安全、社会稳定的高度认识电子政务的重要性。保障电子政务的安全不仅要依靠技术，关键还在于管理。从整体上看，电子政务的安全管理首先要进行一定的安全风险评估，确定系统的安全等级和安全策略，根据评估结果建立相对应的技术和安全管理方案。电子政务的安全保障体系包含以下3部分。

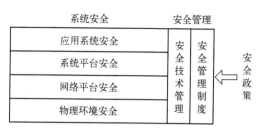

图5-2 系统单元安全模型

1)信息安全风险评估体系。从风险管理的角度,运用科学的方法与手段,系统地分析网络与信息系统所面临的威胁及其存在的脆弱性,评测安全事件一旦发生可能造成的危害程度,并提出有针对性的防护措施。

2)信任体系。网络信任体系是电子政务安全保障体系中的重要内容,是网络建设不可缺少的内容。

3)安全管理体系。电子政务安全管理体系有以下4个方面:

① 技术保障体系,通过物理、网络和系统及应用层面的安全技术来保障电子政务系统的安全,它所包括的内容是十分丰富的,可以从多个角度去考虑问题。目前,在技术体系上有良好保障的防火墙技术、病毒防范技术、入侵检测与漏洞扫描技术、认证与加密技术等。

② 运行管理体系,通过对人员、技术和制度的管理来保障电子政务各系统的安全运行。

③ 社会服务体系,通过测评认证、应急响应和教育培训服务来实现电子政务的安全。

④ 基础设施平台,通过PKI认证平台、法律法规及安全标准等来保障电子政务的安全。

5.1.5 电子政务的安全保障发展趋势

信息技术的快速发展把人类带入了信息时代,我国政府高度重视信息化建设,习近平总书记指出,"网络安全和信息化是一体之两翼、驱动之双轮,必须统一谋划、统一部署、统一推进、统一实施"。要建设网络强国,在全面加强信息化建设、确保信息基础设施安全的同时,必须高度重视构建网络社会治理体系、确保网络意识形态安全,不断增强安全保障能力。电子政务的安全保障发展趋势主要包括从被动防御向主动防御转化和自主可控的国产化安全趋势。

当前大部分信息安全系统主要由防火墙、入侵检测和病毒防范等组成。常规的安全手段只能是在网络层(IP)设防,在外围对非法用户和越权访问进行封堵,以达到防止外部攻击的目的,而对共享源的访问者端客户机未加控制,加上操作系统的各种漏洞层出不穷,导致应用系统存在安全问题。封堵漏洞的办法是捕捉黑客攻击和病毒入侵的特征信息,这些特征信息是已发生过的滞后信息,不能科学地预测未来的攻击和入侵。随着恶意用户攻击手段的不断变化,防护者只能把防火墙越砌越高、入侵检测越做越复杂、恶意代码库越做越大,误报率也随之增多,使得对安全的投入不断增加,维护与管理变得更加复杂和难以实施,信息系统的使用效率大大降低,而对新的攻击毫无防御能力。

在电子政务的内外网中,要处理的工作流程都是预先设计好的,操作使用的角色是确定的,应用范围和边界都是明确的。这类工作流程相对于固定的生产系统与互联网是有隔离措施的,外部网络的用户很难侵入到内部网络中。据2002年美国FBI统计,83%的信息安全事故为内部人员或内外勾结所为,而且呈上升趋势。因此应该以"防内为主、内外兼防"的模式,从提高使用节点自身的安全着手,构筑积极、综合的电子政务安全保障体系。应该强机制、高可信、控使用、防内外,积极防御。

(1) 可信计算技术

为了解决计算机结构上的不安全问题,从基础上提高其可信性,各国开始推行可信计算技术。1999 年,由 HP、IBM 等牵头成立了可信计算平台联盟(Trusted Computing Platform Alliance,TCPA),遍布全球各大洲的主力厂商。TCPA 专注于从计算平台体系结构上增强其安全性,2003 年 3 月改组为可信计算组织(Trusted Computing Group,TCG),其目的是在计算和通信系统中广泛使用基于硬件安全模块支持下的可信计算平台,以提高整体的安全性。

可信计算平台基于可信平台模块(TPM),以密码技术为支持、安全操作系统为核心(见图 5-3),具有以下功能:确保用户唯一身份、权限、工作空间的完整性和可用性;确保存储、处理、传输的保密性和完整性;确保硬件环境配置、操作系统内核、服务及应用程序的完整性;确保密钥操作和存储的安全;确保系统具有免疫能力,从根本上阻止病毒和黑客等的攻击。

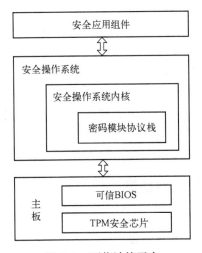

图 5-3 可信计算平台

安全操作系统是可信计算平台的核心和基础,没有安全的操作系统,就没有安全的应用,也不能发挥 TPM 应有的作用。

(2) 安全技术防护框架

在工作流程相对固定的重要信息系统中,信息系统主要由操作应用、共享服务和网络通信 3 个环节组成。如果信息系统中每一个使用者都是经过认证和授权的,其操作都是符合规定的,在网络上也不会被窃听和干扰,那么就不会产生攻击性的事故,就能保证整个信息系统的安全,以此来构建积极防御、综合防范的防护框架。

采用可信操作平台确保用户的合法性和资源的一致性,使用户只能按照规定的权限和访问控制规则进行操作,用户只能做与其身份权限相符的访问操作,只要控制规则是合理的,那么整个信息系统资源访问过程就是安全的。

这样构成了安全可信的应用环境(子信息系统)。安全共享服务边界采用安全边界设备(如安全网关等),具有身份认证和安全审计功能,将共享服务器(如数据库服务器、Web 服务器、邮件服务器等)与非法访问者隔离,防止非授权用户的访问(如非法接入的非可信终端)。这样,共享服务器端不必做繁重的访问控制,从而减轻服务器的压力,以防止拒绝服务攻击。

可以采用 IPSec 来实现网络通信全程安全保密。IPSec 工作在操作系统内，可以实现源端到目的端的全程通信安全保护，确保传输连接的真实性和数据的保密性、一致性，防止非法的窃听和插入。

综上所述，可信的应用操作平台、安全的共享服务资源边界保护和全程安全保护的网络通信，构成了工作流程相对固定的生产系统的信息安全防护框架。

诚然，要实现上述终端、边界和通信的有效的安全保障，还需要授权管理的管理中心以及可信配置的密码管理中心的支撑。从技术层面上可以分为以下 5 个环节（即两个中心支撑下的三重保障体系结构）。

1）应用环境安全：包括单机、C/S、B/S 模式的安全。采用身份认证、访问控制、密码加密、安全审计等机制，构成可信应用环境。

2）应用区域边界安全：通过部署边界保护措施控制对内部局域网的访问，实现局域网与广域网之间的安全。采用安全网关、防火墙等隔离过滤机制，保护共享资源的可信连接。

3）网络和通信传输安全：确保通信的保密性、一致性和可用性。采用密码加密、完整性校验和实体鉴别等机制，实现可信连接和安全通信。

4）安全管理中心：提供认证、授权、实时访问控制策略等运行安全服务。

5）密码管理中心：提供互联互通密码配置、公钥证书和传统的对称密钥的管理，为信息系统提供密码服务支持。

对复杂的重要信息系统，可以构成三纵（涉密区域、专用区域、公共区域）、三横（应用环境、应用区域边界、网络通信）和两个中心的信息防护框架。三种不同性质的应用区域在各自采用相应的安全保障措施之后，相互之间有一定的沟通，应该采用安全隔离与信息交换设备进行连接。在重要应用域之间，也需要采用安全隔离与信息交换设备进行边界保护。

目前，我国的信息安全建设正处在一个关键时期，必须把握住正确的研究方向，制定相应的发展战略，走符合我国国情的发展道路，利用国际先进技术，开发安全高效、简洁廉价、具有自主知识产权的信息安全产品，从而满足我国各行各业的迫切需要，促进我国信息安全事业的发展。

下面将围绕电子政务的安全保障体系的各个部分进行介绍，具体讨论电子政务安全管理体系中运行管理体系的用户管理技术、电子政务的信任体系建设、电子政务的主要安全技术（如病毒防范技术、内容监控等）和国家规范，最后介绍了安全保护机制 2.0 下信息安全的新技术及典型的安全系统应用实例。

5.2 电子政务的安全保障体系

5.2.1 物理安全

物理安全是指网络空间硬件设施设备安全，要求确保硬件设施设备不被干扰、破坏和摧毁。计算机硬件及其运行环境是网络信息系统运行的最基本环境，它们的安全程度对网络信息的安全有着重要的影响。由于自然灾害、设备自然损坏和环境干扰等自然因素以及人为有意、无意破坏与窃取等原因，使计算机设备和其信息的安全受到很大的威胁[2]。当前，物理空间已成为窃密与反窃密的重要战场，网络及媒体披露的西方国家针对物理隔离网络的攻击技术及产品，标志着物理空间安全的概念已从传统的实体安全转向综合运用大数据、物联网等多元技术手段的跨网攻击与防御对抗。

随着信息技术的发展，人类社会（人）、计算机网络（机）、物理空间（物）正在走向融合，涉密领域"人机物"三元融合的信息化发展极大地拓展了涉密网络的防护边界，造就了一个更加广义的涉密网络空间[3]。国际电信联盟将物理网络空间定义为由计算机、计算机系统、网络及其软件、计算机数据、内容数据、流量数据以及用户等要素创建或组成的物理或非物理的交互领域，其涵盖了用户、物理设施和内容逻辑3个层面。而军事领域也将传统的计算机网络空间和电磁空间作为统一的整体加以考虑，即网络-电磁空间这一概念。

网络的物理安全是整个网络系统安全的前提。在电子政务系统建设中，由于网络系统属于弱电工程，耐压值很低。因此，在电子政务系统的设计和施工中，必须优先考虑保护人和网络设备不受电、火灾和雷击的侵害；考虑布线系统与照明电线、动力电线、通信线路、暖气管道及冷热空气管道之间的距离；考虑布线系统和绝缘线、裸体线以及接地与焊接的安全；必须建设防雷系统，防雷系统不仅要考虑建筑物防雷，还必须考虑计算机及其他弱电耐压设备的防雷。总体来说，物理安全的风险主要有地震、水灾、火灾等环境事故，电源故障，人为操作失误或错误，设备被盗、被毁，电磁干扰，线路截获，高可用性的硬件，双机多冗余的设计，机房环境及告警系统、安全意识等，因此要注意这些安全隐患，同时还要尽量避免网络的物理安全风险。

5.2.2 网络安全

网络安全是指网络系统的硬件、软件及其系统中的数据受到保护，不会因偶然的或者恶意的原因而遭到破坏、更改和泄露，系统可以连续、可靠、正常地运行，其网络服务不中断。

网络安全的主要特性如下。

1）保密性：信息不泄露给非授权用户、实体或过程，或被其利用的特性。

2）完整性：数据未经授权不能进行改变的特性。即信息在存储或传输过程中保持不被修改、不被破坏和丢失的特性。

3）可用性：可被授权实体访问并按需求使用的特性，即当需要时能否存取所需的信息。例如网络环境下拒绝服务、破坏网络和有关系统的正常运行等都属于对可用性的攻击。

4）可控性：对信息的传播及内容具有控制能力。

5）可审查性：出现安全问题时提供依据与手段。

从网络运行和管理者的角度来说，他们希望对本地网络信息的访问、读写等操作受到保护和控制，避免出现"陷门"、病毒、非法存取、拒绝服务和网络资源非法占用和非法控制等威胁，制止和防御网络黑客的攻击。对安全保密部门来说，他们希望对非法的、有害的或涉及国家机密的信息进行过滤和防堵，避免机要信息泄露而对社会产生危害，对国家造成巨大损失。

随着计算机技术的迅速发展，在计算机上处理的业务也由基于单机的数学运算、文件处理，基于简单连接的内部网络的内部业务处理、办公自动化等，发展到基于复杂的企业内部网（Intranet）、企业外部网（Extranet）、互联网（Internet）的企业级计算机处理系统和世界范围内的信息共享和业务处理。

在系统的处理能力提高的同时，系统的连接能力也在不断地提高。但在连接信息能力、流通能力提高的同时，基于网络连接的安全问题也日益突出，整体的网络安全主要表现在以下几个方面：网络的物理安全、网络拓扑结构安全、网络系统安全、应用系统安全和网络管理的安全等。

因此，计算机安全问题应该像每家每户的防火防盗问题一样，做到防患于未然。计算机安全问题一旦发生，常常会让人措手不及，造成极大的损失。

5.2.3 主机安全

主机安全，其核心内容包括安全应用交付系统、应用监管系统、操作系统安全增强系统和运维安全管控系统。它的具体功能是指保证主机在数据存储和处理时的保密性、完整性、可用性，它包括硬件、固件、系统软件的自身安全，以及一系列附加的安全技术和安全管理措施，从而建立一个完整的主机安全保护环境。主机安全的主要功能如下。

1）防护功能：强制访问控制，在操作系统内核层实现文件、注册表、进程、服务、网络等对象的强制访问控制，可针对以上对象配置不同的访问策略来保护系统和应用资源，即使是系统管理员也不能破坏被保护的资源。防格式化保护机制，保护功能开启时，可防止病毒和入侵者恶意格式化磁盘，同时降低管理员意外格式化磁盘的风险。完整性检测，对文件和服务进行完整性检测，并可设置定期检测项目，当发现文件或者服务篡改时告警，并发现哪些文件发生改变。系统资源监控与告警，对系统的CPU、内存、磁盘、网络资源进行监控，当这些资源的使用状况超过设置的阈值时将告警，以提前发现资源不足、滥用等问题。双因子认证和组合式密码认证，不仅提供SSR（Server Security Reinforcement）安全管理员和SSR审计官员的USB KEY+密码的双因子认证功能，还可对系统用户配发USB KEY以实现双因子认证。对于远程登录和虚拟化系统而无法识别USB KEY的服务器，SSR提供可配置两个密码组合的登录认证方式，只有掌握密码的两个人同时存在才能登录系统，以此确保自然人的可信。

2）审计功能：违规日志审计，记录系统内的所有违反强制访问控制策略的事件，并提供日志的查询、删除、备份、导出、日志分析和Syslog转发功能。操作日志审计，记录管理员对SSR的所有操作事件（如登录、功能停用等），并提供日志的查询、删除、备份和导出。关键事件告警，提供管理员可配置的事件告警机制，当管理员设定的事件被触发时，通过邮件的形式向管理员发出通知。

3）管理功能：统一管理机制，在一个SSR控制台中，可以同时对多个平台的SSR进行管理和维护，且SSR可将接口开放给第三方管理平台，实现与不同产品间管理的融合。灵活多样的策略模板，提供经过验证的分等级的安全策略模板，全面保护系统，方便易用，降低用户的使用难度。信息收集，提供对系统信息以及SSR运行信息的收集打包功能，当SSR在使用过程中出现问题或者用户有疑问时，可将收集的信息发给SSR技术人员，技术人员可通过这些信息快速定位问题，并解决用户的疑问。维护模式，当用户担心自己配置的策略会影响系统和应用时，可开启此功能，此时SSR将只记录违规的日志，而不进行阻止，便于管理员在不造成业务中断的情况下调整策略。

我国的信息安全经过几十年的建设，在防病毒、网络和边界安全方面取得了一定成果，但在存储和处理数据的主机环境安全建设方面依然任重而道远。主机是信息安全最重要，也是最后一道防线，再加上美国采用贸易壁垒的方式来限制高安全等级的产品进入中国，这更加剧了我国主机安全建设的难度。

主机面临的安全风险主要来自三个方面：一是主机本身的缺陷，这包括了软硬件本身的缺陷（如漏洞），以及管理人员的误操作；二是外部威胁，这是进行信息安全建设主要考虑的方面；三是内部威胁，这是最近几年大家比较关注的，即如何防止内部人员的非法访问和操作。

在云计算和大数据时代，不少厂商（如浪潮集团）聚焦"主机安全"，依托自主创新，重点发展安全可控的主机安全关键技术，打造系列化主机安全产品，提供专属主机安全服务。

在云计算环境中，安全的焦点在如何保证虚拟机操作系统的安全，只要保证了每个操作系统的安全，就可以从源头上避免虚拟机之间的攻击以及远程威胁。浪潮SSR拦截了所有的内核访问路径，所有符合云平台规则的文件、进程、服务、权限都予以"放行"，不符合规则的就进行屏蔽。这样做的效果与重构操作系统原代码技术类似，而好处是不会影响用户的业务连续性。采用这种方式，云平台的操作系统中彻底清除了黑客攻击和病毒感染的"生存环境"，也就从根本上解决了虚拟机之间攻击的问题。

2013年9月27日，由浪潮集团牵头的国产主机系统产业联盟，在工信部的见证下于北京成立，首批联盟成员有16家，涵盖了浪潮、中标软件、金蝶、达梦、锐捷网络等我国主要的IT软硬件企业。联盟旨在推动主机、芯片、操作系统、数据库、中间件等领域IT企业的合作，建立我国自主的IT产业链，实现发展方式的转型升级。

浪潮数据中心主机安全解决方案包括关键业务应用的产品和技术，以及基于龙芯、飞腾等处理器，并积极构建基于主机的应用生态链，与国产的操作系统、中间件、数据库、软件应用等厂商建立战略合作联盟，让数据中心的数据与应用不再"裸行在他人的庭院"，另一方面，对于已经大量采购、运行国外软硬件品牌的数据中心，推行安全可靠的技术发展路线，以主机系统安全为依托，提升整个数据中心的信息安全防护等级和能力。

作为国内领先的云计算整体解决方案供应商，浪潮以国家信息安全为己任，积极采取自主可控的技术发展路线，开发浪潮天梭M13、海量存储、云海OS、大数据一体机等设备与技术，从业务数据流和管理数据流两个方面构建了以SSA、SSR、SSM、SSC为核心的整体防御体系。在业务数据流方面，数据从外部接入，采用服务器负载均衡技术和Web数据过滤技术，保证数据高可用、更快速、更安全，保证服务器具备高性能、高扩展性；在主机服务器方面，采用内核加固技术，构建安全的内核模型，实现强制访问控制，保证服务器操作系统免疫于一切外部和内部攻击，实现主动防御，保证业务不断、数据不丢，也从根本上避免系统管理员权限丢失带来的风险；在应用方面，对数据中心设备，包括服务器操作系统、中间件、数据库等进行统一的监控管理，做到安全可量化、可视化、可知化，实现安全事件监测、响应联动模式；在系统运维方面，对系统管理员、系统运维人员、系统应用高权限用户、第三方厂商的维护人员以及其他临时高权限人员做到全方位的管理，整合账号管理、身份认证、授权管理和安全审计，实现数据中心的集中监控。

5.2.4 应用安全

应用安全，顾名思义就是保障应用程序使用过程和结果的安全。简而言之，就是针对应用程序或工具在使用过程中可能出现的计算、传输数据的泄露和失窃等隐患，通过其他安全工具或策略来消除这些隐患。

5.3 电子政务用户管理技术

在电子政务系统中，政务管理一般实行多级审批的机制。政务管理会涉及许多对具体用户的管理，包括用户的权限与角色的分配，这些都是要重点解决的问题。因此，如何对用户进行分级管理，需要进行合理的设计。

一般说来，要根据电子政务系统涉及的具体规模，分多个层面进行管理。

首先，需要进行用户管理的集成，由于各级的政务系统平台和各自的 OA 系统建设是独立进行的，都有自己独立的用户管理系统，所以必须整合大的电子政务系统的用户管理。整合的前提是：一网注册、整体通行、独立管理。

其次，是业务层面的集成，要求各级政务系统能够进行业务协同、互联互通。

这里重点介绍用户管理的思路和相关技术。

1. 设计原则

通过上面的介绍可以看到，在电子政务中，对用户的管理主要采取的是用户集成管理技术。

所谓的用户集成管理技术，是指对各级政务平台及其审批平台用户的集成管理技术，实现申报用户一处注册，全网通行。也就是说在政务系统平台中注册的用户，能访问各级在线政务服务平台，反之，在各级在线服务平台注册的用户能访问所有的在线平台系统。

就具体的设计来说，用户集成管理技术的设计原则主要包括以下两点。

1）数据集成：指通过目录服务平台，来实现数据上的集成，集成方案包括"物理数据集成"和"逻辑数据集成"。

2）应用集成：指通过应用层上的用户注册、登录、认证等接口，而不考虑数据实际存储的方式来实现集成。

2. 设计方案

考虑到各级政务系统平台的相互独立性，应用建设水平也会各不相同，所以需要选取对用户数据进行集成管理的方案，下面来对该管理方案进行讨论。

（1）数据集成方案概述

用户数据集成，主要是从数据的存储上进行集成，借助于目录服务平台，进行相应的数据存储和管理。基于目录服务的用户管理能够实现逻辑上的统一、对应用透明、物理上分布、服务器分担处理的需要。基于目录服务系统的数据集成方式，需要各级平台对目录体系进行集中管理，这一点可以通过定义整个系统平台统一的规范来保证实施。

一般来说，数据集成方式可以通过物理数据集成来实现。

物理数据集成，也称为多副本集成，即在任一政务平台所在的分区均有其他分区的数据副本，进行数据查询的时候，搜索一个分区数据就可以。当对任意分区进行数据更新时，通过目录服务系统复制功能来进行数据同步。

（2）实施规则

逻辑数据集成对系统的规范性要求比较高，在进行系统实施前，应充分考虑相关的规范与规则。而在系统实施中，用户集成主要从用户注册、登录、管理3个方面考虑，涉及系统内部的目录结构组织、数据检索、数据维护等问题。

5.4 电子政务信任体系建设

党中央、国务院高度重视国家信息化建设和信息安全保障工作，对电子政务信任体系建设提出了明确要求。

1. 国家对电子政务信任体系建设的总体要求

网络信任体系是电子政务的安全保障体系的重要组成部分，是实施国家信息化战略的重要保障，是建设诚信社会的必然要求，是我国信息化发展的迫切需要。推进网络信任体系的建设，对于加快各类信息系统和网络的应用进程，维护网络活动中有关各方的合法权益，促进电子政务、电子商务的发展，为信息化建设提供安全保障，具有现实和长远的意义。

政务外网信任体系是电子政务信任体系的重要组成部分。从总体网络结构看，我国电子政务网络由政务内网和政务外网组成。在每个网络域中，都应建立自己的网络信任体系，共同组成电子政务信任体系。因此，作为电子政务信任体系的重要组成部分，政务外网信任体系肩负着保证外网业务系统稳定、有效运行的重要使命，是保障国家政务安全的重要信息安全基础设施。

2. 国家电子政务外网信任体系建设目标

根据国家对电子政务信任体系建设的总体要求，要加强和规范电子政务信任体系建设，必须建立有效的身份认证、授权管理和责任认定机制。在统一结构、统一标准、统一规范、统一策略、统一部署的框架下，满足政务外网所承载业务应用和基础服务对身份认证、访问控制、数据的保密性、数据的完整性、数据的一致性、行为的不可抵赖性等安全需求，并实现信任体系的可管理性、扩展性和实施的简单性，逐步建成政务外网统一的信任体系。

国家电子政务外网信任体系依托于国家电子政务外网网络环境，旨在建立国家电子政务外网安全平台，为政务外网用户提供各种不同级别的安全保障与服务。在政务外网中，将运用不同的技术手段，分层次地适应不同的安全需求，并形成一整套相关的标准体系、服务体系、运营机制。信任体系不仅仅是指 CA，它是政务外网信任体系的大平台，包括身份认证、授权管理、标准时间戳、责任认定等多种安全服务；整个系统内涵是以国家为背景的可信任机构，实现安全服务、技术标准支持、互联互通支持、多层次的安全服务体系，该体系符合国家网络体系总架构，是可信、可控的网络安全服务平台。

目前，有些中央部委、省市及行业机构陆续建设了以 PKI/CA 为基础设施的信任体系，在各自的业务应用系统中得到不同程度的应用，有的还发挥了比较好的效益。国家电子政务外网信任体系的建设将尽量避免重复投资，充分利用已有资源，为政务外网的安全保驾护航。

3. 国家电子政务外网信任体系建设内容

电子政务外网信任体系是以 PKI/CA 基础设施为核心的安全支撑平台，包括身份认证、授权管理、责任认定 3 个部分。

身份认证体系是以树型结构建设的政务外网数字证书认证体系，主要包括政务外网 CA、运行 CA、各部委 CA、各省市 CA 等，并建设不同信任域之间的交叉认证机制。

政务外网 CA 是整个电子政务外网信任体系的信任源点，它用来制定政务外网的安全策略，签发和管理运行 CA 证书。运行 CA 是政务外网 CA 向下级传递信任的桥梁，用来签发和管理各部委 CA 证书、各省市 CA 证书。对于没有 CA 中心建设需求的部门和地区，将建设运行 CA 的 RA 系统，由运行 CA 直接提供证书服务。

各部委 CA 和各省市 CA 主要面向相应的部门和地区，为其业务应用提供数字证书签发管理服务。交叉认证机制主要实现不同信任域之间数字证书、属性证书的交叉认证，特别是对已建 CA 中心的部门、地区之间的跨域应用。

与各 CA 中心对应，需建设相应的密钥管理中心（KMC）。

由于权限管理系统直接面向业务应用，不同业务应用对权限管理的需求、应用模式、应用对象、粒度控制、权限策略等不尽相同。因此，与 CA 系统不同，电子政务外网信任体系不可能建设统一的权限管理中心，也不能为所有业务应用提供统一的权限管理服务。但是，通过对应用系统权限管理模型的研究，可以发现基于角色的访问控制模型是一个很有代表性的，且具有很好发展前景的权限管理模型，它能为应用系统的开发和管理带来方便。所以在电子政务外网信任体系中，将建设标准的 PMI/AA（Privilege Management Infrastructure/Attribute Agency）权限管理系统，为用户签发属性证书，具体的应用系统可以根据自身的安全需求，基于此证书建立基于角色的访问控制模型，运用到应用系统中，通过对属性证书的运用，可以有效地简化应用系统的开发和管理。

与 PMI/AA 权限管理系统类似，责任认定系统同样与业务应用紧密结合。因此，电子政务外网信任体系不可能建设统一的责任认定中心，不能为所有业务应用提供责任认定服务。在政务外网信任体系中，将建设标准的责任认定系统模型，根据自身安全需求量身定制业务应用。

电子政务外网信任体系将建设统一的时间戳服务中心，为整个政务外网提供可信时间戳服务。各部门、各行业、各地区不必重复投资建设时间戳服务系统，而采用政务外网统一的可信时间戳服务。在统一的时间戳服务体系下，更有利于实施责任认证、安全审计等与时间有关的安全需求。

密码服务系统是电子政务外网信任体系的基础性服务系统，除了为信任体系自身提供密码服务外，还需要对业务应用提供密码支持。由于密码服务设备一般直接与业务应用服务器连接，因此，政务外网不可能为所有业务应用建设能够提供密码服务的密码服务中心。在政务外网信任体系中，将制定统一的密码服务接口，建立标准的密码服务体系规范，提供综合服务器密码设备，可以根据实际需要为不同的业务应用配置不同性能的密码设备。

尽管政务外网不提供集中模式的密码服务中心，但还是要提供集中式的密码适配服务中心。密码适配服务中心主要提供算法适配和密钥适配，为不同部门、不同行业、不同地区、不同应用之间提供密码适配服务，特别是对数据交换中心，用以实现涉密信息的交换与共享。

在电子政务外网信任体系建设完成后，对有需求的业务应用进行安全改造，构建以政务外网 PKI/CA 系统为基础的高安全强度的新型电子政务应用系统。在完成上述电子政务外网信任体系建设后，在政务外网业务应用与信任体系之间构建安全应用平台，向上层的政务外网业务应用系统提供统一的身份认证、信息加解密、数字签名、单点登录等服务。通过构建安全应用平台，为应用系统提供高度抽象、凝练的安全服务，业务应用系统通过使用安全应用平台提供的服务，并集成安全应用平台提供的简单接口，可以快速、方便地完成应用系统与电子政务外网 CA 系统的集成。

4. 国家电子政务外网信任体系建设措施

设立国家电子政务外网各地方节点的电子政务外网信任服务机构，提供网络身份认证、授权管理和责任认定服务。该机构符合国家电子政务电子认证体系建设规划的总体要求，而提供认证服务的机构也应当取得电子政务电子认证服务的资质。

统一标准规范是实现政务外网互联互通的基础之一。

政务外网建设要遵循统一的标准规范，包括体系建设、评估、运维、服务和应用等方面的技术标准和操作规范。首先要遵循我国颁布的电子政务标准，同时将依据政务外网建设的实际需要，采用其他国际标准和国家标准，包括互联网工程工作组（IETF）、国际电信联盟（ITU）、国家标准（GB）等标准。

自主制定的涉及政务外网建设的全局规范，则需要报国家有关主管部门批准后，以文件的形式下发到各部门参照实施。自主制定的一般性规范，原则上由政务外网承建单位标准组制定并组织实施。

为搞好标准建设，保证政务外网的质量，可以汇总有关政务外网建设标准，并下发有关网络建设单位、接入用户，供其统一参照执行。

PKI/CA 数字证书认证系统是信任体系的核心内容，无论从结构上、功能上，还是从部署上，政务外网的 PKI/CA 系统都应当可以满足整个政务外网的业务应用的安全需求。政务外网是覆盖中央、省市、地区和县级 4 级网络结构的大型网络系统，为了能适应这 4 级网络系统的安全应用，PKI/CA 系统也必须建设成以根 CA 为核心的分层和分布式结构。首先，建立统一的电子政务外网根 CA，作为政务外网信任体系中所有 CA、设备、用户的信任顶点；其次，建立运行 CA，构成根 CA 向下级 CA 传递信任的桥梁。运行 CA 会为没有 CA 建设需求的单位和地区直接提供证书服务，CA 按照属地管理的原则分别建立中央、部委和省级政务外网数字证书认证节点。

5.5 电子政务的主要安全技术

5.5.1 电子政务的病毒防范技术

病毒的类型多种多样，在电子政务网络中常遇到的病毒有专门攻击计算机网络的网络型病毒，如 2003 年 1 月 25 日首次出现的一种针对 SQL Server 服务器的网络蠕虫病毒——SQLSlammer；有电子邮件病毒如"美丽杀手"（Melissa）等，它们是在互联网上通过感染 Word 和 Excel 文件，然后通过电子邮件进行传播的，政府部门往往是电子邮件病毒爆发的最先受害者；还有专门针对群件应用软件如 Lotus Notes、Microsoft Exchange 和 Novell GroupWise 开发的病毒，在电子政务内部网 OA 系统中，群件的应用非常广泛，由于群件的核心是在网络内共享文档，这就为病毒的发展提供了机会。

网络的核心是服务器，基于服务器的病毒防治表现形式为集中式扫描[3]。病毒扫描程序使用特征文件在被传染的文件中查找病毒，能实现实时扫描，而且软件升级方便。目前，市场上基于服务器的病毒防治采用 NetWare 加载模块（Netware Loadable Module，NLM）方法，它以 NLM 模块方式进行程序设计，以服务器为基础，提供扫描病毒的能力，使服务器不被感染。

根据具体情况，可以在工作站、文件服务器、群件服务器和互联网网关安装防毒软件，来进行多层次的主动防御，并制定严格的防毒策略，需要定期、及时地升级和修补防病毒软件。电子政务系统的防病毒软件应具备以下几个安全要素：一是该软件应基于网络环境设计，能够监控到网络的各个角落；二是应具有自主同步升级能力；三是兼容性强，电子政务环境中可能包含各类操作系统，防病毒软件应对它们提供全面的支持。

使用杀毒软件是对付病毒的最好方法之一。然而，如果没有"忧患意识"，很容易陷入"盲从杀毒软件"的误区。因此还必须在意识上加强防范，病毒特征码升级要快速及时；更重要的是要培养集体防病毒意识，部署统一的防病毒策略，高效、及时地应对病毒的入侵。除了采用防火墙、数据加密以及借助公钥密码体制等手段以外，对安全系数要求高的政府部门还应该充分利用网络上专门机构公布的常见入侵行为特征数据，通过分析这些数据，形成适合自身的安全性策略，努力使风险降低到可以接受且可以管理的程度。

5.5.2 电子政务的安全管理技术

发展电子政务，就是要充分利用现代信息技术，大力推进政务信息化的进程。然而，在这一进程中，安全问题成为阻碍其发展的重要因素之一。病毒、黑客侵袭信息网络系统的例子不胜枚举。这些破坏行为会带来巨大的经济损失，尤其对于政府网络系统而言，除了经济损失外，还会带来影响国家安全、社会稳定，甚至是人类生存的重大问题。具体而言，在维护政府的良好形象、保证政务系统的安全运行、保护涉密政务信息的内容和传输安全、控制政务系统中的权限、认证政务活动中的身份、保障政务信息存储安全、系统的安全备份与恢复机制等诸多方面，电子政务有着强烈的安全需求。

实际上，电子政务的安全保障是一个复杂的系统工程，电子政务的安全管理不仅仅是各机构、各部门内部的事情，也是一个国家层面的事情。政务信息的安全保障问题需要从国家层面来统一规划，以抵御来自外部的信息安全威胁。因此，电子政务的安全管理体系应该是一个多层次、多方面的保障体系，涉及技术、管理、服务等多个领域的问题。

这里，可以从技术角度出发，对电子政务的安全管理技术进行探讨。

从国家层面来看，构建电子政务安全管理体系应从以下4个方面考虑：技术保障体系、运行管理体系、社会服务体系和基础设施平台。如图5-4所示。

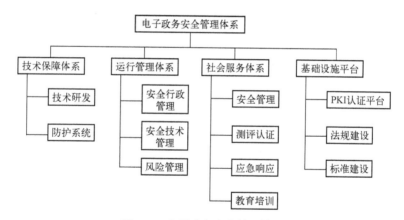

图5-4 电子政务安全管理体系

1. 技术保障体系

技术保障体系是电子政务安全管理体系的重要组成部分。它涉及两个层面的问题，一是信息安全的核心技术和基本理论的研究与开发，二是信息安全产品和系统构建的综合防护系统。

（1）技术研发

信息安全的核心技术主要包括数据加密技术、信息隐藏技术和信息认证技术。

数据加密技术是把有意义的信息编码为伪随机性的乱码，以实现保护信息的目的，实际上它包含了加密和解密两个方面。加解密的算法有很多种，其安全性依赖于算法的强度，因此，需要不断地开发新的、高强度的算法。电子政务领域的系统所采用的加密算法必须由国家有关密码管理部门审批。

信息隐藏技术是国际信息安全技术研究领域出现的一个新的分支，该技术是利用多媒体信息本身存在的冗余性和人的感官对一些信息的掩蔽效应而形成的。其含义是，把一个有意义的信息隐藏在另一个称为载体的信息中，形成隐秘载体，非授权者不知道这个信息中是否隐藏了其他的信息，即便知道，也难以提取或去除隐藏的信息。电子政务领域可用信息隐藏技术实现隐蔽信道、匿名通信、信息（签名或红印）隐写、版权标记等功能。

信息认证技术在电子政务系统中是非常重要的。当某个实体声称具有一个特定的身份（例如一个特定的用户名）时，认证服务可以提供方法和手段来证实这一声明是正确的。当前的信息认证技术主要采用数字签名技术和身份认证技术，它们又包括多种具体的技术手段。

（2）防护系统

目前，主要的信息安全的产品和系统包括防病毒软件、防火墙、入侵检测系统、漏洞扫描系统、安全审计系统、物理隔离系统等。这些系统可提供的安全防患措施包括对特定网段、服务建立访问控制体系，在到达攻击目标之前阻止绝大多数攻击；对安全漏洞的定期检查，使绝大多数攻击无效；对特定网段、服务建立攻击监控体系，可实时检测出绝大多数攻击，并采取相应的行动，如断开网络连接、记录攻击过程、跟踪攻击源等；建立多层防御体系，攻击者在突破第一道防线后，延缓或阻断其到达攻击目标；建立良好的认证体系，来防止攻击者假冒合法用户；建立良好的备份和恢复机制，在攻击造成损失时，尽快地恢复数据和系统服务；设立安全监控中心，为信息系统提供安全体系管理、监控、维护及紧急情况服务等。就电子政务安全而言，需要考虑如何充分利用这些系统来合理地组织安全防护体系，如何全面的、综合地设计解决方案，而不是将各个子系统简单地组合在一起。

2. 运行管理体系

（1）安全行政管理

电子政务的安全行政管理应包括以下几个方面。

1）建立安全组织机构，其目的是统一规划各级网络系统的安全、制定完善的安全策略和措施、协调各方面的安全事宜，主要职责包括制定整体安全策略、明确规章制度、落实各项安全措施的实施，以及制定安全应急方案和保密信息的安全策略。

2）安全人事管理，其主要内容包括人事审查与录用、岗位与责任范围的确定、工作评价、人事档案管理、提升、调动与免职、基础培训等。

3）制定和落实安全责任制度，包括系统运行维护管理制度、计算机处理控制管理制度、文档资料管理制度、操作和管理人员管理制度、机房安全管理制度、定期检查与监督制度、网络通信安全管理制度、病毒防治管理制度、安全等级保护制度、对外交流安全维护制度和对外合作制度等。

（2）安全技术管理

电子政务的安全技术管理可以从3个方面着手，一是对硬件实体的安全管理，其目的是保护计算机和网络设备、设施免遭地震、水灾、火灾以及人为等因素的破坏，主要涉及环境安全、设备安全和存储媒体安全3个方面。二是对软件系统的安全管理，具体包括保护软件系统的完整性，防止软件丢失、被破坏、被篡改、被伪造；保证软件的存储安全，如保密存储、压缩存储、备份存储，以及系统恢复等重要措施；保障软件的安全传输、加密传输、安全下载、用户识别等要素；保障软件的合法使用和合理使用、用户合法性的管理、授权访问、系统的访问控制、防止软件滥用、防止被窃取、防止被非法复制、按规程操作等。三是密钥管理，包括系统的初始化、密钥的产生、存储、备份、恢复、装入、分配、保护、更新、控制、丢失、吊销、销毁等内容。安全的密钥管理要求密钥难以窃取，密钥有使用范围和使用时间的限制，且密钥的分配和更换过程对用户透明，用户不需要亲自掌管密钥。

（3）风险管理

风险管理是对项目风险的识别、分析和应对的过程。它包括对正面事件效果的最大化和对负面事件影响的最小化。电子政务安全风险管理的主要任务是风险评估和风险缓解，前者是识别并分析系统中的风险因素，估计可能造成的损失，后者是选择和实施安全控制，将风险降低到一个可接受的程度。因此，电子政务安全风险管理的关键职能有4个方面：管理现有的安全控制措施、定期评估风险、通过实现有效的监控安全保护和控制来缓解风险、风险评估和战略规划。

3. 社会服务体系

（1）安全管理

信息安全管理服务是一个正在崛起的业态模式。目前，一些信息安全管理服务提供商（Managed Security Service Providers，MSSP）正在逐步形成，它们有的是专门从事安全管理服务的，有的是一些软件厂商为弥补其软件系统的不足而附加一些服务的，有的是从IT集成或咨询商发展而来提供信息安全咨询的。当前，MSSP所能提供的服务内容有：安全咨询服务，包括系统安全策略咨询、安全解决方案咨询、安全规范和安全制度等管理方面的咨询；安全技术管理服务，如对网络系统的入侵检测、网络周边扫描、VPN或防火墙的监视与管理、防病毒内容保护、数据或文件的加密服务等；数据安全分析服务，MSSP事先建立自己的知识库，通过知识库来分析数据中是否隐藏攻击行为及其攻击模式，并判断威胁的严重性；安全管理评估服务，定期的评估报告可以帮助客户及时调整安全策略、弥补安全漏洞、更新安全系统、改进管理措施等。此外，有些MSSP把即时的安全事件响应也列入服务范围之内。

（2）测评认证

测评认证的实质是由一个中立的权威机构，通过科学、规范、公正的测试和评估向消费者和购买者等需方，证实生产者或供方所提供的产品和服务符合公开、客观和先进的标准。由于信息安全直接涉及国家利益、安全和主权，各国政府对信息产品、信息系统安全性的测评认证要比对其他产品的更为严格。首先，在市场准入上，发达国家为严格进出口控制，通过颁布有关法律、法规和技术标准，推行安全的认证制度，以控制国外进口产品和国内出口产品的安全性能。其次，对国内使用的产品实行强制性认证，凡未通过强制性认证的安全产品一律不得出厂、销售和使用。然后，对信息技术和信息安全技术中的核心技术，由政府直接控制，如密码技术和密码产品，多数发达国家都严加控制，即使政府允许出口的密码产品，其关键技术仍然控制在政府手中。最后，在国家信息安全各主管部门的支持和指导下，由标准化和质量技术监督主管部门授权，并且依托专业的职能机构提供技术支持，形成政府的行政管理与技术支持相结合、相依赖的管理体制。

（3）应急响应

应急响应是计算机或网络系统遇到安全事件（如黑客入侵、网络恶意攻击、病毒感染和破坏等）时，所能够提供的紧急响应和快速救援与恢复的服务。1988年，Morris蠕虫程序破坏事件，直接导致了计算机网络应急服务组织的诞生。在我国，一些政府机关和大型企业已经成立了计算机网络安全技术与管理部门，负责自身的计算机网络安全与应急处理工作，但目前大都处于筹建阶段或运行的初期，尚不足以提供全面的计算机网络安全与应急处理服务。而一些中小型的企业受限于规模，没有自己的安全技术队伍，同时也没有条件承担组建这支队伍所需要的经费，因此他们迫切希望能有专业组织来提供商业性的安全与应急处理服务。

专家们认为，开展应急处理工作的必要性已毋庸置疑，当务之急是着手建立全国性的应急处理体系，并制定出工作纲要及相应的管理办法。为统一协调和管理全国的应急处理工作，国家计算机网络与信息安全管理中心联合了职能部门、技术部门和用户部门的 7 个单位组成了国家计算机网络应急技术处理协调中心，共同负责我国应急处理体系的建设工作。初步形成了我国应急处理的基本构架，将"积极预防、及时发现、快速响应、确保恢复"作为我国应急处理工作的基本方针，本着自由、自主、自愿的原则，使行业安全组织和商业化的救援服务机构很好地融入我国的应急处理体系中，充分调动各方面的积极性，尽快建立并完善我国的应急处理体系。

(4) 教育培训

根据不同层次的人才需求，社会化的信息安全人才培养体系应分为专业型教育、应用型(半专业)教育和安全素养教育三个层次。专业型教育主要是培养信息安全领域的专业研发、工程技术、战略管理等方面的人才。我国在这方面已有一定基础，上海交通大学、山东大学、四川大学、武汉大学等高校已经建立了信息安全科学研究及人才培养基地，它们开设了以计算机网络安全技术为核心的理论性和技术性课程体系。应用型教育则是以从事现代信息管理工作的人为对象，培养目标是使学生具备信息安全的基本知识、网络和信息系统安全防范技能、组织机构或系统安全管理的能力等。这种应用型的信息安全教育要求受教育对象数量要多，覆盖面要广，基本信息技能要强。从需求的角度看，这类人才的需求量是最大的，包括信息安全观念培训、安全技术培训、安全管理培训等。安全素养教育是最基础的部分，它是面向所有社会成员的，通过课程、讲座、宣传等多种形式，达到让每一个人都具备必要的安全意识和常规的信息安全自我防范技术的目的。要求企事业单位领导应具备必要的信息安全意识和安全知识；信息管理人员应具备一定的信息安全知识和基本技能；从事信息服务或信息安全服务的有关人员应具备必要的信息安全知识和技术基础等。

5.5.3 电子政务的安全风险分析与评估技术

电子政务提供科学决策、监管控制、大众服务等功能，信息安全是其成功的保证，解决好信息共享与保密性和完整性的关系、开放性与保护隐私的关系、互联性与局部隔离的关系，是实现"安全的"电子政务的前提。

电子政务是从 2002 年开始业界便强烈感受到的市场热点，在 2003 年的"非典"时期，更是得到了广泛的应用，为人们打赢这场没有硝烟的战争立下了汗马功劳。由于电子政务系统本身的重要性和特殊性，安全性问题便成了人们解析电子政务的首要话题。

因此，对电子政务的安全风险进行分析与评估的技术，也便成为人们关注的焦点。

对于电子政务专用网络内部而言，电子政务专用网络目前的主要安全问题具有资源分类别、分级别、密级区别等特点，各个用户、各个部门均可自主存储、使用和传递共享的资源。为了便于分析网络安全风险并设计网络安全解决方案，可以采取对网络分层的方法，并且在每个层上进行细致的分析，根据风险分析的结果设计出符合具体实际的、可行的网络安全解决方案。

从系统和应用出发，网络的安全因素可以划分为如下的 5 个安全层，即物理层、网络层、系统层、应用层和管理层。

(1) 物理层的安全风险分析

网络的物理安全风险主要是指，由于网络周边环境和物理特性引起的网络设备和线路的不可用，以及由此造成的网络系统的不可用，它是整个网络系统安全的前提。

物理层的网络风险主要包括以下几种。

1) 设备被盗、被破坏。
2) 线路老化、有意或无意地破坏。
3) 因电子辐射而造成的信息泄露。
4) 设备意外故障、停电。
5) 地震、火灾、水灾等自然灾害。

(2) 网络层的安全风险分析

由于在同级局域网和下级网络数据传输线路之间存在被窃听的威胁，同时局域网内部也存在着内部攻击的行为，其中包括登录密码等的一些敏感信息可能被侵袭者搭线窃取和篡改，造成泄密。如果没有专门的软件或硬件对数据进行控制，则所有的广域网通信都可以不受限制地进行传输，因此任何一个对通信进行监测的人都可以对通信数据进行截取。这种形式的"攻击"是相对比较容易成功的，例如，使用现在很容易得到的"包检测"软件就可以攻击成功。

(3) 系统层的安全风险分析

系统层的安全风险分析，主要针对电子政务专用网络采用的操作系统、数据库及相关商用产品的安全漏洞和病毒威胁进行分析。电子政务专用网络通常采用的操作系统本身在安全方面考虑较少，服务器、数据库的安全级别较低，存在一些安全隐患；同时，病毒也是系统安全的主要威胁，这些都造成了系统安全的脆弱性。

(4) 应用层的安全风险分析

电子政务专用网络应用系统，主要存在以下安全风险。

1) 对政务系统的非法访问。
2) 提交的业务信息被监听或修改。
3) 用户对成功提交的业务进行事后抵赖。
4) 服务系统伪装，骗取用户的口令。

由于电子政务专用网络对外提供如互联网、E-mail、DNS等服务，因此存在外网非法对服务器进行攻击的风险。

(5) 管理层的安全风险分析

再安全的网络设备也离不开人的管理，再好的安全策略也要靠人来实现。因此，管理是整个网络安全中最为重要的一环。对极其庞大且复杂的网络工程来说，更是如此。因此，人们有必要认真地分析管理所带来的安全风险，并采取相应的安全措施。责权不明，管理混乱，会使得一些员工或非管理人员随便让一些非本部门人员，甚至外来人员进入机房重地，或者员工有意无意地泄露他们所知道的一些重要信息，而管理上却没有相应制度来约束员工的行为；当网络出现攻击行为或网络受到其他的一些安全威胁时（如内部人员的违规操作等），无法进行实时的检测、监控、报告与预警；同时，当事故发生后，也无法提供黑客攻击行为的追踪线索及破案依据，即缺乏对网络的可控性与可审查性。这就要求人们必须对站点的访问活动进行多层次的记录，及时发现非法入侵行为，建立全新的网络安全机制，必须深刻理解网络，并能提供直接的解决方案。因此，最可行的做法是管理制度和管理解决方案的结合。

5.5.4 应急响应和事故恢复技术

应对突发性公共事件是每一个国家和社会组织都需要面对的重大挑战之一。长期以来，人类社会的进步常常以其赖以生存的环境的恶化为代价，其结果必然是自然或人为灾害的不断增多。

20世纪90年代以来，由于计算机和通信技术的发展，将信息技术应用于各类事件成为事故应急管理领域中的一个研究热点，各种应急通信系统、监测预警系统、应急联动系统和应急信息管理系统得以开发和建设，并在实际中广泛应用。电子政务系统也是在这种情况下应运而生的，如何对一些突发性的事件进行应急响应，以及事后的恢复处理技术受到人们的广泛关注。

目前，在电子政务系统中，应急信息系统逐步采用先进的 GIS、GPRS、GPS 及无线传感网络等新技术，初步实现了应急管理技术的体系集成与辅助决策支持，并有采用分布结构、可操作性较强等特点，有助于提高应急决策的速度，并可以进行大范围的应急管理；但也具有过分依赖工程硬件，以及对复杂多变的具体问题进行过分简化与共性模式处理等不足。

总结电子政务系统对一些突发性事件的处理方法，结合政务管理系统研究近年来的进展和趋势，主要的应急响应和事故恢复技术如下。

1）根据各类具体的突发事件，建立了相应的应急辅助决策系统。

2）将现代信息技术集成到应急信息系统中，如集成 GIS、GPS、GPRS 等技术，并逐步将知识管理模型应用到应急信息系统的研究中。但从目前的研究状况看，还没有一个完整的应急管理系统可以覆盖整个应急过程的管理。

3）开展集成资源布局、调度等其他相关学科的各类模型，基于先进信息技术和决策支持技术的应急管理系统的研制与开发。

4）建立基于 Web 技术的应急信息管理模式，充分利用 XML、SOAP、WSDL、UDDI 等一系列相互关联的协议集合，构成面向服务的架构（Service Oriented Architecture，SOA），集成利用各类应急信息资源。

5）为指导应急系统的建设，应开展综合应急系统设计理论的研究。

5.5.5 电子政务的内容监控技术

互联网已经成为人们日常生活中不可或缺的"第四媒体"，大量的互联网内容提供商以互联网为平台，向社会发布各类信息。然而，各种原因造成的网站内容漏洞却屡见不鲜，在某种程度上已经成为危害互联网空间和谐，乃至全社会安定的严重问题。

作为政府门户的电子政务系统平台，保证其内容安全、对其内容进行监控的技术也越来越受到人们的关注和重视。下面以某网站内容漏洞远程监控系统为例来介绍电子政务的内容监控技术，该网站内容漏洞监听系统的流程图如图 5-5 所示。

针对用户指定网站的入口页（Entry Page），首先进行电子政务系统的信息提取，并对提取信息进行语义分析，得到新的一批入口页。通过自身递归调用，迅速建立网站内容的本地镜像。与此同时，根据预先选定的分类空间，进行对多媒体群件的理解和分类。当发现不当分类比例过高时，向用户告警。否则，根据分类分析结果产生新的一批入口页，重复网站内容漏洞监控的全过程。在整个过程中，主要的核心技术集中在信息提取、多媒体群件理解和多媒体群件分类这几个功能块中。

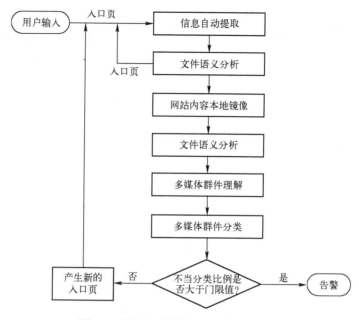

图 5-5 网站内容漏洞监听系统的流程图

1. 高性能信息自动提取机器人技术

高性能信息自动提取机器人是网站内容漏洞远程监控系统的基础模块，其主要功能是根据用户或系统的定义，对指定网站的内容快速、准确地建立本地镜像，是系统正常工作的基础。其主要难点如下。

（1）个性化可配置的信息自动提取技术

所谓个性化配置，是指信息自动提取机器人可以根据用户或系统提供的个性化信息，完成与网站之间的内容协商，将合适的内容提取到本地。在系统中将使用信息提取技术，充分考虑到内容协商机制，在机器人的信息提取过程中通过 HTTP 相关原语的交互，实现对内容协商机制的完全模拟，保障本地镜像内容的准确性。

（2）互动式信息的智能提取技术

在网站中，客户和服务器之间的交互除了由内容协商完成之外，还可以通过人机对话的方式来实现。在系统中，为了完成对指定网站内容的充分挖掘，可以在内容协商的基础上，提供智能化的人机交互模拟模块。基于 HTTP 返回状态码，如果需要获取身份验证信息才可以浏览内容，则根据用户或系统的配置模拟用户与服务器之间的对话，并将此类内容取回，保障内容挖掘的充分性。

Script、Flash 等网页编写语言的实时语义理解技术与传统的标记型语言不同，以 Script 为代表的网页编写技术更多地结合了一般的程序编写技术；而以 Flash 为代表的技术则是利用浏览器插件（plug-in），将多媒体群件内容打包到一个对象中，利用插件完成对此对象的解释。因此，在网站自动提取信息时，必须要提供对这样两类技术的准确语义理解，才可以将其中的多媒体个体对象和相应链接对象完整取回。

在系统中，结合系统实用性需要，在充分强调理解技术高效性的基础上，开发了目前比较流行的网页编写技术理解模块。尤其对于 Script 类的语言，研究和开发出的编译、分析和执行同步操作的技术，有效地提高了系统信息提取模块的效率和准确度。

(3) 多线程内容提取技术

相对多媒体群件理解和分类而言，远程内容提取是系统中消耗时间和资源最多的部分。在系统中，根据用户和系统设置的入口页，内容提取模块会在提取入口页以后对页面内容进行语义理解，将分析出的链接重新定义为入口页实现递归调用。由于单进程的递归调用效率低，在网站规模较大时耗时太长，因此在本系统中采用了多线程递归调用方式。实践证明，此种实现可以保证系统的高性能。

2. 多媒体群件理解技术

系统中的多媒体群件理解模块，主要负责对以网页形式出现的多媒体群件的整体理解。理解的方法是在对群件中的文本个体和图像个体的内容进行提取的基础上，结合环境信息，对群件做出整体的理解。具体的关键技术包括：综合字词和标点、模式匹配、统计模式的文本核心信息快速提取等。

系统中的文本理解对象是网页中的文本信息，与传统的文本理解对象相比，这类文本通常较小，包含了比文本更多的信息（如 HTML 中的排版信息）。而文本理解的目的是进一步分类，因此本系统中采用了结合字、词、标识符统计信息和预定模式匹配的理解技术，对文本的核心信息进行快速提取。

(1) 图像核心信息快速提取技术

系统中采用的图像理解技术在对象和目的上也具有独特性。根据分析，网页信息中的图像通常可以分为以下三类。

第一类是指示性图标，一般尺寸小、信息含量小。

第二类是主题图案，一般尺寸大、信息配合网页主题。

第三类是装饰性图案，一般尺寸中等，与网页主题风格相关性高。

而对它们的理解是为了下一步的分类，因此主要解决核心信息的快速提取问题。结合网站内容漏洞远程监控系统的需要，系统中采用的图像主题提取技术主要是对第二类和第三类图像中核心信息的快速提取，尤其是对图像的文字信息进行基于模式匹配的快速提取。

(2) 综合环境信息和相关媒体信息的多媒体群件理解技术

在网站内容漏洞远程监控系统中，多媒体群件（网页）本身含有相当丰富的环境信息，如 URL 信息、网页结构、网页间链接信息等，合理利用这些信息可以提高多媒体群件的准确度。在系统中，采用了神经网络的实现方法，选择 URL 信息、网页结构（媒体比重等）、网页间链接信息（链接数、链接页属性等）以及群件内部文件个体的理解结果作为神经网络的特征空间，经过训练的模型被证明在多媒体群件理解中具有良好的效果。

3. 多媒体群件分类技术

对于网站内容漏洞远程监控系统，用户关心的是在监控网站上是否存在其不希望看到的内容。所以需要在不良分类比例超过一定界限时，系统可以向用户告警。所以多媒体群件分类技术是该系统的核心技术，也是和用户直接相关的部分。这一部分的关键技术如下。

(1) 网站内容分类空间标准选择

系统最终通过网站内容分类结果作为判断内容漏洞的依据，因此分类空间的标准选择是分类技术的基础，分类算法中的标准选择在很大程度上需要客户化。经过对现有的中文信息处理常用分类标准的比较，以及对长期处理网络媒体信息专家的调研，最终选择了一套对不同性质的网站具有一般指导意义的标准选择方法，它在实际系统运营中获得了与人工专家结果高度相似的结果。

（2）多媒体群件分类

多媒体群件分类是在选定网站内容分类空间标准的基础上，结合多媒体群件理解的结果，通过分类方式，将群件归属于一个或几个相关度最大的类中。在该技术点中，关键是定义相关度和确定聚类标准。在这一方面，系统参考了在大型数据库中采用的数据分区和数据仓库技术，并结合系统的需求，采用了基于改进贝叶斯模型的分类技术，在分类的准确性上达到了设计要求。

在 CERNET 百兆局域网环境下，针对上海市互联网内容安全管理职能部门提供的重要媒体新闻网站、门户网站和 BBS 网站，对目标媒体内容的搜全率和内容分类的准确率进行了测试，结果如下：整体系统实现了对于互联网公开网络媒体超过 90% 的信息搜全率，实现了对于中文网络媒体内容超过 80% 的分类准确率，在实验环境中的数据提取速率超过 500 KB/s。目前，该系统已经在上海市主要的网络媒体内容安全监管部门中使用，且作用显著。

5.5.6 无线网络安全技术

随着计算机技术及其应用的不断发展，人们对计算机联网和通信的要求越来越高。由于不同的地域或客观条件的制约，在许多情况下，有线通信及其组网的方式已不能满足用户的要求，于是无线计算机网络通信及其联网技术应运而生。这种技术使计算机建网更迅捷、通信更灵活、传输距离相对变长、覆盖面积变大、建网工程费用减小、维护成本降低，特别适合于分散用户和移动用户。

无线网络因具有高移动性、建网容易、管理方便、兼容性好等优点，所以在很多领域都得到了广泛的应用。随着无线网络应用领域的扩大和应用层次的不断深入，无线通信网络本身所固有的缺点（即通信的安全性不高）受到人们越来越多的关注，以致无线网络的安全问题成为当前无线网络应用和研究的一个热点问题。

无线网络中的安全业务需要有相应的安全机制来保证，如通过加密技术实现保密性业务，通过访问控制实现身份认证业务，通过消息认证机制实现完整性业务，通过数字签名技术实现不可否认性业务。

1. 加密机制

保密性业务是通过加密技术实现的，加密是一种最基本的安全机制，加密过程如图 5-6 所示：当加密密钥不等于解密密钥，即系统中每个用户拥有两个密钥（公钥和私钥）时，则称其为非对称密码系统或公钥密码系统。任何人都可用一个用户的公钥将信息加密后传给该用户，只有该用户才能用其私钥解密，其他人因不知道私钥而不能解密。公钥密码算法复杂，因而不适合资源受限的无线通信设备，但由于其不需要通信双方共享任何秘密，在密钥管理方面有很大的优越性。

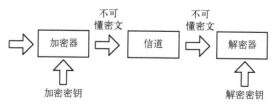

图 5-6 加密过程

2. 消息认证机制

完整性检测技术用于提供消息认证，防止消息被篡改。典型的完整性检测技术是消息认证，消息认证原理如图 5-7 所示。

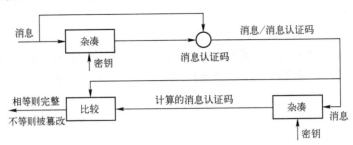

图 5-7　消息认证原理

3. 身份认证机制

身份认证技术提供对通信双方的身份认证，以防身份被假冒。它通过检测证明方拥有什么或知道什么，来确认证明方的身份是否合法。密码学中的身份认证主要基于验证证明方是否知道某个秘密（如证明方与验证方之间共享的密钥，或证明方自己的私钥），基于共享秘密的身份认证方案建立在运算简单的单密钥密码算法和杂凑函数基础上，适合无线通信网络中的身份认证。

4. 不可否认机制

数字签名用于提供不可否认性的安全机制，防止抵赖。数字签名有以下优点：采用电子形式，容易在网络中传输；只有知道私钥的人才能生成签名，因而很难伪造；可以对整个消息进行签名，签名后的消息不可更改。

数字签名大多基于公钥密码技术，在公钥密码系统中，用户的公钥向所有人公开，私钥只有自己知道，用户用自己的私钥对消息或消息的杂凑值签名，然后将消息及签名一起传给验证方，验证方利用签名者的公钥就可以鉴别签名的真伪。因为只有签名者知道自己的私钥，只有他才能形成数字签名，所以签名者一旦对某个消息签名就无法抵赖。

无线网络所采用的开放式信道是无线网络所面临的最大的安全隐患。攻击者可以利用无线网络的开放性对网络发起各种各样的安全攻击，其种类和途径要远远多于针对有线网络的攻击。诸如窃听、重放、篡改等攻击方式在无线网络中不仅难以预防，有些方式甚至根本无法检测，因此无线网络面临着比有线网络更大的安全风险。纵观无线网络的发展历史，可以预见，随着应用范围的日益扩大，无线网络将面临越来越多的安全问题。然而，新的安全理论和技术的不断涌现也使得人们有信心从容地面对众多安全挑战。

5.6　安全保护机制 2.0 下信息安全的新技术

随着下一代互联网（IPv6）、云计算、物联网、移动互联网、大数据、工业控制系统网络等新兴产业的发展，现代网络迈入一个新阶段。在新阶段下，产生了许多新业务和新产业，原来的安全保护机制 1.0 已经不能够满足新的要求，产生了许多新的问题，因此对新阶段下的网络安全防护策略和机制在原有基础上进行了创新，网络安全等级保护制度也已经进入了 2.0 时代。特别是于 2017 年 6 月 1 日起施行的《网络安全法》，将网络安全的监测预警和安全问题的处理进行了制度化和法制化。

传统的网络信息安全保护机制（安全保护机制 1.0）包括以下部分：一是采用和研究各种

加密技术；二是开发了许多针对网络环境的信息安全和防护技术（被动防护）：安全漏洞扫描技术、安全路由器、防火墙技术、入侵检测技术、网络攻防技术和网络监控与审计技术。这些技术在一定的历史时期对网络信息系统安全的防护起到了很重要的作用，但是随着新的互联网技术和工业控制系统的出现，1.0时代的这些传统的安全防护机制已经不能满足新形势下的各种安全防护需求。因此，在以云技术和移动互联网为代表的网络信息系统新形势下，需要提出规划，并设计出新的安全保护策略和机制（安全保护机制2.0），以适应日益增长的安全防护需求[8-9]。

安全保护机制2.0在1.0机制的基础上，需要着重考虑各种新技术带来的新的安全防护需求。例如，在大数据环境下"数据采集→数据整合→数据提炼→数据挖掘→数据发布"的新型数据链中，对数据进行安全防护变得更加困难，同时数据的分布式、协作式、开放式处理也加大了数据泄露的风险。大数据的"4V+1C"特征对传统的基础设施、存储、网络、信息、资源等都提出了更高的安全要求，安全威胁将成为制约大数据技术发展的瓶颈。因此在大数据环境下，仅靠安全保护机制1.0是远远不够的，需要针对大数据环境下特殊的数据处理方式，在各个环节设计适合的安全保护机制[10]。

在安全保护机制2.0下，目前在市场上比较流行，而又能够代表未来发展方向的信息安全技术主要包括以下几种。

1. 拟态安全

当前，网络空间的基本安全态势是"攻易守难"。其根本原因在于网络空间存在泛在化的、基于未知漏洞和后门等的不确定威胁，且缺乏彻查漏洞和后门等的科学与技术方法。

以人类现有的科技水平，还无法从理论和实践上解决网络上未知的问题：一是不知道潜在的漏洞究竟有多少，二是没有办法完全避免漏洞，再就是软件后门的问题，甚至还有前门的问题。现在还未发现的漏洞，如茫茫宇宙、浩瀚星空一样庞杂。迄今为止，人类的网络技术尚未形成可以穷尽复杂系统漏洞和后门的理论和方法，在这一设计缺陷的背景下，人们无法期待一个完全安全的网络环境。

电子政务现有的防御体系必须获得攻击来源、特征、行为、机制等知识，才能实施有效的防御。而现有的信息系统和防御架构，在本质上是静态的、相似的和确定的，体系架构透明脆弱，成为网络空间安全最大的黑洞。生物学中有一种现象：一种生物在色彩、纹理、形状上模拟另外一种生物，使其一方或双方受益，这被称为"拟态现象"。人们提出拟态安全防御，以期能从主动性、变化性和随机性中获得有利的防御态势。所谓拟态安全防御，是指在主动和被动触发条件下，动态地、伪随机地选择执行各种硬件变体以及相应的软件变体，使得内外部攻击者观察到的硬件执行环境和软件工作状况非常不确定，无法或很难构建起基于漏洞或后门的攻击链，以达到降低系统安全风险的目的。从本质上来讲，拟态安全防御是一种主被动融合防御体系，即拟态安全主动防御与传统被动防御相融合的引入"安全基因"的主被动融合防御体系[11]。以下简称"拟态防御"，旨在解决网络空间不同领域相关应用层次上的基于未知漏洞、后门或病毒木马等不确定性威胁，提供具有普适性的创新防御理论和方法。既能为关键网络设施或核心信息装备提供弹性化的或可重建的服务能力，也能以一体化的架构技术提供独立于传统安全手段的内生安全增益，或融合成熟的防御技术获得更好的防御效果。期望在网络空间营造一个与全球化时代技术和产业发展模式相适应，合作共赢和开源众创相融合，非封闭、自主可控、可持续发展的新兴生态环境。拟态安全的内生安全增益既能独立于传统的安全防御手段，也能很好地综合后者的优势，其开放性与安全性的完美结合将促进全球化进程向深度、广度发展，可以为电子政务提供主动安全防护。

2. 威胁情报感知

在信息全球化的今天，网络空间将具备开放性、异构性、移动性、动态性、安全性等诸多特性，不断演化出下一代互联网、5G 移动通信网络、移动互联网、物联网等新型网络形式，以及云计算、大数据、社交网络等众多新型的服务模式。网络空间已经逐步发展成为继陆、海、空、天之后的第五大战略空间，是影响国家安全、社会稳定、经济发展和文化传播的核心、关键和基础。在信息技术变革式和爆炸式的发展趋势下，信息技术与传统行业的深度融合也是大势所趋。为此，我国提出了"互联网+""中国制造 2025"等战略，以全面推动新型网络业态和产业的发展。其他国家也提出了相应的战略规划，如德国已开展实施"工业 4.0"计划，用新型信息技术推动第四次工业革命。

在多元化的网络空间中，安全问题日益凸显。随着信息技术的发展与应用，信息安全的内涵在不断地延伸，从最初的信息保密性发展到信息的完整性、可用性、可控性和不可否认性，进而又发展为"攻（攻击）、防（防范）、测（检测）、控（控制）、管（管理）、评（评估）"等多方面的基础理论和实施技术。传统的安全防护仅仅依靠部署于边界或特殊节点的防火墙、入侵检测系统（Intrusion Detection System，IDS）、入侵防御系统（Intrusion Prevention System，IPS）等安全设备进行的静态控制，实行以特征检测为主的网络安全监控，并基于预置规则匹配产生告警信息，这种被动式防御已不再适用于对高级持续威胁（Advanced Persistent Threat，APT）、0day 攻击等新型网络安全威胁的防护。更为严峻的是，随着网络威胁朝着泛化和持续化的趋势发展，多样化的攻击切入点、高水平的入侵方式、系统化的攻击工具使网络威胁代价降低。为最大限度地保护核心系统资产的安全，急需对传统的安全防御方式进行优化和改进，形成能应对多样化和持续化威胁的安全体系。威胁情报感知、共享与分析旨在利用多种渠道、采用多样化的技术手段，来采集大规模碎片式的异常数据以及其他相关威胁信息，并集中地进行深度挖掘、提炼、融合、归并，以形成与信息系统核心资产有关的威胁线索集合，再借助机器学习、语义分析、事件关联等技术分析已发生的入侵或对未来的威胁态势进行预判，在此基础上评估潜在的安全风险以指导用户制定有效的安全决策，增强信息系统的防御能力。而与此同时，这些以原始威胁情报作为输入，经整合、剖析得到的包括攻击概貌、安全态势研判、解决对策等信息在内的输出，又可反过来作为威胁情报的一部分，为其他信息系统安全管理者在应对相似威胁时提供借鉴。从传统的 PDR2 到 Gartner 最近提出的自适应安全架构，威胁情报的感知、共享和分析是防御、检测、响应、恢复等安全技术的核心基石。目前，威胁情报驱动的信息安全防御已成为业界公认的信息安全的未来发展方向，备受学术界和产业界的关注，一些媒体甚至将 2015 年称为"威胁情报共享元年"，同时威胁情报体系的建设已被许多企业乃至国家纳入其安全战略规划之中[12]。威胁情报技术也为电子政务的安全防护提供了新型防御思路。

5.7 典型安全系统举例

由于国家宏观管理和支持力度的加大、信息安全技术产业化工作的继续进行、对国际信息安全事务的积极参与，以及关于信息安全的法律建设的环境日益完善等因素，我国的信息化发展迅速，电子政务的应用逐步推广，此外，我国在信息安全管理上的进展也是迅速的。但是，由于我国的信息化建设起步较晚、相关体系不完善、法律法规不健全等诸多因素，我国的信息化仍然存在不安全的问题。

近几年，上海市浦东新区的信息化建设取得了长足的进步，信息化程度高，信息化应用广泛。政务信息化建设极大地提高了新区政府的办事效率和透明度。新区电子政务的应用顺利进行，但是人们不得不面对随之而来的信息安全问题。黑客攻击、蠕虫病毒、特洛伊木马、恶意软件、垃圾邮件等多种安全风险正侵袭着新区政府的电子政务系统，如果新区政府的电子政务系统瘫痪，将给政府带来难以想象的巨大损失。

为此，新区政府于2009年启动了"浦东新区信息安全监控平台""浦东新区数据中心数据管理平台"等重大信息安全建设项目，旨在通过建设集中、统一的信息安全管理和服务平台，切实解决新区政务信息化系统的安全隐患。

5.7.1 系统结构与技术框架

为实现信息安全监控综合管理功能，浦东新区拟建设信息安全监控与数据备份平台，包括电子政务托管系统、数据存储备份系统和信息安全监控综合管理系统3个部分，其系统框架如图5-8所示。

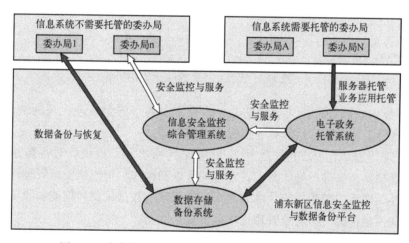

图5-8 浦东新区信息安全监控与数据备份平台系统框架

本例主要介绍其中的信息安全监控综合管理系统，其建设结合浦东新区信息化发展的实际需要，针对目前浦东新区电子政务应用普及带来的病毒、攻击等安全问题，面向新区办公中心所有委办局，是一套安全、高效、经济的信息安全监控平台，整合了整个信息网络的安全资源。

浦东新区信息安全监控综合管理系统完成后（以下简称安全监控系统），各委办局电子政务系统的安全问题则由信息安全监控服务中心统一监控管理。信息安全监控服务中心为各委办局提供安全咨询和培训，制定统一的安全策略和安全管理制度，集中对各委办局的硬件设备进行漏洞扫描和服务检测，进行风险评估和风险提醒，增强各委办局电子政务系统的安全防护能力。信息安全监控服务中心将配备一支专业的信息安全技术队伍，为各委办局提供专业的安全服务，响应委办局的安全事件服务请求。运行在信息安全监控服务中心的安全监控系统实时监控各委办局的安全设备和核心服务器，进行数据采集和分析，监测安全事件的发生并告警，制定统一的安全措施，进行应急响应，抵御外部入侵和防杀病毒。

可以将安全监控系统进一步细化为安全管理中心、安全管理代理两部分，其分级架构如图5-9所示。

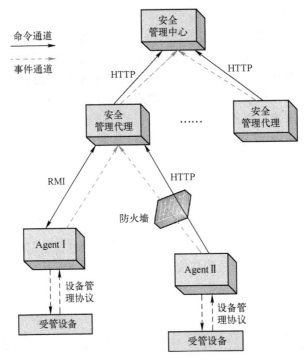

图 5-9 安全监控系统的分级架构

1）安全管理中心部署于公共数据中心，提供下属各个安全管理代理的统计信息，例如：拓扑结构、资产信息、风险评估信息、病毒补丁信息等。

2）安全管理代理部署于公共数据中心，对应各个委办局，提供针对各委办局的网络及IT资产的各种管理功能，以进行具体的、日常性的管理和操作。为支撑安全管理代理，将在公共数据中心或委办局网络中部署一定数量的数据采集代理，数据采集代理能够收集和监控被管设备的相关信息和性能指标，为安全管理代理提供原始数据。

系统提供 Web 接口，使公共数据中心安全管理人员可以登录安全管理中心，查看全网的安全状况。各委办局信息安全管理人员可以登录其委办局所对应的安全管理代理，查看该委办局的网络状况和安全状况。用户利用常规的浏览器就可以进行各种操作，易学易用。

此外，数据采集代理中使用的数据库和安全管理中心及安全管理代理使用的数据库在要求上不一样，安全管理中心及安全管理代理使用的数据库要求是能够高效存储海量的数据，为后期的数据分析提供基础，数据采集代理上的数据库用于存储一些配置信息，或短期存储一些统计数据，需要快速、方便和便携。数据采集代理中事件和统计数据的传送将拥有独立的通道。

针对现在已经存在的信息安全典型问题，信息安全监控综合管理系统能够实现以下重要功能。

① 设备监控：整合浦东新区的安全软硬件设备，对新区政务信息系统的全网资源进行统一监控和管理。

② 资产管理：对新区电子政务系统的所有软硬件资产进行科学的、便捷的管理，避免重复投资和建设。

③ 病毒管理：对全区电子政务建设中的病毒问题进行统一的监控和管理。病毒管理可以对与病毒相关的安全设备进行监控，发出病毒事件告警，并能够分发病毒补丁。

④ 补丁分发：提供系统补丁、软件补丁、病毒补丁的分发和安装服务，提供可信服务与软件的下发功能。

⑤ 拓扑发现：发现路由器之间的连接、路由器和子网之间的连接以及主机的分布，并根据协议来发现路由器和交换机之间的连接、交换机和交换机之间的连接。

⑥ 风险评估：对信息系统进行技术脆弱性评估、管理脆弱性评估、安全威胁评估，生成详细的评估报告，明确表述系统现状和安全目标之间的差距。

⑦ 事件处理：对上报的安全事件进行分析，对收到的安全事件进行预处理、融合处理和关联分析等一系列关联操作，来消除冗余的安全事件。

⑧ 应急响应：辅助安全管理人员对电子政务外网系统中出现的常见IT安全威胁实施应急响应管理和服务，并配合工作人员快速地做出应急响应。

⑨ 安全态势：依据网络安全指标体系，将多源的安全事件经编码格式标准化、归并关联等处理后，基于网络拓扑对本级和所有下级系统的各种反映安全状况的指标，进行安全指标映射与态势数据生成，并借助多种可视化视角，如时域、值域视角等，展现网络总体的安全状态和发展趋势，为总体安全决策提供依据。

⑩ 日志审计：采集应用系统日志信息、操作系统安全日志信息、网络设备安全日志信息、安全设备日志信息以及平台自身的日志信息，并分析各类与安全相关的日志信息。

⑪ 报表功能：实时地对最新的动态数据进行统计，进行深层次统计分析，并生成易于理解、结果明确的图形报表，为管理及政府部门提供及时、准确的决策依据，通过更加灵活、方便的方式，丰富统计的内容，使各级领导可以迅速方便地查到决策所需的信息。

5.7.2　网络安全技术方案

从技术角度出发，除了利用防火墙、病毒防范、入侵检测等常规的网络安全技术外，还对新区政府政务信息安全管理提出如下几个技术方案，综合考虑了电子政务安全保障体系的技术保障体系、运行管理体系和社会服务体系，首先通过对设备的监控管理来采集信息，利用信息化发展带来的便利条件和数理统计技术对数据进行分析、测试和全面评估，同时做好应急响应和事故恢复技术。

1. 网络安全设备监控技术

网络安全设备监控依照默认的或者用户定制的信息采集策略，获取特定管理域内用户所关心的各种网络设备、安全设备、服务器的状态信息，并在浏览器中以图形化的方式动态呈现，同时将一定时间阶段内所采集到的信息统计汇总，进行储存。其技术要点主要包括设备状态信息采集、信息采集策略的制定、设备状态信息的图形化显示和信息统计储存4个方面。

（1）设备状态信息采集

常见被监控设备的类型包括主机、路由器、交换机、防火墙等。设备状态信息包括在线信息、CPU负载信息、内存使用信息、硬盘使用信息、网络流量信息、安全设备配置策略信息等。

（2）信息采集策略的制定

按所统计的时间段长短，监控报表可分为多级，每个级别的报表中所含的状态统计信息的粒度和有效期各不相同。可配置和存储策略相关的关键参数，按照自身需求控制被监控设备状态信息的存储。和存储策略相关的参数有报表级数、各级报表的写入频率和统计频率、各级报表所含信息的最大数和有效期等。

(3) 设备状态信息的图形化显示

对采集到的数据加以整理分析，形成各类报表，采用饼图、柱图、曲线图等图形化方式呈现。

(4) 信息统计储存

对一定时间内设备的状态信息进行统计汇总，生成相应的报表，并将报表存入数据库，以备用户查阅。一般而言，生成的报表含有以下内容。

1）状态信息类型：表示报表所统计的信息种类，如设备在线信息、内存使用信息等类型。

2）被监控设备：表示报表所统计的信息属于哪一个设备。

3）统计时间段：表示报表统计的是哪个时间阶段内的设备信息。

4）具体统计信息：表示具体的信息统计值，随报表的状态信息类型的不同而不同，如在线信息报表包含的具体统计信息是设备在线率。

2. 网络安全事件处理技术

网络安全事件一般包括设备监控发现的安全事件和安全设备上报的安全事件。对于上报的安全事件进行采集、分析，对收到的安全事件进行预处理、关联分析等一系列操作，消除冗余的安全事件。对于已知的安全事件应能够及时发现并告警，告警信息能够按照不同管理域、不同类别和不同威胁等级进行事件等级处理。提供事件查询和统计分析等功能，在安全事件发生时，可以马上通过应急响应机制启动相应的应急预案等处理手段。技术要点如下所示。

1）事件采集的信息包括设备监控发现的安全事件和安全设备上报的安全事件，常见事件采集方式有 Syslog、SNMP 等。

2）由于同类型的设备来自不同的厂商，事件的格式有所差异，需要进行归一化处理，即将收集到的来自各设备的不同格式的数据处理为统一的标准事件格式。

3）应当根据事件类型、资产级别等因素，制定安全事件等级。

4）为了提高事件处理的能力，可结合网络拓扑信息来进行事件处理。基于拓扑视图显示事件的信息，便于用户定位事件源。

5）基于一定的关联规则对事件信息进行关联，防止管理员被大量的误报事件淹没，为用户提供有重要价值的事件。

6）应提供事件实时分析手段，以表格、图形等可视的方式展现事件，让用户可以用多种方式来查看事件信息。

7）应提供事件的统计分析手段，以曲线图、柱状图等可视化方式显示，可以提供类型统计、子域统计、TOP10 排名统计等方式。

8）应为不同级别的用户提供相应操作权限的事件处理手段和相关的报表。为客户的信息化建设提供科学依据和决策支持。

3. 网络安全可视浏览技术

基于 Web 的客户端使得管理人员能够在局域网内（甚至互联网上）利用任何支持 Java Applet 的主流浏览器使用本系统对网络进行管理，可视浏览示意图如图 5-10 所示。

客户端与管理系统的交互有两种形式，即 RMI 与 HTTP。

1）RMI 用于实时性要求较高的场合，如拓扑发现、设备信息检测、阈值告警等。客户端为嵌入浏览器的 Java Applet，服务器端为 RMI 对象实例。

2）对于无实时性要求或实时性要求比较低的场合，客户端可以通过 HTTP 来下载 html 页面，并以提交 html 表单的形式与服务器交互。

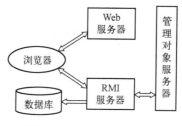

图 5-10 可视浏览示意图

4. 网络安全数据分析技术

从发展前景来看，数据分析可以运用系统论、信息论的观点，利用数据仓库技术，整理分析数据，抽象数据模型，确定数据分析的重点、内容和方法；也可以利用数理统计技术，抽取样本，对数据进行分析。由于用户对数据分析的深度和灵活程度要求越来越高，数据分析渐渐从静态数值之间的相互比较，转变到从多个数据源中综合数据的分析模式，这种分析模式是一种复杂、动态的分析模式，它使得分析者能够从多个角度来观察数据。

综合管理系统通过使用数理统计技术，为数据分析人员提供一系列的分析指标与工具，最大限度地方便分析人员对信息进行处理。比如可以对防火墙、入侵检测、安全审计、VPN、防病毒系统等的日志信息和实时状态信息，进行分类别、分协议、分对象、分内容的独立和相关性分析，从而反映出这组设备内在的、具有一定价值的信息。同时，可以根据分析人员的经验与规则，对已有数据进行分析与处理，给出所有可能的结论，或者针对某个特定问题给出一个参考性结论。

5. 网络安全应急告警技术

本平台实现了事件驱动统一的告警管理，用户可以对重要资源设置阈值，并定义事件的优先级。平台对事件的处理采用灵活的"订阅/过滤/分发"机制，用户可以在事件监视窗或其他事件服务客户端中使用通配符自由地订阅事件（包括事件号、事件优先级、关键字等），事件服务模块将自动地把用户感兴趣的事件种类过滤出来，并发送给用户。

此外，系统同时提供联动策略引擎，使得用户可以根据管理需求定制管理策略，当某类告警事件发生时，系统能够在第一时间自动执行特定的安全管理操作。

5.7.3 系统分析总结

为了应对新区电子政务信息系统及政务网络应用范围、规模、复杂性不断上升带来的防护难度加大的问题，本例前瞻性地提出了将孤立的信息安全产品系统地整合在一个平台上，形成有机的信息安全整体防护体系。为此，新区信息化委员会启动了"浦东新区信息安全监控平台"项目，在技术操作层面实现了对浦东新区公共数据中心、办公中心内部分委办局、部分功能区、乡镇街道试点单位的网络和设备的监控，初步形成了由新区信息委为各委办局电子政务系统统一提供安全监控服务的政务网络安全管理模式。

在未来的新区技术防护体系建设中，首先，需要充分利用现有安全监控平台的分层分级的设计架构，逐步扩大安全监控服务范围，实现对浦东新区所有委办局、功能区、乡镇街道电子政务网络的安全管理监控，以此为依托提升各级、各部门的信息安全技术防护能力。此外，在技术层面，还需要根据不同网络的接入特性，提供不同的安全监控接入服务手段，确保监控手段和监控数据能够落实到位；同时加强不同系统间安全保护的联动性，提高安全监控平台内部的协同保障能力。最后，还需要提升监控平台的管理调度能力，通过完善平台的工单管理、配置管理、资源和人员综合调度等功能，为新区信息安全的整体运维提供有力的支撑。

总之，网络及信息资源的性质特殊，决定了信息安全问题的客观存在。信息安全问题不仅涉及国家的经济安全、金融安全，同时也涉及国家的国防安全、政治安全和文化安全，因此应当提高对信息安全问题的重视程度。目前，我国正在加快信息化建设步伐，加强对信息安全的管理，保证信息的安全势在必行。

5.8 小结

随着信息技术的飞速发展，电子政务在政府实际工作中的作用越来越重要，电子政务平台已成为目前政府政务管理工作的发展趋势。在建设、使用和运维过程中，平台管理部门需要借助网络安全服务商提供的安全服务，保证平台的安全、稳定、持续运行。如果缺少电子政务安全保障体系的支撑，或者因为安全问题而导致电子政务系统无法正常运行，大量的政府部门将无法正常地开展工作。因此，电子政务安全保障体系建设变得越来越重要。本章首先介绍了电子政务安全保障体系，从物理安全、网络安全、主机安全和应用安全4个方面介绍了电子政务的安全保障体系。然后介绍了电子政务系统的用户管理思路和相关技术。信任体系建设也是电子政务安全保障体系中很重要的一环，党中央和国务院对于这部分提出了明确的要求。接下来，重点介绍了几种电子政务的安全技术，包括病毒防范技术、安全管理技术等。随着安全保护机制2.0时代的到来，网络安全服务商及其安全服务内容繁多，而平台管理部门并没有相关专业知识和技能储备，因此，安全保护机制2.0下又衍生出一系列安全新技术，从而确保安全服务的实施和效果，这也是未来一个重要的发展目标。最后介绍了电子政务系统安全，并以浦东新区的信息化系统为例，详细描述了电子政务安全保障体系的建设。

5.9 思考题

1. 电子政务安全保障体系建设的重要性有哪些？
2. 电子政务安全保障体系主要包含哪几方面的安全？
3. 电子政务的安全技术主要有哪些？
4. 在新的网络安全形势下，电子政务安全保护机制需要做哪些调整和适应？

5.10 参考文献

[1] 王宇宏．关于等级保护的物理安全建设问题［J］．计算机光盘软件与应用，2012，15（16）：111，113．
[2] 张萌，黄伟庆，王思叶，等．物理空间信息安全技术发展综述［J］．信息安全研究，2016，2（2）：107-116．
[3] 金乾国．物理空间信息安全技术发展综述［J］．中国科技纵横，2018（2）：240，243．
[4] 曲成义．电子政务安全保障体系探索［J］．信息安全与通信保密，2003（6）：22-26，3．
[5] 王政，韩文报，林易，等．电子政务安全保障体系结构研究［J］．计算机应用，2008，28（S1）：55-58．
[6] 蒋兴浩．构建多层次的电子政务安全保障体系［J］．信息化建设，2009（3）：41-43．
[7] 李磊，孙晓斌．我国电子政务安全保障体系浅析［J］．科技信息，2008（26）：75-76．
[8] 傅钰．网络安全等级保护2.0下的安全体系建设［J］．网络安全技术与应用，2018（8）：13+16．

[9] 赵泰,任卫红,袁静,等.大数据的等级保护初探［C］//第六届全国网络安全等级保护技术大会论文集.北京:海淀区太极计算机培训中心,2017:5.

[10] 揭建成.等级保护再认识［J］.浙江经济,2018(9):37.

[11] 邬江兴.网络空间内生安全——拟态防御与广义鲁棒控制［M］.北京:科学出版社,2020.

[12] 李建华.网络空间威胁情报感知、共享与分析技术综述［J］.网络与信息安全学报,2016(2):16-19.

[13] 马忠.《网络安全法》中等级保护对互联网发展的意义［J］.信息技术,2018(6):142-146.

[14] 张振峰.《网络安全法》实施背景下的大型互联网企业等保合规研究［C］//第六届全国网络安全等级保护技术大会论文集.北京:海淀区太极计算机培训中心,2017:5.

[15] 康岩龙,龚树新,冯霖.政府单位网络安全服务规范化管理体系建设研究［C］//第六届全国网络安全等级保护技术大会论文集.北京:海淀区太极计算机培训中心,2017:5.

第6章 电子政务标准化建设

电子政务涉及各个领域、各个部门的系统,要实现各个系统的互联互通,提高工作效率,就必须对电子政务加以标准化。电子政务标准体系是电子政务标准化工作的核心,也是电子政务总体设计的重要内容。电子政务标准体系结构可细分为网络系统、应用系统、安全保障和管理系统4个方面,而根据其实际应用范围又可分为外网技术规范以及内网设计规范。当前,电子政务标准体系仍将不断改进,采用新技术以满足其新需求并改善其现有结构。

6.1 电子政务标准化概述

6.1.1 电子政务标准化的必要性

电子政务标准化[1]是指电子政务在建设、实施和评价上,具有统一的技术平台、规范,具有一致的操作规则和外部环境,在一定范围内实现电子政务的无缝连接和互通共享,并且能够逐步实现技术和环境统一标准化。

自1999年启动"政府上网"工程以来,电子政务建设已成为我国信息化工作的一个重点。从初期的网络建设,转向以需求为主体,提高政府的监管能力和服务水平,电子政务正朝着可信性、规范统一性、开放性、交互性等方向发展。但是,从总体来看,我国的电子政务建设仍处于初级阶段,存在一些问题。由于过去对信息化的建设一直是在分散体制下进行的,网络建设各自为政,重复建设,造成现有的信息系统相对地分散、异构和封闭,没有统一的体制和架构,相互之间不能互动,信息资源无法得到有效的利用和共享,信息业务系统水平低,应用和服务领域窄,信息资源开发利用滞后,标准不统一,存在安全隐患等。因而如何建立统一的电子政务信息架构,如何对现有的信息系统进行整合,使信息资源得到有效的管理和共享,是我国目前迫切需要解决的问题。

国内外电子政务建设的实践证明,电子政务建设必须有标准化的支持,尤其要发挥标准化的导向作用,以确保其技术上的协调一致和整体效能的实现。标准化是电子政务建设的基础性工作,它将各个业务环节有机地连接起来,并为彼此间的协同工作提供技术准则。通过标准化的协调和优化功能,保证电子政务建设少走弯路,提高效率,确保系统的安全可靠。统一标准是互联互通、信息共享、业务协同的基础。为电子政务建立相应的标准,可以避免"开始交学费,过程中浪费,最后白费"的现象。因此,"统一标准,保障安全"是我国电子政务建设重要的工作原则之一[1]。

6.1.2 国外电子政务标准化现状

在推动政务信息化的过程中,发达国家重视制定统一的规划和技术标准,以此来规范电子政务的发展。目前,以美国为代表的西方发达国家已经开始将电子政务的建设作为国家信息化建设的一项重点内容来抓,并将建设的重点定位在电子政府的建设上,突出政府的对外服务职能，以促进政府部门对国民经济和社会信息化建设的监督管理职能的发挥，电子政府是电子政务建设的最终目标[2]。

美国是世界上电子政务最发达的国家之一，在20世纪90年代就开始致力于推动电子政务的发展。在美国，从联邦政府到几乎所有的县市都有自己的站点。美国于1993年制定并颁布了《国家信息基础设施行动计划》，1994年又提出了《政府资讯科技服务远景》，从而确定了美国联邦政府推动电子政务发展的目标。目前，美国的电子政务已经取得了很大的成功。他们采用了联邦PKI提供的统一安全操作平台，并在此基础上建立了针对各部门的业务系统，其中比较典型的部门包括国家金融中心（NFC）、国家标准与技术局（NIST）、国家专利商标局（USPTO）、国防部（DoD）、能源部（DOE）、国务院（DOS）、航天航空局（NASA）和国际贸易委员会（USITC）。美国前期启动的国家关键基础设施保护计划，也将电子政务业务系统的保护列为重点内容之一。为实现配套的联邦PKI的运行，现已成立了专门的联邦PKI指导委员会，从事公钥基础设施体系相关的法律、政策、贸易和技术事务的管理工作，联邦的PKI策略中心也已于2000年夏开始正式运行，并成立了专门的管理部门来促进不同机构所建设的PKI之间的互操作性问题。

美国在大力进行电子政府建设的同时，也开始对原有政府业务处理的流程进行调整和规范，并充分利用网络实现政务资源的重新整合，有效地提高了政务处理的效率。但目前的电子政务标准化工作还相对比较零散，主要集中在各独立的政府部门体系内部。

欧盟制定了"信息社会的行动纲领"，对未来的政务信息化做出了周密的安排。英国在1996年颁布了"绿皮书"，对电子政务的发展做出了系统规划，并提出了近期和远期的目标。日本在1993年制定了《行政资讯推进共同事项行动计划》，提出了政务信息化的3个层次：第一个层次是1994年由内阁通过的《行政资讯推进基本计划》；第二个层次是1995年由行政资讯跨省厅委员会通过的《行政资讯推进共同事项行动计划》；第三个层次是各厅省提出的本部门推动行政资讯计划的具体行动计划和方案。

除了美国和欧盟，加拿大政府推行了"统一的政府"（A whole of Government）战略[3]，旨在在政府的领导下进行电子政务建设，通过中央政府的指导进行整体规划和制定具体的标准，自上而下形成层次化的电子政务协同发展的格局。新加坡、新西兰和澳大利亚等国的政府也出台相关法案为电子政务的标准化提供有力的支持和帮助，促进电子政务项目向着资源共享，互联互通的方向发展。

从国外电子政务标准化的进程来看，电子政务的标准化和规范化是推进电子政务发展的基本保障。从实现的角度来讲，标准化和规范化并不一定都需要通过行政命令来实现，有些可以通过技术政策来引导和推进，有些则依赖于市场的作用，让市场占有份额大的产品成为事实上的标准或者规范。同时可以采取公开招标、投标的方式，将主要的政府信息系统要素分包或者统包给合格的企业。在系统原型开发出来以后，通过鉴定和评估，形成该类系统解决方案的国家标准（或试用标准）或者范本，以不同的规模和价格向全国各级政府部门提供成套的（硬件和软件）系统，并开展培训和推广应用。系统建成之后的升级和维护，也可以由系统的承包企业负责[4]。

6.1.3　我国电子政务标准化现状

我国对电子政务标准化工作非常重视。为有效地支撑我国电子政务工程和建设，加快电子政务标准的研究和制定工作，国家标准化管理委员会和当时的国务院信息化工作办公室加强了统一电子政务标准化工作的领导，并于 2001 年 12 月批准成立了"国家电子政务标准化总体组"（以下简称"总体组"），全面启动了电子政务标准化工作。总体组由来自各级政府部门、各行业主管部门、科研院所和企业的专家组成，其中北京航空航天大学、中国电子技术标准化研究院和中国标准化研究院担任总体组的组长单位。

总体组的职责是提出我国电子政务标准体系框架和实施计划，组织制定电子政务建设需要的标准，参与解决我国电子政务网络建设和应用过程中产生的互联互通问题和其他与标准有关的问题，完成国务院信息化工作办公室和国家标准化管理委员会交办的其他事宜[5]。

总体组下设秘书处和项目工作小组。秘书处是总体组的办事机构，负责总体组的日常事务以及"中国电子政务网"（http://www.e-gov.org.cn/）的日常维护工作。项目工作小组是临时组建的项目研究专家小组，设召集人 1 名，成员若干名，负责项目的研究开发工作。项目工作小组的召集人一般由项目第一承担单位的人员担任。

我国电子政务标准的研究采取开放的方式，坚持开放性和广泛性的原则，积极吸收社会的力量，采取民主的方式共同进行标准的制定工作。在标准的制定上，遵循"急用先行、成熟先上、科学先进、切实可行"的原则。在该原则指导下，总体组组织专家进行了大量的调研和认证工作，并从 2002 年 7 月开始集中力量组织启动了一批关键性、基础性的电子政务标准研究项目，取得了阶段性的成果。

总体组完成了"电子政务标准化总体规划及实施方案"等 9 份研究报告，正式发布了《电子政务主题词表编制规则》等多项国家标准和国家标准草案。这些标准和草案全面阐述了电子政务标准化的意义、电子政务标准化的管理机制和工作思路、电子政务标准体系和相关的标准化项目，并给出了电子政务标准有关项目的管理办法。这些工作为我国电子政务标准化的有序和规范发展打下了良好的基础，这些标准也将随着电子政务建设的发展而不断完善。

其中一些重要标准的主要内容如下。

1)《电子政务标准化指南》：用以全面指导电子政务标准化的工作。

2)《电子政务数据元》：是一个系列标准，用来规范电子公文和跨行业的业务应用、交换和共享的基础数据体系，是政务信息资源数据标准化的应用准则。

3)《电子政务主题词表编制规则》：可用于所有政府文件，是公文中的一项重要元素，是电子化文件管理、归档和检索的有效工具。

4)《XML 在电子政务中的应用指南》：XML 技术是一门新兴的技术，在国内、国际的电子政务应用的各个层面已经发挥出越来越重要的作用。该标准着重介绍了 XML 相关技术在电子政务技术参考模型中每一层上的应用场景、如何应用 XML 技术、应该遵循的标准和规范。

5)《基于 XML 的电子公文格式规范》：是一个系列标准，拟分总则、公文体、显现、办理、交换、归档及安全 7 个部分。该标准利用 XML 来制定电子格式的政府公文，并借助于电子政务综合信息交换平台，实现政府公文的电子化交换和处理。

6)《政务信息资源目录体系》和《政务信息资源交换体系》：这两项国家标准于 2005 年年底推出征求意见稿，并于 2007 年形成正式的国家标准。

《政务信息资源目录体系》由总体框架、技术要求、核心元数据、政务信息资源分类、政务信息资源标识符编码规则和技术管理要求 6 部分组成。其规范了如何对政务信息资源进行标准化编目、对元数据进行集中化管理和维护，从而更好地提供政务信息资源的查询、检索和定位服务，与《电子政务数据元》同为政务信息资源数据标准化的规范化技术依据。

《政务信息资源交换体系》由总体框架、技术要求、数据接口规范和技术管理要求 4 部分组成。主要提出了全国政务信息资源交换体系的总体结构、概念模型、交换模式、交换节点基本功能和应用系统参考模型，可以有效地规范在跨部门异构系统之间建立的交换系统的结构。

7)《信息化工程监理规范》：该规范就监理原则、监理组织、监理范围、监理依据、监理目的、监理方法、监理程序、质量控制、进度控制、投资控制、合同管理、信息管理、组织协调等提出要求和规定。

但是总的来说，我国电子政务项目的标准化工作起步较晚，虽然近些年也受到国家信息化领导小组的高度重视，出台了诸如《国家信息化领导小组关于我国电子政务建设指导意见》《电子政务标准化指南》《国家电子政务工程建设项目管理暂行办法》等指导性文件，但是暂时还不能满足电子政务发展的需要，尤其是在电子政务项目实施过程中，缺少具体的标准化管理方法和体系，这些问题仍然是当前和未来一段时期内电子政务项目建设和发展所面临的突出问题。

6.2 电子政务标准体系

6.2.1 电子政务标准体系概述

电子政务系统是非常庞大的系统，涉及工商系统、税务系统、财政系统、社会保险系统、劳动就业系统、金融服务系统、公安系统，以及各领域、各部门的办公系统等多个系统。要在分布式网络环境下，实现这些数据、信息和系统的集成，实现互联互通，最大限度地进行互操作，必须对系统和处理方式加以标准化。因此，实施电子政务标准化可以有目的、有目标、有计划、有步骤地建立起联系紧密、相互协调、层次分明、构成合理、相互支持、满足需求的标准体系，并贯彻实施，以支持电子政务的设计和建设。

电子政务标准体系，是指电子政务建设所需标准按其内在联系构成的科学有机整体，它是电子政务标准化工作的核心，也是电子政务总体设计的重要内容，为电子政务标准化工作勾勒了一幅"蓝图"。我国电子政务标准化总体组根据电子政务标准化需求调研和国内外标准化现状分析，适时提出了电子政务标准体系，其中选用标准280多个，需要研究制定的标准80多项。《电子政务标准化指南第1部分：总则》给出了电子政务标准体系及相应的结构和明细表。电子政务标准体系结构如图6-1所示[1]。

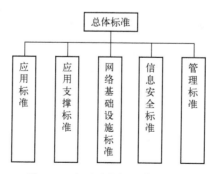

图6-1 电子政务标准体系结构

总体标准：电子政务总体性、框架性、基础性的标准和规范。
应用标准：电子政务应用类标准的集合，主要有数据元及其元数据、代码、目录体系、电子公文格式和流程控制等方面的标准。

应用支撑标准：是为各种电子政务应用提供支撑和服务的标准，主要有信息交换平台、电子公文交换、电子记录管理、日志管理和数据库等方面的建设标准。

信息安全标准：包括为电子政务提供安全服务所需的各类标准，主要有安全级别管理、身份鉴别、访问控制管理、加密算法、数字签名和公钥基础设施等方面的标准。

网络基础设施标准：包括为电子政务提供基础通信平台的标准，主要有基础通信平台工程建设、网络互联互通等方面的标准。

管理标准：是为确保电子政务工程建设质量所需的有关标准，主要有电子政务工程验收和信息化工程监理等工程建设管理方面的标准。

电子政务标准技术参考模型是制定标准体系的基础，它是从系统工程的角度抽象概括出电子政务标准技术框架。电子政务标准技术参考模型如图 6-2 所示[1]。

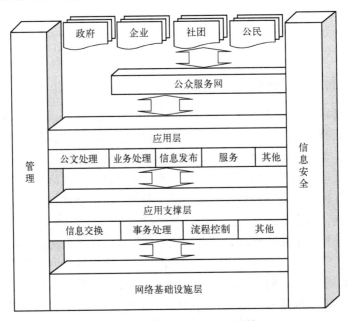

图 6-2　电子政务标准技术参考模型

电子政务标准技术参考模型由网络基础设施层、应用支撑层和应用层组成，信息安全与管理贯穿于各个层面中。网络基础设施层向各类电子政务应用提供必要的网络基础环境，为各类电子政务应用提供可靠、有效的信息传输服务通道，是各类政务信息的最终承载者。因此，网络基础设施层位于整个技术体系结构的底层。应用支撑层向电子政务应用层提供所需的各种通用服务，如信息交换服务、事务处理服务和流程控制服务等。它能有效地简化电子政务应用系统的设计和实现。应用层包括在应用支撑层上构造的各种电子政务应用，是整个电子政务面向用户的层面。它主要包括各类办公自动化系统、各类业务处理系统、公文流转处理系统、公众服务系统以及其他各类电子政务应用系统。信息安全服务向各层次提供保障电子政务安全可靠运行所需的各项服务，如身份认证、访问控制、数据加密、数据完整性、抗抵赖性等服务。它主要涉及基于 PKI 的安全认证、非 PKI 的安全认证、安全基础算法、数字签名等。

另外，从社会管理的角度看，政策法规与运营管理以及标准与规范始终贯穿在这 3 个层次中，并对电子政务的推广、普及和应用起着重要的制约作用，是创造一个适应电子政务发展的社会环境的保障。

6.2.2 电子政务标准的层次结构模型

电子政务标准的制定建立在对电子政务深刻理解的基础之上。理解了电子政务的层次结构，就能对电子政务标准体系有一个更为清晰的认识。根据电子政务的实际构成，电子政务层次结构模型可以分为如图6-3所示的6个层次[6]。

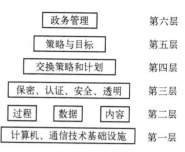

图6-3 电子政务层次结构模型

第一层，即计算机、通信技术基础设施，它是电子政务的基础，为电子政务的各类应用提供可靠、有效的信息传输服务通道，是各类政务信息的最终承载者，对应"网络基础设施标准"。第二层是建立在第一层的基础上，表示第一层所处理与传输的对象，其中涉及的有数据标准（XML标准）、内容标准、过程标准，这一层对应"应用支撑标准"。第三层是安全层，主要是在电子政务交互过程中需要保密、认证、安全和透明的业务，对应电子政务标准体系结构中的"信息安全标准"。第四层是交换策略和计划，是指什么层次和类型的数据需要共享和交换，比如哪些基本元素是相同的，哪些政务处理过程要经过多少个部门等。第五层是策略与目标，不同的政府部门的具体目标是不同的。第六层是政务管理，其内容包括电子政务工程建设质量管理、设计规范、验收标准等。

从电子政务的层次结构模型可以看出，从第一层到第六层，表现出的是从具体到抽象的过程，从技术到策略和管理的过程，从"电子"到"政务"的过程。当前，我国电子政务建设存在重视"低层"、忽视"高层"的倾向，但是电子政务的核心是政务。因此，高层标准和规范的制定是电子政务标准化建设的重点。

6.3 我国电子政务标准化举措

6.3.1 整体规划

电子政务标准化是一项系统工程，需要各个部门的协同配合，预先的规划要摆在突出位置上。电子政务标准化必须针对我国的基本国情进行规划，众所周知，我国区域间经济发展不平衡，体现在东南沿海地区的经济发展速度较快，基础设施建设完善，宽带网络覆盖面广，政府的信息化建设水平相对较高，民众参与电子政务的意识也相对较强；西北地区的经济发展速度较慢，一些农村地区宽带网络覆盖面小，民众参与电子政务的意识较为淡薄，电子政务的信息化水平也相对较低。

为了提高电子政务的整体标准化水平，应该从以下方面进行统筹规划，因地制宜，进行科学有效、合理有序的全面规划。各级政府工作部门应该协同起来，共同推进电子政务标准化进程。第一，借鉴国外电子政务标准体系来指导政府行为。第二，建设过程中应该突出重点，抓住主要矛盾，构建整体框架为先。第三，应该引进最新的信息技术，完善电子政务的标准化建设平台。在基础建设方面，政府财政应该给予大力支持，满足其标准化建设所需的软硬件条件。在整体规划中，应该坚持可持续发展理念，注重标准的可延续性和可扩展性，分析社会发展趋势和技术发展潮流，以此为基础动态调整规划的方案。这里以北京市朝阳区为例，该区从2017年7月底开始，在总结电子政务服务标准化经验的基础上，建立了"五统一"目标，即统一政务名称、统一服务环境、统一业务流程、统一服务标准、统一考评标准。该目标使得包含区行政服务大厅、区社保中心等机构在内的区级政务大厅，结合自身特点和该区服务标准化内容体系完成工作方案的制定，实现该区电子政务标准体系的整体规划。

6.3.2 我国电子政务标准化建设

为了实现标准化，构建电子政务的标准化模型框架很有必要。电子政务标准化模型包括两个重要的组成部分：技术框架和管理框架。技术框架是指工程技术、信息技术等要素，而管理框架则包括管理标准、管理规范等要素。技术框架和管理框架密切相关，相辅相成。政府需要同时制定电子政务的技术标准和管理标准。

1. 电子政务基础设施建设

基础设施为电子政务标准化建设提供了必要的物质基础，它包含电子政务所需的软件设备和硬件设备。为了使电子政务平台具有可扩展性，应该采用具有统一标准的硬件基础设施，在电子政务标准化建设中，采购标准的网络构件，比如导线、电缆或者光纤等，相关部门按照技术标准将设备连接起来。电子政务信息处理平台的标准化需要制定相应的网络标准，根据所选的服务器性能指标来选取附属设备如打印机等。网络环境也需要进行标准化建设，采用VLAN等局域网技术，配置相应的访问控制策略和安全策略，配合人力资源和物力资源共同作用，对网络环境进行优化和管理。

2. 电子政务技术标准化

电子政务是以互联网技术为基础的，而技术由标准和协议进行统一，服务于电子政务。因此，电子政务的技术标准化应该着重选择合适的网络传输协议、数据存储标准等，并将其应用于信息化平台中。网络协议标准整合各个局域网，实现不同网络的数据连接并实现数据共享。就目前的技术来看，数据传输技术需要应用ATM组网技术、X.25数字交换技术，但在未来，一些新的网络技术具有更好的性能和可扩展性，比如软件定义网络（SDN）技术、信息中心网络（ICN）技术等将会产生新的协议，可以考虑将其纳入新的电子政务网络技术的标准中。2015年，佛山市政府率先启用"互联网+政务服务"，为了提高办事效率，减少不必要的办事流程，该政府提出了"一窗通办""一网通办""一号申请"三个目标。采用技术手段来平衡各地政府的网络配置，采用统一的网络组建方式，为电子政务的高效有序运行奠定了坚实的技术基础。

3. 电子政务管理标准化

管理标准对于电子政务平台的安全有序运转提供了重要保障。信息化平台记录了大量的安全数据，如何制定相应的管理标准，对安全数据进行防护是重中之重。除了防火墙、动态监测等信息安全技术，还应当制定相应的管理规范，结合ISO 27001标准和具体情况，制定完善的信息安全管理体系规范和信息安全管理实施规则。

在管理标准化的基础上建立高效的管理机制。政府可以成立信息技术小组作为专设机构，负责电子政务的技术指导、业务评估和投资管理等方面的工作；各级政府也配套成立专门进行信息管理的部门，由信息专员负责本机构及其附属机构的电子政务建设工作。

6.3.3 完善相关法律法规

近年来，我国电子政务建设发展迅速，政府有关部门出台了一系列法律法规来规范电子政务的发展，对电子政务信息化平台进行定期的维护和管理，保障政府各项工作的有序开展。但是传统的法律体系已经不能适应时代发展的潮流，立法部门必须与时俱进，借鉴发达国家在电子政务方面的法律法规，对现有的法律法规进行完善的同时，考虑颁布新的法律法规，加入信息论证、电子加密等内容。首先，应当加强电子政务建设标准化的立法，在法律层面制定统一标准，不断补充和完善电子政务发展中的各类法律法规；其次，重视信息安全的相关立法，明确电子政务中存在的安全问题和漏洞，明确电子政务需要制定的安全标准、具体的实施规则以及触犯信息安全法律所需要承担的惩戒措施；最后，建立电子政务个人隐私方面的法律法规，增强公众的安全感，只有增强公众在电子政务参与过程中的安全感，才能提高民众对电子政务的支持度和参与度。

6.3.4 电子政务网络系统标准

1. 电子政务网络系统标准现状

电子政务网络系统标准包括网络建设规范和网络维护管理规范等。计算机网络将分散的计算机、终端、外围设备、工作站等设备，通过通信线路相互连接在一起，实现互相通信和资源共享。电子政务是一个庞大的系统，不可能由一个厂家来提供所有的设备，那么，众多不同类型、不同厂家制造的设备要相互联系起来，就需要统一的接口和相互理解和使用的共同"语言"。这些就是网络基础设施应该解决的问题。

（1）网络建设规范

建立"三网一库"电子政务系统，是根据我国国情和政府工作特点而提出的，包括建立政府机关内部的办公业务网、与政府内网有条件互联，以及实现地区级政府涉密信息共享的政务专网、以互联网为依托的政府公众信息网和政府资源数据库。因此，作为电子政务的网络建设规范，应该包括"三网"的建设规范，如电子政务办公业务网建设规范、电子政务公众服务网建设规范等。具体内容可参考《电子政务标准化指南》。

（2）网络维护管理规范

信息高速公路离不开通信网络的建设，运行于信息高速公路之上的电子政务也同样离不开通信网络的建设。近几年来，通信技术获得了迅猛的发展，通信网络正向智能化、个人化、标准化的方向发展，正由模拟网向全数字网、由单一的电话网向综合业务数字网（ISDN）的方向发展。与此同时，先进的计算机技术、ATM交换技术、神经网络技术等不断被应用到通信网络中来，给网络管理带来了新的挑战。由此，ISO和ITU-T就网络管理标准做了大量的工作，如ISO 7498-4标准从最高角度概括描述了OSI系统的管理问题；ISO 10040标准定义了网管系统需要的通信支持；ISO 9595标准定义了网络管理和网络管理需要的管理信息服务支持；ISO 9596则定义了用于完成管理信息通信的一个应用层协议。电子政务领域的网络管理规范由于其自身的特殊性，除了借鉴这些标准以外，还需要制定对电子政务专网、内网、外网等的专用管理标准。

2. 电子政务网络系统标准扩展趋势

新型网络（SDN等）为电子政务的扩展和升级提供了更优的性能。从网络本身的角度来看，电子政务云平台的基础网络需要满足以下基本特征[7]。

1）多租户的管理与隔离需求。面向多租户是云计算的基本特征，首先要求各个租户必须能独立配置、使用自己租用的资源；其次，各个租户之间的资源应当相互隔离。传统的二层网络借助VLAN来隔离业务，可用的VLAN数量只有4096个，无法满足大规模租户的需求。

2）动态迁移的需求。为了更大幅度地增加数据中心内业务的可靠性、降低 IT 成本、提高业务部署灵活性、降低运维成本，需要虚拟机在整个数据中心范围内进行动态迁移，而不是局限在一个汇聚或者接入交换机范围内进行迁移。传统方案在虚拟机迁移后，需要人工方式重新配置新虚拟机的 IP 地址和 MAC 地址，从而导致业务中断。分布式数据中心要求虚拟机在跨数据中心迁移前，能够动态配置网络；虚拟机迁移后，网络能够感知虚拟机新的位置，并自动生成拓扑。这就要求网络支持大二层，即在虚拟机迁移的过程中保证 VLAN 不变，IP 地址不变，并且相应的 ACL、QoS 等网络策略也随之一起动态迁移。

针对以上的基础网络构建需求，出现很多种解决方案。例如，首先，通过 VXLAN 的虚拟化技术，可以解决多租户和动态迁移等问题。然后，SDN 通过统一的、自动化的手段来进行集中控制，实现网络的快速配置，这是传统的配置方式不能实现的。SDN 的核心思想是把网络控制平面和数据转发平面分离，正是解决这个问题的最佳方案。

该方案的整体网络架构采用基于 SDN+VXLAN 的部署方案：采用 SDN+VXLAN 技术架构，以支撑云项目中的虚拟机动态迁移需求；实现业务资源的自动下发，在用户进行业务发放过程中，通过云平台将计算资源与网络资源分配给指定业务，网络资源（除 OVS 相关资源外）由 SDN 控制器自动下发；适应业务的快速部署，按需动态配置网络。云数据中心解决方案要求支持灵活组网、自助申请虚拟数据中心，按需灵活组织虚拟数据中心，让数据中心管理与实际的业务管理、资源管理自然匹配，减少业务管理的复杂度。

在构建电子政务云的基础网络时，应当从实际需求的角度出发，对各种技术进行对比分析，选择合适的方式。VXLAN 和 SDN 技术是现阶段构建云数据中心基础网络的主流技术，但是由于许多细节及规范仍未统一，接下来仍有很长的路要走。目前来看，由于新型网络在电子政务网络系统构建中扮演着越来越重要的角色，因此，在电子政务网络标准中添加新型网络系统的相关标准势在必行。

6.4 电子政务应用系统标准

电子政务应用系统标准包括电子政务应用标准和应用支撑标准两个部分。本小节将详细介绍电子政务应用标准和应用支撑标准的组成。另外，随着云计算、边缘计算、大数据、人工智能等技术的快速发展，电子政务应用系统也出现了更加迫切的升级需求，本小节将解读在新需求和新技术的背景下，电子政务应用系统标准未来的发展趋势。

6.4.1 应用标准

应用标准由数据元标准、代码标准、文件格式标准、业务流程标准等组成。

（1）数据元标准

数据元也称为数据元素，是数据单位；通过一组属性来规定这些单位的定义、标识、表示形式和可能的值。随着互联网的快速发展，常规标准化程序已经无法满足急速增长的数据标准化的需求。面对数量巨大的有待标准化的数据元，国际上提出了支持大规模快速制定数据元标准的方法，并发布了相应的标准化文件。其中最具代表性的是美国国防部的 8320.1-M-1《数据标准化规程》和国际标准化组织的 ISO/IEC 11179《信息技术数据元的规范与标准化》系列标准。这些标准化文件的主要作用是支持在短时间内完成大量数据标准的制定。换言之，迅速生成大量的"元数据"，以满足数据高效率交换和使用的要求。这些标准化文件所规定的就是随时成批制定数据元标准的方法。

(2) 代码标准

为了便于对信息进行采集、处理和利用，必须在对浩瀚的信息进行合理分类的基础上，用代码加以表示，特别是这些信息要经过计算机进行处理。因此，需要一套标准化的计算机可以识别处理的代码，系统地发展代码的标准，为实现信息交换、资源共享创造条件。世界各国都非常重视信息代码标准的制定工作，而且强制执行这些标准。我国从1979年起着手制定有关标准，已经发布了一系列信息分类编码标准。

(3) 文件格式标准

在当今的信息化社会，总会产生大量的文件，并需要在若干单位之间进行传递。为了便于文件的生成、传递和检索，需要对通用文件格式进行标准化，内容上大致包括文件结构、内容顺序、编排格式、语句表达形式、所用名词术语、代码、标识的统一规定等。在电子政务领域，涉及的文件格式标准有国家行政机关公文格式、文书档案案卷格式等，这些都已经制定了相应的国家标准。另外，基于XML语言的信息交换技术是实现电子政务的核心技术，因此，也要制定基于XML的电子公文正式标准。

(4) 业务流程标准

庞大的电子政务工程的建设需要政府部门和IT企业之间互相配合，共同完成业务流程的电子化和网络化。当前，电子政务并不只是政府上网，更为重要的应该是政府业务流程的计算机模拟处理与再造，从而使政府的业务活动更精简、更有效和更合理。因此，需要尽快建立起业务流程标准或规范，如电子公文交换处理规范、电子公文管理规范、电子公文处理流程规范等，用IT技术固化现有的政府业务流程，才能充分发挥现代信息技术的潜力。

6.4.2 应用支撑标准

应用支撑标准由信息交换标准、标记语言标准、数据处理标准和主要服务标准等组成。

(1) 信息交换标准

所谓信息交换，其实就是软件与软件之间的"通信"。电子政务正在向跨平台的信息交换方向发展。一切电子政务的活动都可以归结为政府与政府之间、政府部门与部门之间的信息交换。由于历史原因，现存的各种网络有着不同的通信协议和信号机制，构筑在现有的各种通信网络基础之上。作为电子政务的服务平台，就需要新的、简捷的信息交换机制来实现复杂的电子政务。

(2) 标记语言标准

电子政务处理过程中要求能够在异构平台、在不同的网络中实现数据交换和业务自动处理，这些都涉及数据、公文和文档格式的标准化、统一化，因此建立一个能够描述政府部门内部、政府部门间和政府与公众间的数据交换和业务处理流程的规范标准，可以减少数据在处理过程中因标准不统一而引起的诸多问题，促进电子政务顺利、快速地发展。新型的可扩展标记语言（XML）是当前信息技术领域最重要、最活跃的语言之一，它已经逐渐成为Web上的通用语言，是建立电子政务规范语言的基础。制定XML标准的成员大多是国际上具有相当实力的大公司，因此这些标准具有很高的参考价值。但是，XML作为国际标准并没有考虑到我国政府的工作流程特点和传统习惯，不能完全适合我国的国情。为推动我国电子政务的发展，需要建立以XML为基础的适合中国国情的电子政务语言规范。因此，由中国科学院软件研究所电子政务研究室发起了建立中国cngXML联盟的倡议，以研究基于XML的电子政务交易标准语言——cngXML，建立自主的电子政务规范，推动我国电子政务的发展。

6.4.3 应用标准发展趋势

在大数据时代，政府部门需要处理的电子政务数据会面临各种各样的问题。电子政务数据类型呈现出明显的多样化趋势，数据量成指数规模上升。如何高效合理地收集、管理、存储、分析和维护高速增长的电子政务数据，是现在电子政务应用发展所面临的突出问题。目前，大数据、云计算和人工智能等领域的高速发展为电子政务应用提供了强有力的技术保障。本节主要介绍大数据环境下电子政务应用标准的发展趋势。

在大数据环境下，电子政务的信息资源需要得到共享。从标准化的角度出发，需要从以下几个方面进行考量。第一，完善公共信息资源数据库。着力解决政府部门之间、政府与社会民众之间信息不对称等原因造成的信息流通不畅的问题。价值密度高的信息通常由政府的各级部门掌控，分而治之的方式很容易形成很多的"信息孤岛"。由于信息孤岛的存在，以及运用大数据进行施政尚且缺乏统一的标准和规范，从而会导致政府的一些改革措施如不动产登记、信用体系建设等推进受阻的问题。完善信息资源数据库将是解决这个问题的一条重要的途径，它可以促进政府部门之间的信息资源的融合，消除"信息孤岛"，并且通过整合共享数据达到政府信息的公开化和透明化、提高执政效率、促进执政改革的目的。第二，建立信息资源大数据平台，构建统一的、系统的、完整的、多层次的、多领域的电子政务信息大平台。第三，统一信息网络体系，细化共享资源目录。电子政务发展至今，一些发达地区已经率先开展了大量的梳理共享资源目录的工作，但是从全国范围来看，统一的信息网络体系尚未形成，各个部门建立的相对独立的政务专网大多无法实现跨地区或者跨部门的互联互通。为此需要统一建设标准，为后续形成统一的信息网络体系奠定基础。第四，应用标准的制定需要考虑信息资源的增值开发模式。应该思考如何用构建信息资源的增值开发模式来对电子政务信息资源共享模式进行拓展和补充。

大数据需要依托云计算的数据处理模式。大数据和云计算之间密不可分。大数据必然无法用单台计算机进行处理，必须采用分布式计算架构。云计算的特色在于对海量数据的挖掘，但是大数据必须依托于云计算的分布式处理、分布式数据库、云存储和虚拟化技术等。另外，云计算技术在电子政务领域的推广，将会彻底打破原有的以部门为单位"各自为政"的工作模式，通过对服务器、存储、网络等资源的虚拟化，使得信息资源能够充分共享，大大节省资源的投入，提高信息化服务水平。

电子政务云可以归类为大型的私有云。目前，各地各级政府机构都在积极地构建电子政务云平台，构建的方式各不相同，有的采用购买服务的方式，有的采用完全自建的方式。从整体来看，电子政务云的建设处于起步阶段，因此出台相关的设计规范或者国家标准非常有必要，标准的制定需要考虑建设时各类政务应用系统的需求、可扩展性、信息安全等方面。

人工智能技术是提高政府治理能力、公共服务能力的重要驱动力。人工智能技术以深度学习、机器学习为主要特征，可以广泛应用于政府的大数据采集、智能加工处理、数据挖掘、智能服务等环节。利用人工智能技术进行高效的数据采集，可以有效整合有效数据并进行分析挖掘，提取有效信息，有利于提高政府服务和监管的针对性和有效性，进一步推进简政放权和政府职能转变。因此，针对人工智能技术在电子政务领域的高效合理利用，也需要制定相关的标准和规范。

6.5 电子政务安全保障标准

电子政务安全保障标准包括电子政务信息安全总体标准、密码算法标准、密钥管理标准、防信息泄露标准、信息安全产品标准、系统与网络安全标准、信息安全评估标准和信息安全管理标准等。

（1）密码算法标准

密码技术是保护信息安全的主要手段之一，交互双方可以根据自身的需要在信息交换阶段使用。密码算法实际上就是一些公式和法则，它规定了明文和密文之间的变换方法。在电子政务中，如何选择一个可靠的密码算法是至关重要的。密码算法标准包括了各种加密算法的标准，如非对称加密、块加密、数据流加密等。

（2）密钥管理标准

针对密码系统的两个基本要素之一的密钥管理，目前国际标准化机构都在着手制定有关的技术标准规范，而公钥基础设施（PKI）和权限管理基础设施（PMI）是当前比较有效的两种技术。因此，电子政务的密钥管理标准可以参考目前已经被共同遵循的国际标准，还可以参考PKI、PMI等相关标准。

（3）防信息泄露标准

和其他的安全问题一样，防止信息泄露也是一个涉及多方面的问题，如防止黑客入侵、网络窃听、电磁辐射及软件发送等。仅靠单一的手段是无法完全防止信息泄露的，用户必须根据自己的具体情况，采取相应的防护手段来保护信息。目前国际上已经制定了一些标准，我国及有关安全部门也制定了一系列可操作性很强的防信息泄露标准或规定，如计算机场地安全要求、计算机信息系统设备电磁泄漏发射限值、电话机电磁泄漏发射限值、信息设备电磁泄漏发射限值、密码设备电磁泄漏发射限值等。这些标准和规定都是在电子政务建设过程中应该遵循的。

（4）信息安全产品标准

要保证电子政务的信息安全，涉及很多信息安全产品和服务，如防火墙、安全操作系统及相应的信息安全软件等。信息安全产品和电子政务固有的敏感性和特殊性，直接影响着国家的安全利益和经济利益。如果在信息安全产品和技术方面缺乏统一的标准，那么将无从衡量和测评各种信息安全产品和技术。

（5）信息安全评估标准

当前各国政府纷纷采取颁布标准、实行测评和认证制度等方式，对信息安全产品和技术的研制、生产、销售、使用和进出口实行严格、有效的管理与控制。国际标准化组织推出的国际通用准则，是目前最全面的评价准则。该准则的评估等级共分7级，每一级均需评估7个功能类。对应该国际标准，我国目前已制定了国家标准GB/T 18336。

（6）信息安全管理标准

据有关部门统计，在所有的计算机安全事件中，70%以上的安全问题是由管理不当造成的。所谓"三分技术，七分管理"，要解决网络与信息安全问题，不仅应从技术方面着手，更应加强网络信息安全的管理工作。为了系统全面、高效地解决网络与信息安全问题，英国标准协会（BSI）于1995年制定了《信息安全管理体系标准》，并于1999年进行了修订改版，2000年12月，经包括我国在内的国际标准组织成员投票表决，该标准的第一部分正式转化成国际标准，也就是ISO/IEC 17799《信息技术信息安全管理实施准则》。

2014年，国家电子政务外网管理中心和中国电子技术标准化研究院共同制定了《国家电子政务外网信息安全标准体系框架》。该框架全面涵盖了电子政务外网信息安全标准体系的所有内容，标准体系分为基础标准、技术标准、管理标准、网络信任标准、测评标准和服务标准。标准环环相扣，缺一不可，其中以基础标准为基准，技术标准和管理标准为核心。图6-4是电子政务外网信息安全标准体系框架。

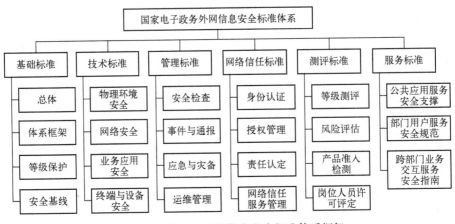

图6-4 电子政务外网信息安全标准体系框架

6.6 电子政务管理标准

电子政务管理标准主要由软件工程标准、验收与监理标准、系统测试与评估标准、信息资源评价体系标准及其他标准组成。

（1）软件工程标准

软件产品是电子政务系统的主体，为了保证电子政务系统的质量，就必须提高软件产品的质量，所以也需要建立并遵循电子政务领域的软件工程和软件质量体系的标准规范。我国的电子政务软件工程标准应该包括计算机软件产品开发规范、需求说明文档编制规范、软件测试文档编制规范、软件质量保证计划规范、软件配置管理规范等。

（2）验收与监理标准

电子政务系统工程是与电子工程相关的工程之一，与之相关的还有计算机信息系统集成工程、电子商务工程、电子金融系统工程、电子税务系统工程等应用项目。在实施大型信息系统建设项目时，经常会遇到诸如工期拖长、预算增加等现象，甚至会导致项目整体的失败，而建立验收和监理标准不仅可以对工程的合同、质量、进度、资金进行有效的控制，同时也表明我国的信息化建设正逐步走向规范和成熟。

（3）系统测试与评估标准

系统测试与评估标准包括对电子政务系统的安全、管理系统、业务系统等进行测试与评估，要制定的标准包括安全测试技术规范、安全评估技术规范、管理系统测试技术规范、业务系统测试技术规范等。

（4）信息资源评价体系标准

信息资源评价体系标准用来检验资源建设所取得的结果和获得资源的质量，它关系到资源的取舍。信息系统所包含资源的质量水平，对于系统的长期运行和服务是至关重要的。信息网络化是高性能计算机、信息存储技术、现代通信技术与多媒体技术有机结合的产物。政府实现网络化，可使政务信息资源在数量、媒体形态、丰富程度、来源途径、传递方式、处理手段等方面发生变化，为政务信息资源的开发利用创造有利条件。为了推动政务信息资源的组织、开发和利用，提高政务信息资源的质量和价值，建立信息资源评价体系标准是十分有必要的，如信息资源的开发利用功能性评价标准、实用性评价标准等。

6.7 电子政务外网技术规范

本节主要介绍电子政务外网技术规范，国家电子政务外网是中办发〔2002〕17号文件明确规定要建设的电子政务网络平台。需要明确的是，政务外网必须与政务内网之间进行物理隔离，与互联网之间进行逻辑隔离，政务外网主要运行政府部门不需要在内网运行的业务以及政府部门需要面向社会的专业服务，为政府部门的业务系统提供网络、信息、安全等支撑服务，也为民众提供政务公开的信息服务。

6.7.1 国家政务外网总体框架

国家政务外网包括政务外网广域骨干网、中央城域网、互联网安全接入平台、政务外网中央网管中心和省市接入网等。政务外网广域骨干网是为了构建宽带骨干网，实现中央与32个省级单位的互联，并进一步向下延伸，实现中央、省、市、县的四级联通。中央城域网是为了各级部门与中央相关政府部门的相互连接，支持外网用户访问互联网的出口。建设政务外网中央网管中心，可以提供域名、邮件等基础的网络服务，负责网络运行维护和管理等。省市接入网要根据自身的实际情况，按照统一的标准规范，建设外网的地方节点，实现和政务外网广域骨干网的对接。

根据国家电子政务外网管理中心发布的《国家电子政务外网安全接入平台技术规范》，国家电子政务外网总体框架图如图6-5所示[8]。

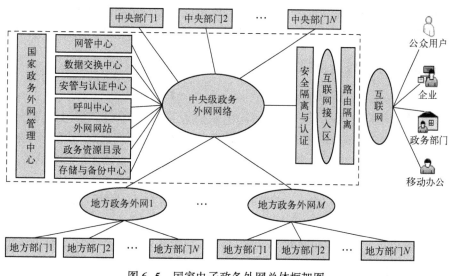

图6-5 国家电子政务外网总体框架图

6.7.2 电子政务外网组网基本原则

电子政务外网的组网主要遵循如下原则。

(1) 层次化组网

各个部门宜采用层次化的组网结构，在网络层次上分为核心层、汇聚层和接入层。核心层主要承担高速数据交换的任务，同时提供到政务外网和互联网的连接。汇聚层是把大量的来自接入层的访问路径进行汇聚和集中，承担路由聚合和访问控制的任务。接入层的主要任务是完成用户的接入，直接连接用户，给用户提供灵活的管理手段。局域网在组网时需要遵循但是不限于上述层次结构，根据外网的规模，规模小的地方外网可以只设置核心层和接入层。

(2) 可靠性

为了保证各项业务应用的顺利进行，网络必须具有高可靠性。根据可靠性网络设计原则，合理设计网络冗余拓扑结构，制定可靠的网络备份策略，使网络具备故障自愈的能力，在关键的节点设计中，选用高可靠性的网络产品，关键部件配置冗余。

(3) 灵活性和可扩展性

秉承可持续发展的理念，网络系统必须紧跟时代潮流，吸取最新的技术，将新技术和成熟的现有技术进行融合，保持对原有技术的兼容性的同时，还必须有良好的可扩展性和灵活性，具备支持多种应用系统的能力。需要根据未来业务的增长和变化，升级现有的网络覆盖范围、扩大网络容量和提高网络各个层次节点的功能，减少对网络架构的调整。

(4) 实用性和先进性

电子政务外网的设计首先要考虑的因素是实用性，在网络设计中将先进的技术和成熟的现有技术、协议、标准结合起来，设计符合电子政务网络应用需求和未来发展趋势的电子政务网络产品。尽可能采用先进的网络技术以适应更高的数据、语音和视频的传输需要，使系统可以长时间保持技术的先进性，以适应未来信息化发展的需要。

(5) 易操作性和易管理性

建设电子政务外网平台的同时，必须提供配套的网络管理解决方案，能够实时监控、监测整个网络运行情况，合理分配资源，动态配置网络负载，能够迅速确定网络故障等。运维者可以通过先进的管理策略和管理工具提高网络性能，维护网络的可靠性，简化网络的维护工作。

6.7.3 电子政务外网设备选型原则

电子政务外网的设备选型原则如下。

1) 各个省市和部门根据不同的需求，采用成熟的产品，在设备选型时参考各个厂家的产品说明书、权威机构的测试结果等，参照电子政务外网案例应用部署规则进行合理部署。

2) 关键设备必须符合电信级设备要求，全部网络设备应符合国家和国际标准，具有国家颁发的网络设备入网证书。

3) 网络设备需要具有一定的安全防护特性，可以抵御常见的网络攻击。

4) 优先选用国产设备。

5) 选择技术先进、口碑良好的网络产品厂家，选择有稳定服务队伍的设备厂家，并要求提供持续的设备升级和维护能力。

6) 具有多个组网成功案例，具备大型组网能力。

6.7.4 电子政务外网功能要求

本节主要介绍电子政务外网建设应该满足的要求。

（1）网络业务承载

网络业务承载包括：实现上级部门向下延伸的网络业务承载；上级部门向下延伸的 VPN 业务承载；提供公众通过互联网对各级政府单位公共资源的访问；提供政府单位内用户对互联网的访问；支持视频、语音和数据业务的传输。

（2）互通性

网络建设需要有良好的互通性，可以实现与国家电子政务外网在各级政府部门的互联互通、信息共享、数据交换和业务互动。需采用成熟的产品、协议，保证网络的兼容与互通性。制定统一的 IP 地址定义规范，需要提供地址转换（NAT）功能，支持双向 NAT、NAT 多实例等技术，满足各个部门私有地址访问电子政务外网的需求。

（3）路由实现

路由设计需要按照网络层次进行划分，根据实际情况，可以选择划分为一个自治系统或者多个自治系统，需要采用适当的区域内路由协议。IGP 路由协议需要支持 OSPF、IS-IS 等协议，广域骨干网的路由协议应支持 OSPF+BGP4 路由协议。

（4）多协议标签交换（MPLS）和虚拟专用网（VPN）技术

采用 MPLS/BGP VPN 作为实现 MPLS VPN 业务的技术路线，建立垂直的纵向网络，实现各个部门纵向跨越自治系统的 VPN 访问；支持 MPLS L2 和 L3 VPN，提供 MPLS L2 VPN 的支持能力，支持 BGP/MPLS VPN 三种跨自治域的方式。

（5）QoS 技术

支持 QoS 机制，支持基于多协议标签交换实现 QoS 控制，为 VPN 用户实现端到端的 QoS 服务，提供基于业务的时延、抖动等的保障。

（6）嵌套业务实现

支持各接入单位根据业务部门和业务种类进行进一步的规划和设计，设计子 VPN，支持通过嵌套 VPN 技术来解决 VPN 层次化的问题。新的业务种类包括 OA、视频会议、IP 电话、公文流转等。

（7）安全性

任何系统的设计都必须考虑信息的保护与隔离。在充分进行信息共享的同时，应该采取不同的措施，设计完备的系统安全机制，包括数据的访问控制、网络的安全边界划分等。考虑网络设备本身的安全功能，部署不同形式的防火墙，支持通过身份鉴别和授权、安全监测等方法保障网络的安全性。

6.8 电子政务内网设计规范

从功能上看，电子政务内网是涉密的党政机关办公业务网络，是各级党委和政府通过专用的线路构建的用于内部办公的网络平台，由党委、政府、人大、政协、法院、检察院 6 大部门的业务网络互联而形成，用来满足各级政府部门纵向和同级政府部门横向的内部办公、管理协调、监督决策的需要。根据国家"十二五"政务信息化工程建设规划[8]，电子政务内网平台建设内容包括："加快建设统一的电子政务内网平台。规范网络连接，整合网络资源，确保接入安全。重点建设中央级平台，尽快实现顶层互联互通。各部门按照业务系统的统一部署和安全管理要求，依托统一的国家电子政务内网平台，开展跨地区跨部门业务应用，实现网络资源的共享利用"。

政务内网建设的安全原则是，电子政务内网和政务外网逻辑隔离，和互联网物理隔离。通过对网络设备的管理，可以实现有限的信息资源共享和数据交换。本节以华为电子政务内网二三四级网解决方案[9]为例，阐述电子政务内网的设计方案和相关规范，该规范基于统一的国家电子政务内网建设平台，设计建设覆盖省、市、县三级，提供对上级网络开放，同时对下级单位接入的电子政务平台。

电子政务内网二三四级网络面临的挑战和解决办法如下。

第一，当前各个部委机关有自己本部门的局域网，各个部委已经形成了各自纵向的业务系统，但是不同部委之间的信息共享和业务协同程度有待提高。

解决办法：互联互通，建设统一平台将各个独立的系统连接起来，设置更高的宽带，保证系统间业务传输的效率，使其高速可达。

第二，电子政务所承载的政府业务必须能够持续有效地运行，才能为各个行业创造价值，政府业务的中断将会对社会造成巨大的影响。

解决办法：提供安全可靠的传输通道，尤其是保证端到端的可靠性，提供设备级、网络级、业务级的可靠性保护。

第三，电子政务内网运行着隐私甚至机密的政务应用，包括视频会议、电子公文等，其中大量的数据和图片等都需要在政务内网中传播，为决策提供有力的数据支持。

解决办法：设定业务优先级，越关键的业务优先级越高，优先保证其安全，并为之提供必要的网络带宽，实现网络带宽的有效利用，最终实现全网业务保障。

第四，随着我国经济的持续高速发展，政务系统的承载量也在逐年增加。

解决办法：在政务内网的设计之初，应该考虑系统的可扩展性，应该实现网络架构的可平滑升级和扩容，至少能够满足未来5年的业务增长需求；采用标准的协议和算法，兼容其他厂家的设备。

第五，政务内网中传输着大量的机密数据，政务安全需要得到切实保障。

解决办法：构建立体的网络安全防护体系，可采用多种网络安全技术，比如VPN、安全域划分、边界防护、安全审计等技术手段，实现整网安全。

第六，响应国家节能环保的战略要求，要求网络的运营维护不但简易而且绿色环保。

解决办法：采用业界领先的技术，采购体积小、功耗低、噪声低、辐射低的设备，实现绿色运维。

在电子政务内网的实际设计过程中，还需要从以下几个方面着手考虑。

1) 电子政务内网层级的互联互通。

在统一的国家电子政务内网下，二三四级网络分为省、市、县三级架构。关键节点的核心设备需要配备双机架构，增加冗余，提高可靠性。省级核心交换机和省级广域网核心路由器连接，接入国家电子政务内网。电子政务内网纵向连接县（市）以上党委办公厅，横向连接同级的党委部门。

2) 电子政务内网端到端的可靠性考虑。

可靠性是电子政务内网提供服务的基石，必须提供设备级、网络级和业务级的可靠性保护。

① 设备级可靠性设计原则：硬件冗余设计、软件备份、单点故障恢复技术、核心交换机采用集群技术。

② 网络级可靠性设计原则：网络链路保护、节点保护、故障自动恢复。

③ 业务级可靠性设计原则：业务分级、流量按照优先级转发、提供完备的带宽保障。

3）电子政务内网全网业务保障。

在电子政务内网二三四级网络中，往往会承载一些紧急的业务，比如电视会议、语音电话、应急指挥等，这些业务不同于传统的电子邮件、文件传输等对时延要求较低的业务，对带宽、延迟和延迟抖动等传输性能有着极高的要求。

QoS 技术是提供端到端服务质量保证的技术，能够解决重要业务的网络延迟和阻塞等问题。

4）电子政务内网的可扩展性。

在设计之初，需要考虑系统未来的可扩展性。随着经济、政治、文化的发展，政务内网的业务会随之增长和变化。网络需要能够平滑地扩充和升级，最大限度地减少对现有的网络架构和设备的调整，保护用户的投资。

考虑可扩展性的设计原则为：采用分级网络架构，分为省、市、县三级；各级路由器分别负责该级的路由汇聚、分发、访问控制以及城域网接入，并负责广域网上下级的连通；部署具有可扩展性的设备；支持新增的站点、设备在各级网络的直接部署、即插即用，不会对现网其他设备产生不良的影响。

5）电子政务内网整网安全。

电子政务内网二三四级与互联网进行物理隔离，与政务外网逻辑隔离，内网安全需要从安全域划分、边界防御、接入安全等方面进行考虑。整网安全的三个层次见表 6-1。

表6-1 整网安全的三个层次

层次名称	作　用
业务级安全	主要负责业务监控与业务安全无中断转发，如 VoIP、NetStream 监控
网络级安全	VPN 隔离、安全域划分，网络流量监控，恶意网络攻击（如 DDoS）等流量丢弃与限速，MFF/DAI 等
设备级安全	提供了基本的设备可靠性，诸如 DDoS、SYN flood 对设备本身的攻击

6.9 电子政务标准化的展望

为了促进信息化建设的进一步发展，我国政府在积极借鉴国际标准和国外先进标准的同时，先后制定了一系列信息技术的基础标准。这些国家标准同行业标准一起为我国电子政务的建设奠定了基础。在利用这些标准的基础上，国内各行业、各地方正在投入大量的资金，建设不同规模的网络平台和业务应用系统，这些系统有力地推动了各行业、各地方信息化的建设。随着我国电子政务的深入发展，各行各业急需在保证原有系统正常运转的前提下，实现各网络平台间和业务系统间的互联互通、信息共享和业务协作[10]。

根据以上的电子政务工作重点，总体组制定了"政府主导，统筹规划，面向工程，满足需求，突出重点，狠抓关键，急用先上，循序渐进，借鉴世情，自主开发，强化实施，提供服务"的工作原则。其总体目标是建立并不断完善电子政务标准体系，制定一批电子政务国家标准，建立电子政务标准实施机制。

2016年，国务院印发了《"十三五"国家信息化规划》（下简称规划），本次规划和同样是在2016年发布的《国家信息化发展战略纲要》均是"十三五"国家规划体系的重要组成部分，是用于指导"十三五"期间各地区、各部门信息化工作的行动指南。规划中提到关于电子政务发展的指导意见，"打破信息壁垒和孤岛，实现各部门业务系统互联互通和信息跨部门、跨层级共享共用，公共数据资源开放共享体系基本建立，面向企业和公民的一体化公共服务体系基本建成，电子政务推动公共服务更加便捷均等。"在"十三五"期间，将会重点实施"互联网+政务服务"等信息惠民工程，加快促进电子政务具体措施和目标的达成。中央党校（国家行政学院）电子政务研究中心主任王益民[11]认为，我国电子政务需在以下方向和领域得到发展。

1）转变发展思路，完善公共服务。

新形势下，随着网络信息技术的快速发展，为顺应政府治理方式现代化的需求，我国需要将电子政务建设和创新政府管理结合起来。技术的发展为创新政府的治理方式和提高政府的治理能力提供了更加丰富的应用选择，电子政务建设应该充分利用发达的网络信息技术，将行政管理体制的改革进程与电子政务的建设紧密结合在一起。新时代电子政务的发展应该围绕完善公共服务的目标，明确新阶段转变政府业务信息化的思路，创建服务民众、开放透明的政府管理体系，通过电子政务的发展不断提高政府的治理水平和治理能力。

2）鼓励网络参与，推进现代治理。

我国大部分政府网站都开通了政民互动栏目，民众可以通过在线访谈、电子投票和在线咨询等方式参与到政府政策的了解和制定中来。在线访谈是政府邀请一些一线专家解读政策，在网上与民众进行互动咨询，对于民众真正关心的热点新闻、政策等进行解读和解答；电子投票是指政府就某项政策让民众参与投票；在线咨询是政府网站提供问答的窗口或者页面，政府部门工作人员在一定时间内进行答复的政民互动的方式。政府网站平台设置这些互动栏目的目的是鼓励民众参与到政府决策和治理中来，但是距离真正达到电子决策的深度参与还有很大的差距，政府应该通过多种多样的方式让民众了解电子政务，通过鼓励和激励的方式提高民众参与政府治理的积极性，真正地增强民众的权能，推动政府治理的现代化。

3）整合跨区应用，实现协同共享。

建立跨部门的、跨地区的电子政务协同推进体系是世界各国电子政务建设的共同目标。我国的电子政务目前呈现出"碎片化"状态，电子政务系统相互独立，导致信息无法共享、重复建设等问题。"十三五"期间，在提高电子政务信息化覆盖的同时，还应该切实推动跨部门、跨区域的信息资源共享，扭转当前电子政务发展中"信息共享难，业务协同难"的局面，推进各政府业务的协同发展，切实提高各个政府部门的履职能力。

4）缩小数字鸿沟，建设网络强国。

所谓数字鸿沟，有以下两个方面的解读。首先，由于地区经济发展的差异，不同地区的民众受教育的程度有较大的差异，特别是城乡之间，民众接触到网络公共服务的比率存在明显的数字鸿沟；其次，不同区域、不同部门的电子政务基础设施建设存在明显的差异，经济欠发达地区的电子政务网站存在更新不及时、版面老化、功能缺失等问题。"十三五"期间，需要着力缩小这些数字鸿沟，将资源和经费向欠发达地区倾斜，组织专家和技术人员进行专业的指导。解决乡镇的网络连接问题，将电子政务网络连接到乡镇，使更多的公众能够接触到网络公共服务；侧重对基层政府工作人员和民众的培训，指导其参与到电子政务中来。

5）吸取先进理念，应用前沿技术。

随着"互联网+政务服务"成为我国信息化服务发展的重点工作，电子政务也应该顺应技术发展的潮流，更大限度地满足民众的需求。电子政务的发展总体上应该借鉴互联网和电子商务发展的先进理念，依据相关的在线政务服务标准规范体系，应用前沿技术，将政务服务流程化，提高后台工作人员的办事效率。我国拥有庞大的用户群体，政府机构必须提升在线服务能力，充分利用云计算、物联网、移动互联网、大数据等技术，构建智慧城市、智慧政府，实现政务的智慧化转型，满足互联网时代人们日益增长的政务参与需求。

6）坚持绿色发展，建设服务型政府。

电子政务标准化将极大地吸纳新形势下出现的各种新需求，新技术用于着力解决电子政务标准化进程中出现的新问题。与此同时，还需要兼顾电子政务预算合理化，本着环保节约、可持续发展的理念来进行电子政务的建设和发展，实现电子政务的可持续发展目标，只有这样，政府管理才能得到更加及时、合理地改进，电子政务和政府管理之间才能形成良性互动，促进向服务型政府的顺利推进。

电子政务是一项系统工程，同时也是国家信息化建设的重要领域，而标准化是支撑电子政务的重要手段。在"统一标准，保障安全"的原则指导下，一方面，国家通过出台宏观的电子政务标准化指南，来规范和统一现有的标准；另一方面，国家也鼓励具有一定技术实力的企业积极参与到标准的制定工作中来，为电子政务的建设出力。在标准完善、改进和制定工作中，可以借鉴一些厂商开发的电子政务示范工程中的先进技术和规范，使之成为部门和地方标准的一部分。最后，形成标准为电子政务建设服务，电子政务建设又促进标准发展的良性循环。

6.10 小结

本章首先介绍了电子政务标准化的定义，详细介绍了电子政务标准化的发展趋势，我国电子政务标准化的现状、不足之处等，总结了国外电子政务标准化的趋势以及对我国电子政务标准化的启示等。从网络系统、应用系统、安全保障和管理系统4个方面对电子政务标准化现状进行阐述，并结合大数据、云计算、人工智能等技术在电子政务领域的应用，提出未来电子政务标准化的发展方向。以标准为基准，可以设计在实际应用中的电子政务内外网的设计规范，因此本章也详细介绍了在电子政务标准化的框架下，电子政务外网和电子政务内网的设计规范。最后，结合相关学者的观点，对电子政务标准化的未来进行了展望。

6.11 思考题

1. 什么是电子政务的标准化？
2. 请简述我国电子政务标准的现状。
3. 结合新的网络技术，谈谈电子政务网络标准化的发展趋势。
4. 结合大数据、云计算、人工智能和区块链等技术，谈谈电子政务应用标准化的发展趋势。
5. 结合欧美发达国家电子政务标准化进程，思考我国电子政务标准化的发展方向。
6. 电子政务相关标准是如何指导电子政务内外网设计规范的制定的？

6.12 参考文献

[1] 国家标准化管理委员会. 电子政务标准化指南第1部分: 总则: GB/T 30850.1—2014 [S]. 北京: 中国标准出版社, 2014.

[2] 陆敬筠, 邵锡军. 电子政务标准化技术 [J]. 电子政务, 2005 (Z5): 38-50.

[3] 吴卯恩. 电子政务标准化建设研究 [C]//第十四届中国标准化论坛论文集. 北京: 中国标准化协会, 2017: 5.

[4] 国脉电子政务网. 全球电子政务发展现状与趋势:《2018年联合国电子政务调查报告》解读之一 [OL]. http://www.echinagov.com/info/256794.

[5] 吴志刚. 我国电子政务标准化工作概况 [J]. 中国传媒科技, 2005 (1): 55-58.

[6] 闫俐. 电子政务的规范化与标准化问题研究 [J]. 铁道物资科学管理, 2006 (3): 52-54.

[7] 赵仕嘉, 叶东华. 基于VxLAN和SDN的电子政务云 [J]. 电脑与电信, 2017 (Z1): 40-43.

[8] 中华人民共和国中央人民政府. "十二五"国家政务信息化工程建设规划 [OL]. http://www.gov.cn/gzdt/2012-05/16/content_2138308.htm.

[9] 中关村在线. 华为电子政务内网二三四级网解决方案 [OL]. http://project.21csp.com.cn/C180/201805/9058.html.

[10] 汪玉凯. 2005中国电子政务10大走向 [J]. 世界电信, 2005 (8): 7.

[11] 王益民. "十三五"时期我国电子政务的发展重点 [OL]. https://view.news.qq.com/a/20161227/038181.htm.

第7章 电子政务系统工程的运行与管理

电子政务系统工程的运行与管理，存在着巨大的风险，虽然与其他的工程如建筑工程、软件工程有许多的共同点，但电子政务系统工程也有其自身的一些特点，即参与人员广泛、系统规模大、实施周期较长、系统稳定性要求较高、管理活动多样化等。电子政务系统工程运行和管理的这些特点也就决定了我们既需要吸收工程管理的理论知识，又需要吸收成功的电子政务系统运行的经验，形成一种运行模式，以指导其他电子政务系统工程的实施。

7.1 我国电子政务建设现状

我国电子政务建设的历史可以追溯到20世纪80年代中期，至今大体上经历了三个重要的发展阶段。即20世纪80年代的起步阶段，20世纪90年代的重点推进阶段和进入新世纪后的加速发展阶段。20世纪90年代后期，特别是进入21世纪后，随着互联网的迅速发展和政府职能转变的力度加大，许多地方政府部门基本上都建立了相应的配套设施。在有了这些基础设施之后，我国的电子政务建设开始进入一个非常关键的时期，即从基础建设到全面应用的深刻变革时期。

近十几年来，随着国内信息化建设速度的不断加快，以及国家对电子政务工作重视程度的日渐加深，电子政务呈现出强劲的发展势头。在2002年《国家信息化领导小组关于我国电子政务建设指导意见》文件的指引下，我国各级政府围绕"两网、四库、十二金"的发展重点有序展开，从中央到地方、从城市到农村，各种局部性应用、阶段性成果如雨后春笋般地涌现。2008年国信办并入工业与信息化部（以下简称工信部），由工信部承担与电子政务相关的职能。在工信部的大力推进下，出台了一系列重要文件以适应新时代电子政务发展的需求和特点，形成了电子政务"信息共享、业务协同、与时俱进"的氛围。2014年以来，国家开始大力推进"互联网+"战略实施和行政体制深化改革，并以政务领域作为"互联网+"战略推行的重要改革阵地。各级各部门积极响应，不断优化服务，简政放权，我国电子政务进一步现代化，进入高速发展时期[1]。

从目前的发展情况看，我国的电子政务体系实现了高跨度的质量飞跃，在服务理念、服务水平、服务方式、服务平台等各个方面的建设均成效显著。以电子政务为代表的在线公共服务发展不仅响应了党和国家有关经济社会建设的施政方略，而且真正实现了"为人民服务"的核心宗旨，大大推动了政府的履职，满足了人民的需求。

在党和国家的高度重视下，我国电子政务建设取得了很大成绩，为提高行政效率和增加政府工作透明度发挥了重要作用。但是在取得成绩和进展的同时，一些深层次的问题也逐步显现出来，这主要体现在以下几个方面。

1）建设电子政务的指导思想上存在误区，技术资源利用率不高，重建设、轻应用。

2）管理体制存在问题，现有的政务信息化管理体制是在国家缺乏统一规范的前提下，各地在摸索中各自形成的，这个过程受到了各种客观条件的制约以及非正常因素等多重影响。

3）缺少复合型人才，电子政务工作的所有环节之间是一个有机的整体，只有将工作中各个环节的同步工作都做好了，整个系统才能高效、正常地运转起来。而要想解决统一协调各环节工作的因素，只能依靠掌握复合型知识的人才来统筹兼顾。

4）技术层面存在的问题。

而在这些问题中，管理问题是重中之重，从某种意义上来说，现存的问题都与工程管理的不足存在千丝万缕的联系，甚至可以说只有管理问题得到解决，才能很好地解决其他问题。工程的管理贯穿在工程从规划开始到最后运营评估的整个生命周期之中，只有建立合理有效的管理机制，并且在工程进行的整个过程中坚定不移地加以贯彻实施，才能保证工程的最终目标得以完成。

7.2 电子政务系统工程准备阶段

下面从管理体制建设和战略规划两个方面来介绍电子政务系统工程的准备阶段。

7.2.1 管理体制建设

提到信息化建设的管理机构，人们想到的往往是各单位的信息中心、信息处、技术处。事实上，发展电子政务涉及很多问题，但管理体制是电子政务走向制度化、规范化的重要保证，其中管理机构又是基础，可以说是三分技术，七分管理。许多政府部门和企业的经验都证明信息化的成功是不容易的，在更大的程度上不是取决于技术，而是取决于有效的管理，包括部门之间的协调、利益的平衡以及人际关系的协调，没有合理的电子政务组织管理体系，也就无法高效地实现电子政务建设的目标。信息化在很大程度上涉及部门之间和个人之间利益的重新分配，也势必会遇到形形色色的社会阻力。因此，信息化的管理部门必须具有一定的层次，必须是一个综合部门，必须有一定的行政权力，有各种各样的手段和工具来保证其协调职能的实施，特别是协调各部门的利益冲突。否则，即使有了信息化的管理，这种管理也可能是不太有效的，甚至可能是无效的。

一级政府的电子政务管理体制包括协调小组、管理职能机构、咨询机构、各部门的专职机构、参与的企业这些组成部分。首先，需要一个电子政务协调小组，协调小组实际体现领导建设电子政务的意图，各级领导如果不能对管理现状具有深刻的洞察力和理解，就不能在较高的层次、开阔的视野里对管理现状开展批判性、建设性反思，就只能仅仅停留在工具层面，电子政务的潜力将无从发挥，电子政务的意义也会大打折扣。其次，电子政务管理机构应该是各级政府办公厅（室）领导兼任的行政机构。这样责权才能与现有的信息资源整合，与为社会提供各类服务的职能相对应，因其行政范围涉及一级政府的各项政务，也可以使技术与政务有效结合。如果机构负责人不是办公厅（室）领导，那跨部门工作就只有通过协调小组来实现，但协调小组是一个临时机构，因此就可能事倍功半，以至于不能实施到位。最后，实施机构可以是各部门的信息中心或者服务外包企业。由于缺少权威专家的参与，因此政府在立项、开发和合作方式、规划进程及费用等方面缺乏科学的论证咨询，这是需要在电子政务的实施过程中始终注意的问题。

电子政务管理机构主要是负责解决、协调电子政务建设中的重大问题，督促检查工作，并建立科学的审议和评估机制。它首先要处理好与市场的关系；其次要协调好电子政务管理机构在垂直方面的关系；最后是人员问题，管理机构、实施机构迫切需要复合型人才，即既懂政务又懂技术，这已经成为制约我国电子政务发展的"瓶颈"。电子政务很大程度上是应用，人员的情况决定了电子政务推广的进度[2]。

电子政务建设是一个复杂的电子工程，更是一个复杂的管理工程，是技术、业务和管理的统一体。目前，我国对电子政务组织管理体系建设方面的重视程度还不够，这也制约了电子政务的发展，因此，迫切需要研究和探索我国电子政务的有效组织管理模式，为构建电子政务组织管理体系提供理论支持。

1. 管理职能的设计

电子政务管理职能的设计要满足政府对电子政务管理的要求，在管理的性质、内容和过程上给出明确的界定，形成一个完整的互相联系、互相渗透的职能体系。

1）规划职能。电子政务组织管理机构应担负研究和制定电子政务发展战略、制定电子政务建设总体规划和阶段性目标、制定并推行电子政务建设标准的使命。

2）协调职能。电子政务管理机构应负责组织协调总体规划、公共标准、公共平台与个性化业务系统的关系，协调跨行业、跨部门电子政务系统的建设，协调各政府部门信息资源建设与信息公开、信息共享的关系，协调机构改革、职能转变与电子政务建设配套进行的关系。

3）计划职能。电子政务管理机构应在总体规划的框架下制订阶段性的实施计划，统筹管理各政府部门的电子政务建设，既要保证重点工程的建设，又要兼顾平衡，充分利用有限的行政资源，实现电子政务的预定目标。

4）建设职能。电子政务管理机构应当承担全局性、基础性、公共性政务工程的建设、管理和维护工作，为各级政府机关电子政务应用系统的建设奠定良好的基础。这些基础工程包括电子政务专网平台、国家政务PKI/CA系统、政府门户网站、国家政务综合资源库等。

5）立法与执法职能。电子政务的发展需要有一个良好的法制环境，电子政务的监管也应该纳入依法行政的范畴。国家级电子政务管理机构应根据管理的需要，适时颁布加强电子政务管理的行政法规，并承担组织研究、草拟有关电子政务的法律，依法向全国人大提请审议，推动电子政务法律体系的建设。地方各级电子政务管理机构负责依法履行对电子政务活动的监管职能。

6）监督与评价职能。电子政务管理机构应具有对电子政务建设监督的权力，建立监督体系和长效工作机制，实施对电子政务建设工作的监督与检查。电子政务组织管理机构负责研究和建立电子政务绩效评价体系，客观公正地评价电子政务建设的成效，推动电子政务的发展。

2. 管理机构的设计

电子政务管理机构的设计是组织管理体系建设的重要环节，必须以管理职能作为基础和依据，根据系统论原理，从决策系统、执行系统、监督反馈系统和咨询系统设置来考虑分工，明确机构的任务和职责范围，确保管理职能的正常履行[2-3]。

1）强有力的领导机构。领导机构是电子政务管理的决策部门，应具备足够的权力来指挥、协调各政府部门开展电子政务工作。领导机构还应是一个综合性议事机构，将掌控人、财、物等基础资源的政府部门纳入领导体系，提高电子政务建设资源配置的效率。

2）高效的管理机构。电子政务管理机构是具体管理职能的承担部门，对电子政务领导机构直接负责。政府应通过合法的途径将电子政务建设的管理职能授予该机构，并保持机构的稳定性。在宏观上，电子政务管理机构通过综合性的领导机构来组织和协调不同政府部门的电子政务建设；在微观上，通过建立有效的电子政务工程审核、资金管理、监督评价等工作机制，来强化电子政务管理机构的监管权力，使电子政务管理机构能够坚决执行领导机构的决策，承担起管理和推进电子政务建设的重任。

3) 强大的技术支持机构。一级政府的电子政务建设涉及许多基础性的建设工程，这些工程的建设和管理，从安全性的角度考虑不应完全由企业来承担，政府应有足够的技术力量来支持这些工程的规划、建设和管理。因此，有必要在电子政务管理机构下设立一个技术部门来承担此项工作。

4) 完善的执行机构。电子政务的执行机构应渗透到政府的每一个组成部门中，在业务上服从电子政务领导机构的领导，接受电子政务管理机构的管理。各政府组成部门可以根据本单位的业务需求来决定电子政务工作机构的规模，但原则上要求各单位的一把手亲自主管本单位的电子政务建设，并将对电子政务建设的绩效列入对主要领导的考核目标中，激励各级领导重视电子政务建设，增强电子政务建设的执行力。根据我国电子政务建设的发展现状，成立独立的、专业化的电子政务管理机构的条件尚未成熟，可以采取循序渐进的方式，在原有的组织框架下进行改革，着重解决领导方式、机构设置和职能授权等问题[4]。

随着各方面条件的成熟，电子政务管理机构应逐步向专业化发展。例如，成立电子政务建设委员会，下设不同的专业管理委员会来履行电子政务管理的职能，以相对稳定的机构来承担长期的电子政务管理、建设及推进工作。

3. 运行机制的设计

良好的运行机制是电子政务管理规范化的保证，在设计运行机制时，应着重于制度的健全和办事程序的规范，让电子政务管理工作在电子政务建设中发挥积极的作用。电子政务管理机构实现其管理职能的核心运行机制如下。

(1) 规划预算机制

电子政务管理机构根据经济、社会及信息技术的发展现状，在充分调研论证的基础上，提出电子政务建设的短期、中期和远景规划，并依据规划来制定该年度电子政务建设的资金预算，提交给电子政务领导机构进行审定，重大的规划和预算提交同级人大审议，进一步确定规划的合法性地位，保证规划的严肃性、权威性和延续性。

(2) 工程管理机制

工程管理机制可以规范电子政务建设工程的申报程序，保障有限的财力对电子政务工程合理的投放。在制度的设计上，电子政务管理机构负责对各政府组成部门提出的电子政务建设工程进行审核，并依据电子政务建设的总体规划、工作的重要性和需求的紧迫程度，合理安排工程，并将计划建设的工程所需资金列入年度电子政务建设总预算中。对于全局性、基础性电子政务建设工程，则由电子政务管理机构组织专业队伍进行可行性分析，在充分论证的基础上立项，上报电子政务领导机构审批，列入规划，经同级人大审议后实施。

(3) 业务协调机制

业务协调机制采取一种集中式协调的方式，它与电子政务集中式管理相对应，将电子政务建设中的协调工作转化为一种有目的的行政组织行为，极大地提高了协调的效率。在具体的协调工作中，建立灵活高效的协调机制将传统的被动式协调转为主动式协调，即当环境变化触发协调需求时，电子政务管理机构能够快速地启动协调系统，开展协调工作，并根据协调的复杂性和难易程度，合理组织、调配协调力量，必要时还要成立相关业务部门组成的协调工作组，在电子政务管理机构的统一领导下，有序地开展业务协调工作。

(4) 监督评价机制

电子政务管理机构作为监督的主体，应该根据工作需要，协同监察、审计、公安等部门依法对各政府组成部门开展监督检查工作。将监督与考核相结合，通过建立量化目标考核体系，监督各政府组成部门在执行电子政务建设任务、规划、标准等方面是否达到预定的目标，并将考核结果列入部门主要领导的政绩考核中，规范电子政务建设工作。电子政务管理机构应组织有关政府部门、科研机构研究建立科学的电子政务绩效评价体系，在社会公众的评价体系中，应以行政效率和群众的满意度作为评价重点，在政府内部评价体系中，则应以电子政务系统的应用水平作为评价的重点，两者相结合建立等级评价制度，通过级别的晋升来实现对电子政务建设的激励。

关于建立何种电子政务组织管理体系更有利于推动电子政务的建设，目前国际上尚未有一个成熟的模式，但建立紧密型的组织管理系统，采取自上而下的推动策略，是发达国家电子政务建设取得良好效益的成功经验[5-6]。我国正处于电子政务建设的快速发展期和基础建设期，应积极吸纳和借鉴领先者的经验，以电子政务组织管理体系建设为基础，加强对电子政务工作的管理，以合理的投资实现预定的目标，达到预期的效益，推进电子政务建设的可持续发展。

7.2.2 战略规划

电子政务建设具有跨越各大系统、覆盖全国的宏大规模，是一项投入资金多、涉及范围广、技术要求高、建设时间长、业务需求复杂的系统工程，它的艰巨性和复杂性以及对政府影响的长期性和广泛性决定了系统战略规划的重要性。

当前电子政务建设中，必须从战略的高度进行规划、设计和实施。规划的目的是确保电子政务系统的功能与用户需求相匹配。各级政府、部门在施行电子政务工程前，能否制定出一个既符合国家政策导向、又适合本地区、本部门实际的电子政务战略规划，决定着电子政务系统的有效规划。要有效地推进电子政务建设，也必须要有一个统一的、综合性的发展战略进行宏观指导，以明确行动方向。

因此，必须把电子政务战略规划作为一个重要的专项规划，在规划中应坚持正确的设计原则，明确电子政务建设的具体任务和目标，保证规划设计的高质量。

广义的电子政务战略规划分为两部分，即战略目标设计和执行计划制定。狭义的电子政务战略规划只包括战略目标设计。战略目标的确切提法是战略目标集。一个电子政务的战略目标集由以下元素构成：电子政务使命的确定，在全球化背景下按个性定义本国（城市）的电子政务是什么；电子政务的目标，按系统的若干个战略性功能来提出子目标；达到这些目标可能遇到的障碍和遵循的战略；对结果有效性和效率的度量。简单地讲，就是系统功能的使命、目标、战略和评价标准4个元素。一个电子政务的战略目标集是与要建设这一电子政务的国家、城市（称为主体）本身的战略密切相关的。主体的战略集包括3个元素：主体的使命（MISSION）；主体的目标（有时也称为远景——VISION）；主体的战略（有时也称为价值观——VALUE），因此，有时也称主体的战略目标集为MVV。

在设计电子政务的战略目标集时，首先要从主体的组织得到官员对MVV的书面陈述，或从主体已有的各种立法和文件中总结出MVV，然后采用一定的方法论来将MVV转化为电子政务的战略目标集。

电子政务战略规划的制定，要结合政治、经济和社会发展水平，明确电子政务建设总体目标和具体的阶段性行动计划。任何地区和部门在选择自身的电子政务建设目标时，都要与国家电子政务建设的总体战略规划相一致，主要内容如下。

(1) 指导思想明确

电子政务建设的指导思想，是做好电子政务系统规划的关键。只有遵循科学的原则，明确目标，才能保障规划方向的正确。

1) 审时度势、量力而行。电子政务的规划设计是涉及一级政府或一个部门发展全局的大事。因此，必须认真分析国内外电子政务发展的态势，清楚了解国家提出的电子政务建设的指导意见和总体发展思路，同时还要理清本级政府自身对电子政务建设的需求和所掌握的现实资源条件，包括本地本部门的网络、应用系统和信息资源建设现状与不足。在编制电子政务规划时，还要看到不同地方政府、不同政府部门对电子政务的发展要求及基础条件有很大差别。因此，要对本地区、本部门的现实需求进行全面分析，并结合自身的基础条件和综合信息环境，制定出既符合形势发展需要又符合实际要求的电子政务建设规划。

2) 明确任务、突出重点。电子政务的建设工程庞杂，应用系统名目繁多。在进行工程规划时，应将总体目标分解为具体的工程，按照工程的重要程度对其进行分类，然后，按工程的轻重缓急合理确定优先工程和重点工程。

3) 组织保证、统筹协调。电子政务建设是一项较为长期的战略系统工程，必须有专门的组织机构，具体负责工程的规划、建设和管理。组织机构的负责人应既懂技术、又精于管理。该负责人直接参与高层管理决策；负责统筹协调政府行政体制改革及电子政务发展的要求；负责电子政务的规划与管理；管理组织的业务流程；制定组织的信息政策和基础标准，为实施电子政务提供必要的技术支持及效益评价；负责推动电子政务的宣传、咨询和必要的培训工作以及组织的内外协调与沟通工作。没有最高决策者的决心、没有组织负责人的统筹协调、没有强有力的组织保证，电子政务的建设难见成效。

4) 技术可靠、安全实用。推行电子政务使得大量的政务处理依赖于系统的正常运行。因此，电子政务系统的技术可靠性是十分重要的。因此，在电子政务的系统设计中要充分考虑技术的可靠性。电子政务系统的安全和实用性，也是不可忽视的问题。一旦系统出现问题，可能会给国家带来损失，甚至会危及国家的安全。电子政务的安全问题既有技术层面的，也有管理层面的，在电子政务规划中，这两方面的安全措施都要充分考虑。此外，还要考虑对系统安全强度的合理设定，如对于一些安全性要求不高的系统提出过高的安全要求，有可能造成不必要的浪费。实用性，主要指的是所规划出的电子政务系统要能够最大限度地满足政府办公及用户对象的需要，应使其不用经过复杂的培训就能方便地使用该系统。因此，要求在电子政务规划过程中，从本地区、本部门的实际需要出发，综合使用对象的工作特点和操作水平，使所设计的电子政务系统切实符合实用性的要求。

政务信息化发展的现状是进行电子政务建设规划的基本参考，对目前所存在的各种问题的剖析也是为今后进一步开展电子政务建设工作打好重要基础，只有将信息化的整体形势和本地区或本部门的现状分析透彻，才能制定切实可行的规划。因此，在电子政务规划中要首先了解国内外政务信息化建设的现状与趋势，尤其是本地区或本部门的电子政务建设的现状和问题。

(2) 目标选择、任务与措施

确定电子政务建设的目标一般从提高政府内部管理绩效，推动政府经济调节、市场监管、社会管理、公共服务职能转变，构建廉洁、勤政、务实、高效的现代化政府的出发点进行考虑。电子政务的建设任务是建设目标的具体化，措施是电子政务建设目标的实现和各项任务完成的基本保证。应该根据国家的统一部署，以政府业务流为主线，利用信息技术对其重新梳理，有效地推进政府部门的职能转变和机构调整。

7.3 电子政务系统工程启动

下面从识别潜在工程和工程选择两方面来介绍电子政务系统工程的启动。

7.3.1 识别潜在工程

识别潜在工程的工作，应当以政府的业务流程为主线，在信息化规划的基础上进行。从国外的情况看，无论是中央政府各部门，还是地方政府，在电子政务的发展中均以政府业务流为主线，逐个地实现政府业务流的信息化。

以政府业务流为主线发展电子政务，实际上就是利用信息技术对政府业务流程重新进行"分析和整理"，把那些最急需的政府业务流先整理出来。等到按照优先顺序对业务流程进行整理后，一个电子政务的总体结构就出来了。那些没有整合进来的业务流就是要转变的政府职能，而那些没有整合进来的部门就是要调整的政府机构[7-8]。

7.3.2 工程选择

从目前世界各国的情况来看，大致可以从 3 个角度来考虑我国电子政务发展的优先级问题，即经济效益、社会效益和政府自身能力的建设。

（1）经济效益

从经济效益出发的优先级设定，经济效益显著的电子政务工程如下。

1）增加财政收入：各种税收管理系统（如所得税、增值税、财产税等），海关管理系统（确保关税收入），以及各种费用管理系统（如公共卫生费、车辆费、注册费、执照费等）。此为"开源"，凡是能帮助政府增加收入的系统均在此列。

2）财务管理：包括工资管理、支付和开支管理、各种投资和建设工程的管理等。主要目的是保证资金进出的有效管理，实现"节流"。

3）资源和计划管理：如地理信息系统（是基础）、资源信息系统、土地与地产管理系统、国有资产管理系统、城市规划与建筑管理系统等。这类系统通过有效和高效率的管理间接产生经济效益。

4）营造良好的市场和投资环境：如工商企业管理系统、进出口管理系统、国内与国际贸易管理及市场信息系统、产业部门统计分析与市场预测、经济分析及投资数据、新技术及技术转让机会信息、专利信息、外资管理信息系统，以及各种相关的政府法规信息及服务系统等。

（2）社会效益

从社会效益出发的优先级设定，社会效益比较明显的电子政务工程如下。

1）面向居民的各种服务系统：如居民登记系统，包括出生、死亡、婚姻、迁移等；居民身份证、护照发放系统；自行车、汽车执照和驾照发放系统；各种证件的防伪系统；社会保障系统，如失业补贴发放、求职援助等；社区的各种服务和管理系统；土地和住房的注册登记系统等。

2）警察与公安系统：如出入境管理系统、罪犯档案管理系统、监狱信息管理系统、交通监测和管理系统，以及其他的公安管理系统等。

3）公共教育和文化系统：如电子入学管理系统，大中小学上网、毕业证书和学位证书查询系统，数字图书馆、数字博物馆、社区公共信息中心等。

4）医疗与保健系统：如医院信息系统，包括网上挂号系统、远程医疗系统、网上药物销售系统、器官移植信息中心、血液中心、医疗保险系统等。

5）环境保护和环境信息系统：如环保信息系统、气象预报系统、地震监测系统等。

(3) 政府自身建设

从政府自身建设出发的优先级设定，电子政务工程举例如下。

1）提高政府核心业务运行的有效性和效率：如国防、安全、情报系统，首脑机关的各种监控系统，决策信息系统，公文流动管理系统，内部通信系统，信息与知识管理系统等。

2）增加政府的透明度和反腐倡廉：如财务管理系统、人事管理系统、电子采购系统和政府工程招投标系统等。

3）政务信息资源的开发：如各种法律信息系统、政令信息系统、文件管理系统和档案管理系统等。

上面所列举的仅是发展电子政务时从不同的角度来考虑的一些系统和工程，而电子政务所覆盖的政府业务范围则远比这里所列举的要广。

7.4 电子政务系统工程采购

工程采购阶段涉及工程管理知识领域的采购管理，如采购与询价计划制订、询价、供货商选择、合同管理等。同时，工程采购是计划过程的一个组成部分，涉及工程的时间、费用、质量、人力资源、沟通等方面的管理。采购阶段不仅是供应商的选择和合同的起草，而且详细的范围定义、工程进度表、费用估算与预算分配、质量计划、沟通计划、风险应对计划等都应当在这个阶段完成。

7.4.1 招标采购

根据《中华人民共和国政府采购法》，政府采购的方式有公开招标、邀请招标、竞争性谈判、单一来源采购、询价，以及国务院政府采购监督管理部门认定的其他采购方式。

同时法规规定，公开招标应作为政府采购的主要采购方式。

7.4.2 PPP 采购

广义的 PPP 也称 3P 模式，即公私合营模式，它是公共基础设施的一种项目融资模式。指政府公共部门与民营部门合作过程中，让非公共部门参与提供公共产品和服务，从而在实现政府公共部门职能的同时也为民营部门带来收益。其管理模式包含与此相符的诸多具体形式。通过这种合作和管理过程，可以在适当满足私人部门的投资营利目标的同时，为社会更有效率地提供公共产品和服务，使有限的资源发挥更大的作用。狭义的 PPP 是指政府与私人部门组成特殊目的机构（SPV），引入社会资本，共同设计开发，共同承担风险，全过程合作，期满后再移交给政府的公共服务开发运营方式[3]。

PPP 模式的内涵主要包括以下 4 个方面。

1) PPP 是一种新型的项目融资模式。PPP 融资是以项目为主体的融资活动，是项目融资的一种实现形式，主要根据项目的预期收益、资产以及政府扶持措施的力度，而不是项目投资人或发起人的资信来安排融资。项目经营的直接收益和通过政府扶持所转化的效益是偿还贷款的资金来源，项目公司的资产和政府给予的有限承诺是贷款的安全保障。

2）PPP融资模式可以使民营资本更多地参与到项目中，以提高效率，降低风险。这也正是现行项目融资模式所欠缺的。政府的公共部门与民营企业以特许权协议为基础进行全程的合作，双方共同对项目运行的整个周期负责。例如，PPP模式的操作规则使民营企业参与到城市轨道交通项目的确认、设计和可行性研究等前期工作中来，这不仅降低了民营企业的投资风险，而且能将民营企业在投资建设中更有效率的管理方法与技术引入到项目中来，还能有效地实现对项目建设与运行的控制，从而有利于降低项目建设投资的风险，较好地保障政府与民营企业的利益。这对缩短项目建设周期，降低项目运作成本甚至资产负债率，都有值得肯定的现实意义。

3）PPP模式可以在一定程度上保证民营资本"有利可图"。私营部门的投资目标是寻求既能够还贷又有投资回报的项目，无利可图的基础设施项目是吸引不到民营资本的投入的。而采取PPP模式，政府可以给予私人投资者相应的政策扶持作为补偿，如税收优惠、贷款担保、给予民营企业沿线土地优先开发权等，从而很好地解决了这个问题。通过这些政策的实施，可以提高民营资本投资城市基础设施项目的积极性。

4）PPP模式在减轻政府初期建设投资负担和风险的前提下，可以提高城市轨道交通服务质量。在PPP模式下，公共部门和民营企业共同参与城市轨道交通的建设和运营，由民营企业负责项目融资，尽可能增加项目的资本金数量，进而降低较高的资产负债率，这样不仅能节省政府的投资，还可以将项目的一部分风险转移给民营企业，从而降低政府的风险。同时双方可以形成互利的长期目标，更好地为社会和公众提供服务。

7.5 电子政务系统工程实施

一般来说，电子政务系统工程的实施包括软件设计开发和系统集成两个方面。

7.5.1 电子政务系统软件设计开发

在软件设计开发计划中，可以将软件设计开发工作分解为需求分析、概要设计、详细设计、编码调试和测试等阶段。

1. 电子政务软件需求分析阶段

（1）目的

用户和开发人员紧密合作，详细了解用户希望该软件能完成的功能，制定软件开发和验收依据。

（2）质量要求

将用户需求准确、全面地转化为软件需求，并以此作为产品的设计依据，确保需求规格说明书满足国家标准要求的质量指标，具有无二义性、完整性、可验证性、一致性、可修改性、可追踪性和运行维护阶段的可使用性。

（3）工作内容

甲乙双方共同完成信息化系统的调研工作。

（4）工作程序

工程组拟定软件需求分析工作计划，并与用户充分沟通、开展需求调研工作，确定软件需求规格的内容要点。随后编写《软件需求规格说明书》。对《软件需求规格说明书》进行评审和确认。由工程组将经评审后的文件提交给用户确认，作为软件开发和验收的标准。

(5) 工作方式
1) 将调研提纲发给各有关部门领导填写。
2) 调研人员到各部门与相关人员进行交谈,收集业务信息。
3) 调研人员对收集到的信息进行整理,并对整理后的材料提出反馈。
4) 对整理后的反馈材料进行补充、修改。
5) 调研人员根据修改后的材料,进行进一步的调研工作。
6) 最终整理出双方都认可的调研结果文档。
可组织业务精干且对计算机管理感兴趣的人员参与调研,并作为骨干用户和开发顾问,以利于挖掘深层次的应用需求,利于需求的全面化、准确化和规范化。
(6) 工作成果
1)《系统功能界定书》。
2)《工作计划》等。

2. 电子政务软件开发阶段
(1) 质量要求
有效控制程序的编码和软件相关内容的实现,确保将程序错误率尽可能降低,并保证软件的完整性。
(2) 双方责任
由乙方完成编码与调试工作,提交相关文档。
甲方进行监督指导,审查相关文档。
(3) 建议的工作程序
制订编码等软件实现工作的计划,并以软件需求和软件设计为依据,进行程序编码工作,编码工作包括必要的调试和单元测试,并形成用于运行的软件目标代码。
工程开发组组长负责对编码工作进行确认,确认工作包括检查编码是否符合"软件开发规则、惯例和约定"的要求,以及代码复查等。
编码确认工作完成后,提交"代码复查报告"并进行审批。未通过审批确认的编码,由工程组开发人员予以修改。
软件编码得到的目标代码必须经过软件测试,在软件测试过程中,工程小组负责对发现的编码问题进行解决。
(4) 用户操作手册
编制软件的"用户操作手册"和必要的在线帮助文件,内容包含软件的安装、使用和维护等内容,并提交质保部进行审核,审核通过后由工程开发小组负责人审批并提交给用户。
如果需要进行修改,必须由工程主管批准,并对修改做好记录。
(5) 工作成果
1) 开发文档。
2) 实施计划。
3)《用户手册》等。

3. 电子政务软件测试阶段
(1) 目的
通过有效的测试,确保所开发的软件的质量。

（2）工作程序

组织测试人员进行软件测试工作，进行文档的规范化审核。

根据软件需求说明和软件设计文档，编制"软件测试计划"，通过审批后，对软件的相应模块开展测试工作。"软件测试计划"必须包含测试项目、人员和时间安排等内容，必须针对软件需求和软件设计，设计必要的测试用例。

采用书面或电子文档的方式，对测试中发现的问题进行记录，必须对问题进行清楚的描述，并根据问题的严重性和处理的紧迫性分级别进行标记。将测试中发现的问题报告给工程组开发人员，由工程组开发人员负责答复或做相应的修改。对于测试中发现的重大问题，由工程主管和工程测试负责人协商解决。

工程测试负责人根据"软件测试计划"和测试进展情况，决定具体测试记录工作的结束，并开始编写测试报告，提交给工程执行负责人进行审批确认。

系统还可以提交给用户进行试用测试。但软件提交给用户试用测试之前，必须先经过上述的内部测试过程。

（3）工作成果

1）测试计划。

2）测试报告等。

4. 电子政务软件安装维护阶段

在完成软件的开发实现之后，需要确保软件工程的顺利实施和软件产品的顺利推广，并保证提交给用户使用的软件的完整性。

工程主管组织相关人员完成软件版本发布前的整合工作，内容包括最终目标代码的整合生成、安装打包、形成软件最终载体等。

软件安装打包等内容以软件需求说明中的相应规定为基准。

工程开发小组提交软件版本发布评审所需要的软件最终载体、全套开发文档和必要的相关资料、记录，并且必须提交"开发文档清单"。

软件版本发布评审通过后，由工程执行负责人签署"软件版本发布审批表"，并予以发布，提交给用户安装后进入维护性开发阶段。

7.5.2 系统集成

一般来说，系统集成分3步进行。

1. 设备部署

设备交付要求按照设备采购的约定进行。

设备交付范围：包括依据合同须向买方提供的一切设备、备件、工具、软件、资料和其他材料。

参加人员：设备供应商负责人、技术人员和用户代表。

根据到货和运输安排，交付可能分若干次完成。

投标人应在货物到达工程现场一周前，向买方提供详细的设备供货清单，由买方确认。当货物到达买方指定的安装现场后，依据约定的时间，买卖双方依据设备供货清单共同对设备进行开箱验收，并对设备的数量、品质进行逐项检查。

在确认各项设备的基础上，由集成商按照用户的要求和有关技术文件，制定"系统详细设计规格说明",各部分设备分别由其安装负责人按照总体规范要求进行安装和调试,并在完成后进行测试。

2. 基础软件部署

完成数据库等子系统的详细参数设计,并协调完成有关服务器组的安装配置和测试工作。一般包括以下内容。

1)数据库服务:为整个系统的数据库管理提供数据库支持平台。

2)应用服务器:为 Browser/Server 方式的三层结构软件提供运行平台,也提供 Web 服务。

3)Web 服务:虽然应用软件系统的 Browser/Server 方式的应用服务器能够提供与数据库相关的 Web 应用功能,但是网络应用中还需要网站和 Web 页面的服务,提供以静态图文信息为主的服务。

4)局域网文件和打印共享:这是网络资源共享的重要方式,使用户可以方便地共享传输文件、共享打印服务。

5)为实现以上网络应用,所必需的局域网环境和对 TCP/IP 网络协议的支持等。

3. 系统安装测试

按照系统集成提出的要求和网络设计方案,完成整个系统的安装调试,保证新购和已有的设备间、新开发系统与原有系统间的互联互通。

在安装、调试过程中,乙方应向甲方提供安装调试过程中的各种文档资料,以便甲方能掌握操作方法和维护方法。

系统验收测试开始前,应先制订验收测试计划,包括如下内容。

1)明确测试对象及应达到的测试指标。

2)测试方法和测试条件。

3)测试资料和数据。

4)以图表说明每一个测试对象或过程的功能输入和输出。

5)测试进度。

7.6 电子政务系统后评价

信息系统工程运行的系统后评价是指信息系统工程运行完成后,对信息系统运行的目的、效益、影响和运行过程等情况进行全面而又系统的分析与评价,从而改进投资效益,提高宏观决策和管理的水平,发现信息系统运行中存在的问题,为系统的正常运行和维护提供决策信息[8-9]。

7.6.1 系统后评价的目标

电子政务系统运行的系统后评价的目标如下。

1)通过系统后评价,检查电子政务系统运行的成效。

2)通过对工程运行过程的后评价,检查工程运行的过程是否规范。

3)通过系统后评价,检查系统的功能是否符合用户的要求。

4)通过系统后评价,检查系统性能是否满足业务处理的需要。

5)通过对系统运行管理的后评价,检查系统运行管理中存在的问题。

6)通过对系统运行的效益进行后评价,确定电子政务系统运行投入的成效。

电子政务系统建成投入使用后,并不标志着该系统运行工作的完结。人们应当认识到,电子政务系统运行是一项为了改进自身管理水平而进行的经常性工作,系统建成投入使用只是一个阶段性的"里程碑",而不是政务信息化的"终点"或"句号"。

因此,对电子政务系统应该积极、定期性地开展系统的后评价工作,通过定量计算、定性分析对系统的效用进行客观公正的后评价,从不同的角度科学地揭示系统的应用现状,以利于政务信息化的可持续发展。

电子政务系统运行的系统后评价的一个重要依据是该系统在运行一段时间后所积累的数据和暴露出来的问题,因此,对系统运行的系统后评价需要在电子政务系统投入使用后的一段时间内进行,但最好不要超过一年,以便及时发现和解决可能存在的问题。

7.6.2 系统后评价的参加者

系统后评价可以委托既有权威性、公正性,又有丰富的理论和实践经验,特别是对电子政务系统原理、软件功能和现代管理有深入研究和应用的咨询机构,对工程运行进行科学评价,这样有利于客观、公正地评价电子政务系统。

在系统后评价专家组中,专家的专业构成要合理,既要包含管理专家,又要包含管理应用软件、网络软硬件专家。

电子政务系统的开发人员、管理者、直接用户也应积极地参加全部或部分系统后评价工作。

系统后评价的工作量根据系统的复杂程度不同而不同,在进行系统后评价前要对可能的工作量有初步的估算,以便安排各种系统后评价所需的经费。

7.6.3 系统后评价的过程与内容

系统后评价的一般过程如下。

1)制订计划。由于系统后评价会对企业或政府部门的系统运行产生干扰,因此,在开始电子政务系统运行的系统后评价工作前,需要制订系统后评价计划,以便安排后评价的时间、准备系统后评价所需的资料和数据等。

2)组织系统后评价专家队伍。

3)确定待后评价系统的边界和范围,即明确系统后评价的对象是什么。

4)明确系统后评价的目的。根据电子政务系统运行的总体规划,结合系统建成投入使用后的情况,以系统整体为立足点,确定系统后评价的目的。

5)选择适当的后评价方法,确定适当的后评价指标体系。根据电子政务系统的大小、复杂程度、建成后的系统运行情况和系统运行的目标,选择合适的系统后评价方法,如比较法、专家评价法或优先加权定序法等,再根据相应的方法设定系统后评价的指标体系和相应的权重。

6)实地调研。确定指标体系后,可到电子政务系统运行现场收集有关数据、资料,根据选定系统后评价方法的要求进行分析、计算,就可以得出系统后评价结果。

7)完成后评价报告。系统后评价完成后,根据后评价结果完成系统后评价报告。

系统后评价报告的主要内容见表7-1。

表 7-1 系统后评价报告的主要内容

项目背景	项目的目标和目的	简单描述立项时社会和发展对本项目的需求情况和立项的必要性，项目的宏观目标，与国家、部门或地方产业政策布局规划和发展策略的相关性，建设项目的具体目标和目的，市场前景预测等
	项目建设内容	项目可行性研究报告和主要产品、运营或服务的规模、品种、内容相关的评估报告，项目的主要投入和产出，投资总额，效益测算情况，风险分析等
	项目工期	项目原计划工期，实际发生的科研批准、开工、完工、投产、竣工验收、达到设计能力以及后的评价时间
	资金来源与安排	项目批复时所安排的主要资金来源、贷款条件、资本金比例以及项目全投资加权综合贷款利率等
	项目后评价	项目后评价的任务来源和要求，项目自我评价报告完成时间，后评价时间程序，后评价执行者，后评价的依据、方法和评价时间
实施评价	设计	评价设计的水平、项目选用的技术装备水平，特别是规模的合理性
	合同	评价项目的招投标、合同签约、合同执行和合同管理方面的实施情况。对照合同承诺条款，分析和评价实施中的变化和违约及其对项目的影响
	组织管理	组织管理的评价包括对项目执行机构、借款单位和投资者三方在项目实施过程中的表现和作用的评价
	投资和融资	分析项目总投资的变化，找出变化的原因，分清是内部原因还是外部原因
	项目进度	对比项目计划工期与实际进度的差别，分析工期延误的主要原因及其影响，同时还要提出今后避免进度延误的措施和建议
	其他	包括银行资金的到位和使用，世界银行、亚洲开发银行安排的技术援助，贷款协议的承诺和违约，借款人和担保者的资信等
效果评价	项目运营和管理评价	根据项目评价时的运营情况，预测未来项目的发展，包括产量、运营量等。对照科研评估的目标，找出差距，分析原因。分析评价项目内部和外部条件的变化及制约条件
	财务状况分析	根据项目运营及预测情况，按照财务程序和财务分析标准，分析项目的财务状况。主要评价项目债务的偿还能力和维持日常运营的财务能力
	财务和经济效益的重新评价	一般的项目在后评价阶段都必须对项目的财务效益和经济效益进行重新测算
	环境和社会效果评价	环境和社会效果及影响评价的内容、指标和方法已在前面的 7.3.2 节中作过介绍
	可持续发展状况	项目可持续性主要是指项目固定资产、人力资源和组织机构在外部投入结束之后持续发展的可能性

7.6.4 系统评价指标的选择

1. 国外的经验

国外在信息系统工程建设评价指标方面的研究工作做得很多，建立了一些值得研究和学习的信息系统工程建设方面的系统评价指标体系，如美国 MRPII 专家提出的《A、B、C、D 优秀运作考核提纲》、美国的标准化研究机构 Benchmarking Partners 的 ERP 项目评价体系等。下面对 Benchmarking Partners 的 ERP 项目评价体系作一个简单的介绍[10-12]。

在这套评价体系中，评价指标主要来源于工程驱动因素、事务处理指标和关键成功因素 3 个方向。

（1）工程驱动因素

通过对不同行业的研究，现实的信息系统建设工程主要有 3 种驱动因素。对于那些市场较为成熟、产品变化相对稳定的行业，比如化工、半成品加工业等，驱动他们实施信息系统工程建设的原因在于产品成本的降低。对于那些产品急剧变化、市场高速增长的行业，比如高新技术行业、电子行业等，这些工程关注的是提升顺应市场和技术变革的能力。对于那些综合性的大型企业集团，他们关注的是全面、高速和标准化的管理流程。对工程驱动因素的评估，实际上就是为整个工程寻找基点和总体目标。

(2) 事务处理指标

对于事务处理的评估指标，可以分为战略性收益指标和经济性收益指标。战略性收益从战略的角度来考虑信息系统工程建设工程的收益，比如业务处理的集成性、信息利用率、对客户的响应度和灵活度、成本和业务活动以及新应用的基础架构等。经济性收益是用价值来评估信息系统建设引起的业务流程变化而产生的经济效益，包括财务管理、人员管理、信息技术投入成本、库存管理、订单管理和供应管理等。

(3) 关键成功因素

根据信息系统建设工程实施的过程，对关键成功因素的评估是从工程管理、高层支持、培训、管理改革、合作伙伴管理和流程重组等方面进行的，其中又包含对每个因素具体化的衡量，比如工程管理的衡量就包括资源、团队、技能和管理，高层支持包括目标、活动、参与度指标，培训包括费用、内容和时间方面的指标，管理改革包括交流度、期望度、阻力和可见度等，合作伙伴管理包括角色、价格和经验等，流程重组则包括费用和时间等指标。

比如，提高"销售和分销"管理水平是评估信息系统工程建设的目标，"销售周期管理""订单履行""仓库管理"和"运输管理"是在该行业中实现这一目标的几个要素，而对这些关键要素，必须有可量化的绩效指标来明确地进行衡量，比如"订单输入时间""及时交付率""最佳销售时间"和"询价周期"等，这些关键绩效指标又有相关的行业基准和实施经验作为参考，以帮助用户在实施过程中把握方向，保证工程的成功[13-14]。

2. 国内常用的评价指标

评价活动应当从全局的角度出发，用于系统评价的评价指标体系既要考虑系统在本行业的特殊性，又要从普遍意义上考虑系统在行业中的地位，通常从以下几个方面考虑建立信息系统工程评价的指标。

(1) 系统建设过程评价指标

该指标包括：系统建设过程管理的规范性、系统开发文档的完备性、工具的标准化程度、系统开发时间是否按照计划完成、系统开发成本是否超标等。

(2) 系统运行的效果评价指标

该指标包括系统建设完成并投入运行后是否能够达到系统规划中确定的系统实施目标、系统有效性、系统效率、系统的安全性、系统的先进性、管理者和直接用户对系统的欢迎程度、系统的实用性、系统的实施是否帮助政府进行了流程重组等。

(3) 系统功能评价指标

在系统规划中，已经明确规定了新系统所要实现的功能目标，因此，对系统功能的评价可按照系统规划来检查，主要包括以下几个方面：系统是否满足用户应用的需求、满足的程度如何、系统的功能与政府的业务是否匹配、系统的功能是否具有可扩展性、系统的功能与外部系统的协同情况、是否具有灾难恢复功能等。

(4) 系统性能评价指标

系统性能的评价主要是根据系统的输入、输出的及时性和计算资源利用情况等进行评价。主要包括以下几个方面。

数据的规划情况，如输入及输出的格式和内容、文件记录和数据库的结构、信息的关联性、系统资料的通用性等，系统数据处理的准确性，系统的平均响应时间，系统的最大数据吞吐量，系统界面是否符合人机工程学要求，系统的容错性，系统的稳定性，系统的可恢复性，系统的健壮性，系统的兼容性，系统的高可用性，系统的防病毒能力，系统的远程监控和维护性，数据存储能力，系统的多语言支持能力等。

(5) 系统运行管理和维护的评价指标

该指标包括系统运行管理制度是否完善，运行管理制度的执行情况，系统维护的管理制度是否完善，系统运行记录是否完善，系统数据定期备份情况，系统各种文档的管理是否规范，是否具有各种应急后备措施等。

(6) 系统效益性评价指标

要对信息系统建设进行效益性评价，必须识别系统费用和系统收益这两个因素，在此基础上进行信息系统建设的效益评价。系统费用包括系统的开发费用、各种运行费用和系统的维护费用，运行费用包括各种耗材、人员培训费用等，维护费用包括系统支持的费用、系统的维护开发费用等。

系统收益包括有形效益和无形效益。信息系统工程的效益评价按分类标准不同可分为直接效益评价和间接效益评价，社会效益评价和经济效益评价，或者有形效益评价和无形效益评价等。

有形经济效益是指可以用货币或定量计算的经济效益，其评价指标包括工作效率的提高、业务流程的优化、群众反映的变化、资金节约等。无形经济效益是指信息系统运行之后，给企业、社会带来的不能以货币或定量计算的效益，其评价指标包括组织管理的持续改善、机关人员满意度增加、为社会提供更好的产品和服务等。

7.7 电子政务系统运营管理与维护完善阶段

7.7.1 系统维护概述

电子政务工程与其他工程的区别之一就在于维护管理。大部分工程的维护支出只占建设支出的一小部分，验收即是工程的结束。但是在一些软件开发工程中，维护期的支出甚至可以占整个系统生命周期总费用的60%以上。目前许多政府部门在做电子政务规划时，强调建设而忽视运营维护管理。在建设的资金与人力投入上有明确的规划，但对于系统建成后的运营与维护缺乏人、财、物的投入规划。IT界常用浮在海面的冰山来比喻系统开发与维护的关系，系统开发工作如同冰山露出海面的部分，容易被看到而得到重视；而系统维护工作如同冰山浸在海水下的部分，体积远比露出海面的部分大得多，但由于不易被看到而遭到忽视。另外，由于系统维护工作是乏味的重复性工作，很多技术人员觉得缺乏挑战和创新，因此更重视开发而轻视维护。但系统维护是信息系统可靠运行的重要技术保障，必须予以重视，政府部门在信息系统维护方面也应该注意系统维护人员的稳定性[15]。

在开始规划电子政务系统时就应考虑今后运营的基本条件，如系统管理与技术支持、系统管理与运营经费、设备更新与软件升级、使用者培训以及推进信息化工作的各项措施等，防止出现虎头蛇尾的现象。

维护工作的目标：有计划、有组织地对系统进行必要的改动，以保证系统中的各个要素随着环境的变化始终处于最新的、正确的工作状态。保证电子政务系统正常且可靠地运行，并能使系统不断得到改善和提高，以充分发挥作用[16]。

时间：在系统投入正常运行之后，开始生命周期短至4~5年、长达10年的系统运行与维护阶段。

主要负责者：政府技术部门为主，企业为辅。随着IT外包概念的发展，产生了一种观点，即电子政务系统的建设与维护应该完全依赖IT外包企业。

7.7.2 系统维护的对象与类型

电子政务系统维护的内容可分为以下5类：系统应用程序维护、数据维护、代码维护、硬件设备维护、机构和人员的变动。

系统维护的重点是系统应用软件的维护工作，按照软件维护的不同性质划分为以下4种类型：纠错性维护、适应性维护、完善性维护和预防性维护。

根据对各种维护工作分布情况的统计结果，一般纠错性维护占21%，适应性维护占25%，完善性维护达到50%，而预防性维护及其他类型的维护仅占4%。可见在系统维护工作中，半数的工作是完善性维护。

7.7.3 电子政务系统的可维护性

可维护性是对系统进行维护的难易程度的度量，影响系统可维护性的主要因素有3个，即可理解性、可测试性和可修改性。

上述3个可维护性因素是密切相关的，只有正确地理解，才能进行恰当的修改，只有通过完善的测试才能保证修改的正确，防止引入新的问题。虽然通过上面3个因素对于系统的可维护性很难量化，但是可以通过能够量化的维护活动的特征，来间接地估算系统的可维护性。比如，可通过把维护过程中各项活动所消耗的时间记录下来，用以间接衡量系统的可维护性，包括识别问题的时间，管理延迟时间，维护工具的收集时间，分析、诊断问题的时间，修改设计说明书的时间，修改程序源代码的时间，局部测试的时间，系统测试和回归测试的时间，复查时间，恢复时间。

通过对系统可维护性的分析可见，提高系统可维护性应当从系统分析与设计开始，包括系统实施的开发全过程，若在系统维护阶段再来评价和注意可维护性将为时已晚。应特别强调的是，提高系统可维护性的工作必须贯穿系统开发过程的始终。

7.7.4 系统维护的计划与控制

1. 系统维护考虑的因素

系统的维护不仅范围广，而且影响因素多。通常，在进行某项维护修改工作之前，要考虑下列3方面的因素。

1）维护的背景：包括系统的当前情况、维护的对象、维护工作的复杂性与规模。

2）维护工作的影响：包括对新系统目标的影响、对当前工作进度的影响、对本系统其他部分的影响、对其他系统的影响。

3）资源的要求：包括对维护提出的时间要求、维护所需费用（并与不进行维护所造成的损失进行对比，判断是否合算）、维护所需的工作人员。

2. 系统维护的特点

（1）采用结构化开发方法是做好系统维护工作的关键

如果系统开发没有采用结构化分析与设计方法，则只能对其进行非结构化维护。因为这时系统软件配置的唯一成分是程序源代码，一旦有系统维护的需求时，维护工作只能从艰苦的程序源代码分析及评估开始。由于没有完整规范的设计开发文档和程序内部文档，对于软件结构、数据结构、系统接口以及设计中的各种技巧很难弄清，如果编码风格再差些，系统维护工作则会十分艰难，因此，软件人员宁可重新编码，也不愿维护这种系统。同时，由于没有测试文档，不能进行回归测试，对于维护后的结果难以评价。若采用结构化方法，则能够很好地克服非结构化开发方法所产生的难题。

（2）系统维护具有很高的代价

1）有形的代价直接来自维护工作本身。

维护工作可分为非生产性活动和生产性活动两部分，前者主要是理解源程序代码的功能，解释数据结构、接口特点和性能限度等，这部分工作量和费用与系统的复杂程度（非结构化设计和缺少文档都会增加系统的复杂程度）、维护人员的经验水平以及对系统的熟悉程度密切相关；后者主要是分析评价、修改设计和编写程序代码等，其工作量与系统开发的方式、方法、采用的开发环境有直接的关系。因此，如果系统开发途径不好，且原来的开发人员不能参加维护工作，则维护工作量和费用将呈指数上升。统计表明，60%~70%的软件费用花在维护方面。

2）许多无形的代价来自维护所产生的效果和影响上。

由于越来越多的系统维护工作束缚了系统开发人员和其他开发资源，开发的系统越多，维护的负担越重，将导致完全没有时间和精力从事新系统的开发，从而耽误甚至丧失了开发良机。此外，若合理的维护要求不能及时满足，将引起用户的不满；若在维护过程中引入新的错误，会使系统可靠性下降，将带来很高的维护代价。

（3）系统维护工作对维护人员的要求较高

因为系统维护所要解决的问题可能来自系统整个开发周期的各个阶段，因此承担维护工作的人员应对开发阶段的整个过程、每个层次的工作都有所了解，即从需求、分析、设计一直到编码、测试等都需要有所了解，并且应具有较强的程序调试和排错能力，这些对维护人员的知识结构、素质和专业水平都有较高的要求。

（4）系统维护工作的对象是整个系统的配置

由于问题可能来源于系统的各个组成部分，产生于系统开发的各个阶段，因此系统维护工作并不仅是针对源程序代码，还包括系统开发过程中的全部开发文档。

（5）系统维护中经常遇到的问题

系统维护中的编码本身造成的错误比例并不高，仅占4%左右，而绝大部分问题源于系统分析和设计阶段。通常，理解别人编写的程序很难，且难度随着软件配置文档的减少而增加。绝大多数系统在设计和开发时并没有很好地考虑将来可能会做的修改，如有些模块不够独立，导致牵一发而动全身的问题；系统维护工作相对缺乏挑战性，使系统维护人员队伍不稳定。

3. 系统维护的组织与管理

系统维护工作是技术性强的管理工作。系统投入运行后，必须建立相应的组织，确定进行维护工作所应遵循的原则和规范化的过程，并建立一套适用于具体系统维护过程的文档及管理措施，以及进行复审的标准。电子政务系统投入运行后，应设系统维护管理员，专门负责整个系统维护的管理工作。针对每个子系统或功能模块，应配备系统管理人员，他们的任务是熟悉并仔细研究所负责部分系统的功能实现过程，甚至对程序细节都有清楚的了解，以便完成具体的维护工作。系统变更与维护的要求常常来自于系统的一个局部，而这种维护要求对整个系统来说是否合理，应该满足到何种程度，还应从全局的角度进行权衡。因此，为了从全局上协调和审定维护工作的内容,每个维护要求都必须通过维护控制部门的审查批准后,才能予以实施。这个维护控制部门,应该由业务管理部门和系统管理部门共同组成,以便从业务功能和技术实现两个角度保证维护内容的合理性和可行性[17]。

4. 系统维护的工作程序

用户的维护申请以书面形式的"维护申请报告"向维护管理员提出。对于纠错性维护,报告中必须完整地描述出现错误的环境,包括输入、输出数据以及其他系统状态信息;对于适应性和完善性维护,应在报告中提出简要的需求规格说明书。维护管理员根据用户提交的申请,召集相关的系统管理员对维护申请报告的内容进行核评。若情况属实,则依维护性质、内容、预计工作量、轻重缓急或优先级以及修改所产生的变化结果等,编制维护报告,并将其提交给维护管理部门审批。维护管理部门从整个系统出发,从合理性和技术可行性两个方面对维护要求进行分析和审查,并对修改所产生的影响做充分的估计。对于不妥的维护要求要在与用户协商的条件下予以修改或撤销。通过审批的维护报告,由维护管理员根据具体情况制订维护计划。

对于纠错性维护,估计其缓急程度,如果维护要求十分紧急,严重影响系统的运行,则应安排立即开始修改工作;如果问题不是很严重,可与其他维护工程结合起来统筹安排;对于适应性或完善性维护要求,高优先级的则将其安排在维护计划中,优先级不高的可视为一个新的开发工程组织开发。维护计划的内容应包括工作的范围、所需资源、确认的需求、维护费用、维修进度安排以及验收标准等。维护管理员将维护计划下达给系统管理员,由系统管理员按计划进行具体的修改工作。修改后应经过严格的测试,以验证维护工作的质量。测试通过后,再由用户和管理部门对其进行审核确认,不能完全满足要求的应返工修改。只有收到经确认的维护成果才能对系统的相应文档进行更新,最后交付用户使用。

为了评价维护的有效性,确定系统的质量,记载系统所经历过的维护内容,应该将维护工作的全部内容(如维护对象、规模、语言、运行和错误发生的情况、维护所进行的修改情况、维护所付出的代价等),以规范化文档的形式记录下来,形成历史资料以备查看。

7.8 电子政务系统的工程建设监理

7.8.1 电子政务系统工程建设监理的基本框架

1. 建设监理的基本概念及内容

监理可以理解为以某种条理或准则为依据,对某项行为进行监督、监察、监视、控制、协调和评价等过程的总称。所以,建设监理可以定义为是以建设法规和建设标准规范为依据,对工程建设工程实行监督、控制、协调和评价,是现代工程建设管理的方法体系。

电子政务系统工程建设监理是受业主方(有的称建设方或用户)委托,代表业主方的利益,依法对该单位信息工程的全过程(包括其中的所有阶段)进行监督管理,并站在第三方的立场上,公正地对待开发方(有的称为承建商、承包方),协调业主方和开发方的关系,按质量、按进度完成该项信息工程的建设。

电子政务系统工程建设监理的中心任务就是科学地规划和控制工程建设的投资、进度和质量3大目标。

监理的基本方法是目标规划、动态控制、组织协调和合同管理。

监理工作贯穿于策划、设计和施工等整个工程的全过程。

监理工作要避免"同体监理",也就是监理方不能同时承接与该信息工程有关的施工和开发任务,开发方不能有既开发又监理的"同体监理"行为。

建设监理的内容可概括为以下几项。

(1) 三监理

1) 事前监理。

2) 事中监理。

3) 事后监理。

(2) 三控制

1) 质量控制:采购进货、网络施工、软件开发及测试和验收。

2) 投资控制:硬件投资、软件投资、附属设备投资及工程施工投资。

3) 进度控制:施工工期和软件开发工期。

(3) 两管理

1) 合同管理:采购、施工、系统集成及软件开发等合同管理。

2) 信息管理:投资控制管理、设备控制管理、施工管理及软件管理。

所有的合同和表格均应纳入管理范围。

(4) 一协调

采用现场和会议的方式进行协调,实施业主方、开发方和监理的三方协调制度。

2. 电子政务系统工程建设监理的框架

电子政务系统工程建设监理属于信息工程的建设监理,它作为我国有关政府职能部门的一项管理制度,目前采用的是"一个体系、两个层次"的框架体制。

"一个体系"是指在组织上和法规上形成一个系统。政府在组织机构和手段上加强并完善对电子政务系统工程建设过程的监督与控制的同时,实行社会监理的开放体制。社会监理工作应自成体系,有独立的思想、组织、方法和手段,奉行公正、科学的行为准则,坚持按照工程合同和国家的法律、行政法规、规章和技术标准、规范办事,既不受委托监理的业主随意指挥,也不受开发方(承建商)和材料供应单位的干扰。

"两个层次"是指宏观层次和微观层次。宏观层次是指"政府建设监理",即由政府机构制定监理法规,对信息工程行使强制性的监督管理权力,并定期对下属的社会建设监理单位进行考核、审批、监督、调理,对监理工程师的资格进行考核、审批、监督。微观层次是指"社会建设监理",即社会上经工商登记的大量的"xxx建设监理公司",或业务范围包括监理工程的相关公司。这些专业化的工程建设监理公司经由上述政府建设监理机构确认、批准并获取资格证书,向工商行政管理机构申请注册登记,领取营业执照,遵照国家政策法规、国内外相关标准,以自己雄厚的技术基础、经济实力、长期的工作经验、丰富的阅历,以及对经济与法律的通晓,遵循独立、公正、科学的准则,为信息工程提供优质服务。

7.8.2 电子政务工程建设监理各阶段的监理内容

1. 工程建设监理的前期业务准备

根据有关信息工程的立项规定,一旦业主向信息化建设主管部门提交立项申请报告或工程建议书,并且该立项申请被批准后,即应选择针对该工程的建设监理公司。这时,在市场经济中存在的建设监理公司,应主动获取某业主正在选择监理公司的信息,成立针对该工程的监理领导班子，准备与业主谈判争取该工程的监理权；如果是大、中型信息工程，业主对监理公司的选择可能也需经过招标的方式。

如果某监理公司中标，该监理公司的领导班子在与业主协商签订合同的同时，要在公司内部组建监理班子，并确立监理目标。

(1) 签订监理委托合同

建设监理的委托与被委托实质上是一种商业行为，所以在监理的委托与被委托的过程中，用书面的形式明确信息工程服务的合同，最终是为了保护委托方和被委托方的共同利益。它用文字明确了合同双方所要考虑的问题和想达到的目标，依法签订的合同对双方都有法律约束力。

签订监理委托合同实际上是为双方在事先就提供了一个法律保护的基础。一旦双方对合同执行中监理服务或要支付的费用发生争议时，书面的合同就可以作为法律活动的依据。

监理委托合同的形式也是多种多样的，而且也属于正在发展的阶段，从国外情况看，其形式有如下几种。

1) 根据法律要求签订并执行的合同。

2) 比较简单的信件式合同，通常由监理公司提出，委托方签署备案，退给咨询监理公司执行。

3) 由委托方发出监理委托单。有时，业主（委托方）喜欢采用这种办法，即通过多份的通知单，把监理公司在争取委托合同时所提建议中的工作内容委托给他们，成为监理公司所接受的协议。

4) 标准的合同格式（Standard Condition of Engagement）。国际上许多咨询监理的行业协会或组织，专门制订了标准委托合同格式或指南，这有助于制订监理服务合同的准备工作。随着国际咨询监理业务越来越发达，标准委托合同的应用也越来越普遍。一些咨询监理公司制订了适用性很强的标准合同，合同格式比较规范，但也有的委托方喜欢用自己的合同格式。采用通用性很强的标准合同格式，能够简化合同制订的准备工作，可以把一些重要的词句简略到最低程度，有利于双方的讨论、交流和统一认识，也易于有关部门的检查和批准，便于计算机处理、检索和查询等，能够准确地在法律概念内反映出双方所要落实的意图。目前，在世界范围内有较多的合同格式可供参考，它们除了有委托方的名称和工程的描述以外，主要的内容包括要求提供的服务范围、报酬和补偿，支付报酬的方式和进度，常驻代表的权限，对常驻代表权限的有关说明和报酬、特殊条款等。一般只需要在其表中的相应栏目内填写适当的说明，一式五份附在委托方与咨询监理公司的协议书上，作为对协议条款和条件的补充即可。

电子政务建设监理是一项新的事物。签订合同需要注意的事项归纳起来有以下3个方面。

① 必须坚持依照法定程序签署合同。监理委托合同一旦签订，就意味着委托关系的形成。签订合同必须由双方法人代表或经其授权的代表（如业主的工程协调人、监理公司的工程总监理工程师）签署并监督执行。在合同签署过程中，双方应该进一步查明代表对方签字的人是否已被授予一定的职权，其实际行使的职权是否超出了被授予的范围。甚至可以要求对方出具授权签约合同的证明书。这些环节看起来烦琐，但却是必要的。否则，有可能会造成合同失效或产生不应有的纠纷。因此，要认真注意合同的有关法律问题。这些问题，一般是由通晓法律的专家或聘请的法律顾问进行指导并协助完成。

监理委托合同签署之后，业主应将委托给监理工程师的权限体现在与承包单位签订的工程合同中，至少在承包单位动工之前，要将监理工程的有关权限书面转达给承包单位，为监理工程师的工作创造条件。

开始执行合同时，业主应将自己授权的执行人及其所授权的权力以书面的形式通知监理公司，监理公司也应将拟派往该工程工作的总监理工程师及其助手的情况告知业主。必要时，双方可聘请法律顾问，证实执行监理委托合同的各方都是合格的、符合法律程序和规定。

② 不可忽视的替代性信件。有时尤其是在小型工程所委托的工作量很少的情况下，业主或监理公司认为没有必要正式签订合同文件，这时监理公司一般是采用一封简要的信件来确认与业主达成的口头协议，以代替烦琐的合同商签工作。虽然说这种信件不是具有法律约束的正规合同文件，但是，它也可以帮助确认双方的关系，以及双方对工程的有关理解和意图，以免将来因分歧而否定口头协议。这种将口头协议形成文字以保证其有效性的信件，包括业主提出的要求和承诺，也是监理公司的责任、履行义务的书面证据。所以说，这是一个不可忽视的替代性信件。

③ 合同的修改和变更。工程建设中经常会出现需要修改或变更合同内容的情况。例如，改变监理工作服务范围、工作深度、工程进度、费用的支付或委托和被委托方各自承担的责任等。特别是当出现需要改变服务范围和费用问题时，监理公司应坚持要求修改合同，而用口头协议或临时交换函件等办法都是不可取的。可以采取以下几种方式对合同进行修改：正式文件、信件协议和委托单。如果变动范围太大，则应重新制订一个新的合同来取代原有的合同，这样对双方均有利。不论用什么办法，修改之处一定要便于执行，这是避免纠纷、节约时间和资金的必然需求。如果忽视了这一点，仅仅在表面上进行修改，就有可能导致合同缺乏合法性和可行性。

(2) 监理组织机构的监理步骤

监理公司的领导班子一旦与该工程的业主签订了监理委托合同后，就应立即在公司内部成立与承包该工程监理相应的具体工作班子，即针对某一具体的信息工程建设与监理相对应的组织机构。监理班子的组织形式和规模应根据监理合同约定的工程类别、规模、内容、技术复杂程度、实施工期和施工环境等因素确定。

针对签订委托合同的某一工程，监理公司应考虑工程规模大小和承担监理任务的范围，通常应遵循以下步骤。

1）根据监理委托合同中确定的监理任务，明确列出为此要进行的监理工作内容，即监理过程中各项"活动"的内容。

2）根据应开展的监理工作内容，进行适当的归并或组合。这种归并或组合，主要取决于监理工程的规模、性质、工期长短、工期的复杂性以及本监理公司人员的数量、技术水平、现有监理任务等。

3）绘制组织结构图。应合理确定监理班子的组织层次，配备必要的工作机构，并绘制组织结构图。

4）为各监理工作岗位配备人员。人员的配备应体现"职能要落实，人员要精干"的精神。

5）制定监理人员岗位职责标准、监理工作流程和监理信息流程。监理人员岗位职责标准应该规定各类人员的工作职责和考核要求，在工作职责中又分为应完成的工作指标和基本责任，考核要求可分为考核标准和完成时间。监理工作流程是根据监理工作制度对监理工作程序所做的规定，它是保证监理工作有序、有效和规范化的重要措施。监理信息流程是根据监理工作制度，对监理工作所需的各类信息传递所做的规定，信息是监理工作中三控制、两管理的基础。

(3) 建设监理的目标控制

电子政务建设监理的目标是控制投资、工期和质量，而合同管理、信息管理和全面的组织协调，则是实现投资、工期和质量目标所必须使用的控制手段和措施。建设监理只有明确了监理应达到的目标值，才能谈得上控制。因此，在成立监理工作班子之后、开展具体监理工作之前，应优先确定投资、工期和质量的目标值，有时称为目标标准。所谓监理的目标就是指如何确定投资、工期和质量应达到的目标值。

确定目标值的难点是，确定每个目标值时都要考虑到其他目标的影响，需进行各方面的分析比较，尽量做到目标系统为最优。这里应强调的是，工程安全可靠性和使用功能目标以及施工、开发质量合格的目标，应给予优先保证。并力争在此基础上，使目标系统达到最优。在确定监理目标值后，尚需进一步确定目标计划和标准，然后在此基础上采取各种控制和协调措施，以达到监理目标值的实现。

2. 工程前期的建设监理

前面讨论了工程建设监理的业务准备阶段中的有关工作内容，在做好以上准备工作的基础上，将进行工程监理的前期工作，从监理的全过程来看，这一部分仍为工程的前期阶段。

在整个监理过程中，最大的难点是对软件开发子过程（或称阶段）的监理，是对无形产品设计、开发过程的监理，这也是电子政务系统工程建设监理与建筑工程建设监理最本质的区别所在。除了软件开发以外，信息工程中的计算机通信网络、综合布线、智能建筑等工程建设监理，与建筑工程中机电工程的建设监理没有什么本质的区别，都属于设备、材料及安装调试过程的监理。此外，建筑工程的设计和施工是分开的，一般由建筑设计院负责设计，建筑工程公司负责施工，因此，他们的设计监理和工程监理是可以分开的，而监理工作的重心则在施工阶段。信息工程则完全不一样，他们的设计、施工、系统集成和开发是密不可分的，因此，电子政务系统工程建设中最好进行设计、施工、系统集成和开发全过程的监理，或称全程监理。

在工程前期阶段监理公司应做的工作主要有如下4个环节：协助业主编制可行性研究报告，协助业主进行招标及评标工作，协助业主和承包商进行信息工程的初步方案设计，协助业主和承包商进行专家评审（初步方案设计）以及编制监理规划与监理细则。

3. 工程中、后期的建设监理

工程中、后期的建设监理是指整个监理工作进入了实际的施工与开发的建设监理阶段，工作量相对较大，也是对监理工作要求最高的部分。

以全程监理为例，工程中期的建设监理应该包括3个部分的施工与开发的监理，即综合布线、网络系统集成及应用软件开发，工程后期的建设监理主要是试运行及验收的监理。而以上这4个部分中，从监理的内容看，每部分都应做到三控制、两管理以及一协调。

在不同的阶段中均存在共同的监理内容，但是，会根据实际情况发生变化。比如，某监理公司并不是承包全程监理，可能只承包综合布线，而其余部分由另一个监理公司承包；或者，有3家监理公司根据自己的优势，分别承包综合布线、网络系统集成、应用软件开发；还有其他的排列组合的可能性。不管是全程监理，还是分别承包各阶段工程任务的监理，它们都离不开监理的关键内容（三控制、两管理和一协调），也离不开系统试运行及验收阶段，只是在分别承包监理任务时，还要加入分系统的试运行及验收。

工程中、后期建设监理的内容如下。

（1）工程实施、验收阶段的质量控制

不同阶段的质量控制有不同的内容和要求。如综合布线部分侧重于材料、设备及施工方面，而网络系统集成部分则侧重于计算机硬件及系统软件，而应用软件开发部分则完全偏重于软件工程。因此，从编制监理细则到具体进行监理工作，质量控制的具体内容都有很大区别，这里只讨论其共性部分。

ISO 9000 标准中把质量定义为"一组固有特性满足要求的程度"。结合电子政务系统工程来说，质量的好坏应由用户来判定。工程的质量是工程建设的核心，是决定整个工程建设成败的关键，也是建设监理的 3 大控制目标（质量、投资、进度控制）的重点。它对提高工程的经济效益、社会效益和环境效益均有重大意义。

按照国际标准化组织（ISO）的定义，质量控制就是为满足质量要求所采取的作业技术和活动。对一个工程而言，就是为了确保合同规定的质量标准所采取的一系列监控措施、手段和方法。

质量控制可分为事前、事中和事后 3 部分来描述。

1）事前质量控制。

事前质量控制指在正式施工、开发前进行的质量控制，其具体内容如下。

- 审查承包商的技术资质。对于总承包商的技术资质，已在招标阶段进行审查；而对于总承包商通过招标选择的分包施工、开发单位，则应经过监理工程师审查认定后，方能进入施工和开发阶段。主要审查其是否具有能完成该工程，并确保其质量的技术能力及管理水平。
- 对信息网络系统所使用的软件、硬件设备及其他材料的数量、质量和规格进行认真检查。所有进场材料均应有产品合格证或技术说明书，同时，还应按有关规定进行抽检。硬件设备到场后应进行检查和验收，主要设备还应开箱查验，并按所附技术说明书及装箱清单进行验收。对于从国外引进的硬件设备，应在交货合同规定的期限内开箱逐一查验，软件应检查是否有授权书或许可证号等，并逐一与合同设备清单进行核对。
- 审查施工、开发单位提交的施工方案、开发方案，以及施工、开发组织的设计，保证工程质量具有可靠的技术保障。
- 审查承包商对关键部分的测试方案，如主机网络系统软硬件测试方案、重要应用软件开发的模块测试方法等。
- 协助承包商完善质量保证体系，包括完善计量及质量检测技术和手段。
- 协助承包商完善现场质量管理制度，包括现场会议制度、现场质量检验制度、质量统计报表制度和质量事故报告及处理制度等。有些内容还应为输入监理软件做数据准备。
- 组织设计文件及设计方案交底会，熟悉工程设计、施工及开发过程，根据有关设计规范、施工验收及软件工程验收等的规范、规程或标准，对工程部分下达质量要求标准。
- 对工程质量有重大影响的软硬件，应审核承包商提供的技术性能报告，凡不符合质量要求的均不能使用。
- 把好开工关。监理工程师检查现场各项施工准备工作，在确认开发软硬件环境合格后，才可以发布开工令。对于停工的工程，若监理工程师没有发布复工令，则工程不得复工。

2）事中质量控制。

事中质量控制是指在施工、开发过程中进行的质量控制，具体内容如下。

- 协助承包商完善工序控制。把影响工序质量的因素都纳入管理状态，如布线接地系统中存在两个不同的接地点时，监理工程师应到现场亲自测量，确认其接地电位差（电压有效值）应不大于1V。建立质量管理点，如软件开发中各模块输入、输出接口等，及时检查和审核承包商提交的质量统计分析资料和质量控制图表。
- 严格工序间交接检查。主要工序作业（包括布线中的隐蔽作业）需按有关验收规定经现场监理人员检查、签署验收。如综合布线系统的各项材料，包括插座、屏蔽线及RJ45插头等，应经现场监理检查、测试，未经测试不得进行安装；又如在综合布线系统完成后，未经监理工程师测试、检查，不得与整个计算机网络系统相连通等。
- 对于重要的工程部分，专业质量监理工程师还要亲自进行测试或技术复核。
- 对完成的分项、分部工程，按相应的质量评定标准和办法进行检查、验收。
- 审核设计变更和软件开发方案的修改。
- 按合同行使质量监督权，在下述情况下，监理工程师有权下达停工令。

第一，施工、开发中出现质量异常情况，经提出后承包商仍不采取改进措施者，或者采取的改进措施不力，还没有使质量状况发生好转趋势者。

第二，隐蔽作业（指综合布线及系统集成中埋入墙内或地板下的部分）未经现场监理人员查验，自行封闭、掩盖者。

第三，对已发生的质量事故没有进行处理或没有提出有效的改进措施，便继续作业者。

第四，擅自变更设计、图纸及开发方案自行施工、开发者。

第五，使用没有技术合格证的工程材料、没有授权证书的软件，或者擅自替换、变更工程材料及使用盗版软件者。

第六，未经技术资质审查的人员进入现场施工、开发者。

- 组织定期或不定期的现场会议，及时分析、通报工程质量状况，并协调有关单位之间的业务活动等。
- 坚持质量监理日志的记录工作。现场质量工程师及质检人员应逐日记录有关施工、开发质量动态及影响因素的情况。

除上述一系列事中的质量控制事项外，还需注意如下5项事中质量控制的监理工作。

- 工序交接检验。坚持上道工序未经检查，并验收合格后，不准进行下道工序的原则。只有上道工序完成后，先由施工、开发单位进行自检或专职检并认为合格后，才通知现场监理工程师或其代表到现场或机房、实验室会同检验。合格后由现场监理工程师或其代表签署认可后，方能进行下一道工序的工作。
- 设计变更处理。实际工程中常会由于情况的变化，需要修改设计方案，一般来说，都是由业主方提出的。因此，在进行设计变更时，必须进行技术核定并由总监理工程师审核，协调好各方和各个环节。
- 工程变更处理。这是由施工、开发方提出的，需要根据实际情况的变化，变更原方案的部分工程。
- 单项工程开工报告和复工报告审批。如前所述，监理工程师遇到工程中有不符合要求的情况且情况严重时，有权下达停工令。但工程何时开工和停工后的复工，均应严格遵照规定的管理流程进行。
- 工程款支付和签署质量认证。凡质量、技术方面有法律效力的文件，最后只能由工程总监理工程师一人签署。专业质量监理工程师、现场质检员可在有关质量、技术方面的原始凭证上签署，最后由工程总监理工程师核签后方才有效。施工、开发单位工程进度款的支付申请必须有质监方面的认证意见，这既是质量控制的需要，也是投资控制的需要。

3）事后质量控制。

事后质量控制是指在完成施工、开发过程后形成产品的质量控制，具体内容如下。

- 按规定的质量评定标准和办法（包括软件工程规范等），对完成的分项、分部工程以及单项工程，进行检查验收。
- 组织系统调试和试运行。对试运行中出现的质量问题，督促有关单位负责解决。
- 审核承包商提供的系统质量检验报告及有关技术文档。
- 协调业主组织整个信息工程的初验工作，及最后完成的竣工验收准备工作，并协助业主填写《信息工程初验报告书》。
- 负责对规定保修期限内的工程质量状况的检查、鉴定，以及督促责任单位负责维护。
- 最后督促整理整个工程有关的文件及技术档案资料。

7.8.3 电子政务工程建设监理的依据

目前，在电子政务系统工程建设领域中还没有完整的国家级质量标准与检测方法，只有一些局部的参考资料，如综合布线、软件工程等局部环节有国际或国家的标准、规范可以参考。所以，在施工监理过程中，往往需要请专家推荐某个厂家的企业标准，或是将技术论坛上提出的某个标准作为具体工程的质量标准，经过业主和开发方同意，将其写入工程合同中；或与开发方协商，由其推荐某个标准，经研究后认为可行，再以文字确立为合同条款。而且，随着时间的推移，技术不断向前发展，原来在某个工程中曾使用的标准在新的工程中可能不能再采用，而需要选用更合适的标准来满足新的信息工程需要。这一点在电子政务信息工程的建设监理中必须引起注意。

由于监理是要在信息工程的工程建设中独立地发挥约束和协调的作用，因此，它需要依据权威性的文件来完成这些作用。当今主要的依据有如下几个。

1. 国务院颁布的《质量振兴纲要》和《公司法》

《质量振兴纲要》明确提出，对重点建设工程中的成套设备，在工程法人负责制的基础上，建立设备监理制度。因为一般工业建设工程，其设备工程投资通常占工程总投资的50%左右，工程的整体质量和效益，在很大程度上取决于工程成套设备及关键工艺单元设备的设计方案和工艺文件要求，以及安装调试是否达到预定的技术指标。该文件是一个法规性文件，在电子政务系统工程建设监理中完全可以作为遵循的依据。

至于《公司法》，其涵盖面较宽，这对所有行业凡涉及有关公司的行为都具有权威性的约束。

2. 现行国家、行业和地区的有关法律法规和规定

在电子政务系统工程建设中必须遵循国家的有关法律法规，否则，在有争议的环节中将无法可依。如办公自动化系统（OA）中的"公文管理"部分，就必须遵循国务院颁布的《国家行政机关公文处理办法》和中共中央办公厅颁发的《中国共产党机关公文处理条例》，档案管理要遵守《档案法》，查询统计要遵循《中华人民共和国统计法》等。这是一种我国整个社会必须遵守的规则，否则，将无法实现信息资源的共享与交流。

3. 开发方与业主签订的合同

由于信息技术行业的特殊性，理想的情况是监理工作应该从该信息工程的可行性研究开始与其同步进行，以合同为依据开展各阶段的工作。这样才能保证监理在该工程中发挥作用。

4. 信息技术行业技术质量标准规范

信息技术的快速发展给电子政务系统的工程建设监理工作带来了很大的难度。由于技术更新快，标准和规范常常滞后，尤其是信息工程的软件开发部分（如软件开发技术中的面向对象的开发工具和构件技术等），更应该坚持按软件工程标准、规范办事，这对开发方（承建商）和监理方都有很高的要求。这里既需要监督约束，又需要合作协调。

5. 参照国际、国内各种标准和规范

目前国际上通行的标准有国际咨询工程师联合会（FIDIC）制定的国际范本、通用规则和使用指南，如 FIDIC 制定的《业主/咨询工程师标准服务协议书》等国际公认与通用的权威文件；在工程的质量控制中，积极参照 ISO9000 系列标准的要求，同时要结合工程的实际情况实施。

监理的最终目标是保证电子政务系统工程按时、按质、按量交付给建设单位（业主）使用，信息工程监理在对电子政务系统工程建设参与者的行为进行监控、督导和评价的同时，应积极采取措施，保证电子政务系统工程建设行为符合国家法律法规和各种信息技术标准，制止行为的随意性和盲目性，促使电子政务系统工程建设的进度、造价和质量按照签订的合同实现，确保电子政务系统工程建设行为的合法性、科学性、合理性和经济性。归根结底，信息工程监理应该将"以法律法规和标准为准绳，以合同为核心"贯穿于整个监理活动的全过程中。

7.9 小结

本章主要介绍了我国电子政务系统工程运行和管理的主要方法。先从我国电子政务系统工程建设的历史出发，详细介绍了电子政务系统发展的进程以及管理中存在的问题。接着从电子政务系统工程的运行和管理两个角度分别展开叙述。然后介绍了电子政务系统工程的运行和电子政务系统工程的管理。

电子政务系统工程的运行分为电子政务系统工程准备、启动、采购、实施和后评价 5 个阶段。工程准备是为了建立信息化机构、制订长期规划、制定相关政策和标准化体系。为具体工程的成功打下管理基础，包括管理体制建设、战略规划制定以及相关法律法规的颁布。在准备充分的基础上即可启动电子政务工程，从经济效益、社会效益和政府自身能力的优先级出发，选择合适的工程，制定相应的章程，进一步形成较详细的范围说明书，为将来的工程决策建立基础。电子政务系统工程的采购可根据《中华人民共和国政府采购法》中的相关规定，依法进行项目的相关招标和采购。此外，新型的 PPP 采购模式，即公私合营模式，也可以作为采购依据的方法。在有了准备、启动和采购的基础上，便可以进行工程的实施。工程实施的主要内容是对电子政务软件系统的开发和部署，以及后续的安装和调试。最后电子政务系统的工程后评价阶段是对整个系统工程的目的、效益、影响和建设过程等情况进行全面而又系统的分析与评价，从而增加投资效益，提高宏观决策和管理的水平，发现信息系统工程建设中存在的问题，为系统的正常运行和维护提供决策信息。

电子政务系统工程的管理是电子政务系统区别于其他信息系统的一个重要方面。目前许多政府部门在做电子政务规划时，强调建设而忽视运营维护管理。电子政务系统投入运行后，应设系统维护管理员，专门负责整个系统维护的管理工作；针对每个子系统或功能模块，应配备系统管理人员，他们的任务是熟悉并仔细研究所负责部分系统的功能实现过程，甚至对程序细节都有清楚的了解，以便完成具体的维护工作。电子政务系统工程建设监理的中心任务就是科学地规划和控制工程建设的投资、进度和质量3大目标，并且最终目标是保证电子政务系统工程按时、按质、按量交付给建设单位（业主）使用。

总而言之，电子政务系统工程是一个庞大而又复杂的信息系统工程，需要大量的人力、物力和财力来进行开发运行和管理维护。不过其优点也是显而易见的，它利用了现代信息技术对政府进行信息化改造，有利于提高政府部门依法行政的水平，使得政务工作更有效、更精简、更公开、更透明，重新构造了政府、企业、公民之间的关系，使之比以前更加协调，使企业和公民能够更好地参与政府的管理。

7.10　思考题

1. 我国电子政务发展至今一共经历了哪几个阶段？
2. 我国政府的主要采购方式是什么？分别需要经历哪些过程？
3. 我国电子政务发展的优先级由高到低分别是哪三个方面？
4. 简要概述电子政务工程实施的内容。
5. 系统后评价的目标是什么？
6. 电子政务工程与其他工程的区别是什么？简要概述该区别。
7. 电子政务系统工程建设监理的内容是什么？如何进行监理？

7.11　参考文献

[1] 杨道玲. 我国电子政务发展现状与"十三五"展望[J]. 电子政务，2017（3）：53-60.
[2] 李志刚，徐婷. 电子政务信息服务质量公众满意度模型及实证研究[J]. 电子政务，2017（9）：119-127.
[3] 宋魏巍，孙文瑾. PPP模式在电子政务建设中的应用研究[J]. 电子政务，2017（8）：112-121.
[4] 潘文文，胡广伟. 电子政务工程项目绩效评估方法研究：闭环管理的视角[J]. 电子政务，2017（9）：110-118.
[5] 于施洋，王建冬，童楠楠. 大数据环境下的政府信息服务创新：研究现状与发展对策[J]. 电子政务，2016（1）：26-32.
[6] 奚源. 地方政府健康城市建设研究：基于完善电子政务的视角[J]. 电子政务，2017（8）：92-98.
[7] 金鸿浩，郑乐天，陈玉. 电子政务项目风险评估与治理研究：基于电子检务工程的案例分析[J]. 电子政务，2017（10）：62-69.
[8] 陈阳，张妮，张鼎. 我国电子政务云平台发展现状评价指标体系初研及应用[J]. 电子政务，2017（2）：96-105.
[9] 汪梦. 政府数据开放下的电子政务变革若干问题研究[J]. 电子政务，2016（11）：115-121.
[10] 佘贵清，袁岩松，米坤，等. 质效型电子政务运维管理体系探索与实践[J]. 电子政务，2016（3）：89-97.

［11］杨道玲，王璟璇．中国电子政务"十三五"面临的机遇与挑战［J］．电子政务，2015（4）：11-17.

［12］王益民．从《联合国2014年电子政务调查报告》看全球电子政务发展［J］．电子政务，2014（9）：2-8.

［13］王璟璇，杨道玲．国际电子政务发展趋势及经验借鉴［J］．电子政务，2015（4）：24-30.

［14］周民，吕品．"互联网+"政务外网：新时期国家电子政务外网发展思路［J］．电子政务，2015（8）：52-55.

［15］王益民．2014中国城市电子政务发展水平调查报告［J］．电子政务，2014（12）：2-13.

［16］颜海，李有仙，赵跃．国际电子政务研究进展：基于三种外文期刊近五年刊文的统计分析［J］．电子政务，2015（8）：105-112.

［17］孙宇，高敏，石永玮．热点及变迁：十余年来中外电子政务研究的比较分析［J］．电子政务，2015（3）：44-53.

第 8 章　电子政务的服务体系

电子政务服务体系的目标是协同政府、企业、公民三者间的信息交互与共享，推动政府部门工作的有效、精简、公开、透明化发展，完善对公众的一体化服务。本章首先介绍电子政务服务体系的框架，接着从建模与规划、实施、安全性以及性能 4 个方面来阐述面向服务的电子政务体系的实现。

8.1　电子政务服务体系的框架

电子政务对于政府职能优化，提高政府公共服务水平及对于突发事件的应对能力具有重要意义。通过引入现代信息技术对政府的经济管理、市场监管、社会管理和公共服务 4 大主要职能电子化并网络化，以实现对政府的信息化改造，进而提升政府的依法执政能力。

在电子政务重构并协调政府与企业、公民关系的过程中，其服务体系框架的高效性、稳健性及合理性很大程度上决定了企业和公民能以何种交互方式参与到政府的管理中。一方面，电子政务的服务体系有助于推动政府部门工作的有效、精简、公开、透明化；另一方面，借助电子政务服务体系平台，企业和公民将以更高的参与度投身到对政府机构的公众监督中，并获得更快捷、及时、优质的公共服务[1]。

一般来说，电子政务服务体系中涉及的相关行为主体主要有 3 个——政府、企业和公民。上述 3 个行为主体直接决定了政府构建电子政务服务体系过程中的所有业务活动将以这 3 个行为主体为中心展开，包括了政府与政府之间的互动、政府与企业之间的互动以及政府与公民之间的互动。这 3 个主体之间的交互与联动进一步催生了相应的电子政务服务体系总体需求。如何在当今全球信息化的发展浪潮中选取科学、合理的技术，来构建高效、灵活的电子政务服务系统，从而实现这 3 个行为主体之间友好、边界、透明的交互接口，是首先要考虑的问题。

电子政务服务体系可以理解为：依托国家电子政务建设平台，以公共服务为中心，以满足公众需求为导向，面向政府内部的流程优化和服务扩展，对内实现政府部门间的信息共享和协同办公，对外为公众提供无缝隙、"一站式"的电子政务服务的一体化服务体系[2]。

放眼世界电子政务已受到国家及政府的高度重视。在当前世界形势复杂多变的背景下，各国政府的管理与服务模式都面临着巨大的变革挑战。而物联网、云计算、大数据等新技术的快速发展，又给电子政务的发展带来了新的技术基础。各国积极应用新技术创新电子政务的发展模式，制定新时期的电子政务发展战略，构建整体政府、开放政府和智慧政府成为当前各国电子政务建设的趋势。

与此同时，社会对电子政务系统的功能和性能的要求也日益提高。当前，大量的电子政务系统多为 B/S 模式的 Web 应用程序，但该架构在不同程度上存在着可扩展性差、互操作性不强、易形成"信息孤岛"等严重问题。面向服务的架构（Service-Oriented Architecture，SOA）正是为解决这类问题而近期发展起来的设计思想和架构。目前，SOA 已成为当下主流的电子政务服务框架所采用的主流架构。其技术正处于标准制定和规范推广的阶段，在实际应用中主要还是针对遗留系统的集成问题。

面向服务的架构是一种分散式的设计方法，它通过基本的服务封装及重组，针对特定要求的服务需求，提供各项完备的服务逻辑，使得构建在各种系统中的服务可以一种统一和通用的方式进行交互，同时接受服务者不需要了解各项服务的具体运作过程。在面向服务的体系架构中，粗粒度、松耦合的服务模块之间可通过简单的标准化接口进行通信，精确定义的服务契约为高效、精准的服务交付提供了保障[3]。

电子政务面向服务的架构能够使电子政务的事务灵活性、可重用性、流程等得到有效实现，可以适应政府流程的变化而进行快速设计与迭代，以实现电子政务的终极目标——服务[4-6]。SOA与电子政务结合的其他契合点还表现在以下方面。

1）建立面向服务的架构（SOA）有助于使IT和电子政务服务流程做好应对迅速变化的准备。SOA可与已有的电子政务系统实现对接，从现有的业务系统中创造新价值，同时创造服务向企业及公民交付的新途径，优化服务的交互流程。当政府部分的服务部署发生新的变化时，SOA自身松耦合、可重用的特性可为其提供灵活的业务模型，从而迅速地响应各种可期及意料之外的变换与更迭。

2）SOA可降低政府部署服务交付的成本。SOA中粗粒度的服务接口分级及可重用的服务组合很大程度上消除了重复的系统模块设计，一次构建便可重复利用，且这一服务交付方式可大大缩短部署投放的时间。

3）SOA精确定义的服务契约及标准化的服务接口设计降低了风险和暴露缺陷的危害，提高了政府业务运作的可视性。

4）SOA通过对抽象化应用组件的组合和使用，屏蔽了底层编程接口和通信模型的差异性，可弥补希望业务所达到的目标与实现目标所需要的基础架构工具之间的缺口。

作为电子政务服务体系的宏观逻辑框架，SOA根据需求通过网络对松耦合、粗粒度应用组件实现分布式部署、组合和使用，从而向社会提供有效、高质量的政府服务，提升政府的管理效能，减少政府部门的运行成本。

电子政务面向服务体系架构的推进，需要依托于前沿信息技术及相应网络架构的发展。从本质上来讲，SOA的分布式特点与当前蓬勃发展的雾计算以及边缘计算的技术框架具有较高的相似度。

雾计算可以理解为是一种分布式、本地化的云计算。雾计算这一概念最早由思科公司提出，它是一种分布式的计算模型，作为云数据中心和物联网设备、传感器之间的中间层，它提供计算、网络和存储设备，让基于云的服务可以离物联网设备和传感器更近。雾计算主要使用边缘网络中的设备，这些设备既可以是传统网络设备，如网络中的路由器、交换机、网关等，也可以是专门部署的本地服务器。这些设备的资源能力都远小于一个数据中心，但是它们庞大的数量可以弥补单一设备资源的不足。在电子政务服务系统中，雾节点一方面可以使中心化发布的政府信息及服务及时地传输至企业及公民，完成政府服务的高效交付；另一方面雾节点可以过滤、聚合用户消息，匿名处理用户数据以保证其隐秘性，初步处理数据以便实时决策，提供临时存储以提升用户接受政府服务的体验，而云数据中心则可以负责大运算量或长期存储任务，从而与雾计算的优势互补。通过雾计算，可将一些并不需要放到云上的数据放在网络边缘层直接进行处理和存储，提高数据分析处理的效率，降低时延，减少网络传输压力，提升安全性。雾计算以其广泛的地理分布、带有大量网络节点的大规模传感器网络、支持高移动性和实时互动、多样化的软硬件设备和云在线分析等特点，可在电子政务的面向服务体系架构中完成信息和服务的"上传下达",为政府的公共服务落地化提供了新的思路。

与基于基础设施即服务（Infrastructure as a Service，IaaS）、平台即服务（Platform as a Service，PaaS）、软件即服务（Software as a Service，SaaS）等云服务的雾计算不同的是,边缘计算（Edge Computing）更多地专注于终端设备端。在电子政务服务系统的部署中,两者侧重于不同的环节:雾计算更侧重于集中式大数据处理与近终端服务交付体系,边缘计算则更侧重于边缘式大数据处理。边缘计算一定程度上摒弃了传统的中心化思维,它的主要计算节点以及分布式的应用程序部署在靠近终端的数据中心,这使得它在服务的响应性能和可靠性方面都要高于传统中心化的云计算概念。具体而言,边缘计算可以理解为是指利用靠近数据源的边缘地带来完成的运算程序,它拉近了政府服务与用户之间的距离,提高了公众参与公共事务的广泛度与参与度。随着大数据时代的到来,部署并发展电子政务,建立统一、高效的电子政务服务平台,以更好地提升行政效率,降低行政成本,促进政府部门更好地发挥社会管理职能,已逐步成为国家及社会的共识,将云计算、雾计算、边缘计算等先进技术框架与电子政务服务体系进行科学的结合,是政府服务交付与落地的主流趋势[6]。

8.2 面向服务的电子政务体系实现

8.2.1 面向服务的电子政务体系结构建模与规划

1. 系统规划

（1）实现策略

电子政务应用系统的实现是电子政务体系的基石。在政府的大力支持及相关技术发展的推动下,我国电子政务服务系统已初显规模。据统计数据显示,2014~2018年期间我国电子政务的市场规模逐年扩张,年均复合增长率为13.48%。2018年电子政务市场规模为3060亿元,同比增长9.74%,2019年,我国电子政务市场规模保持较高增长速度,市场规模近3366亿元。在经济和信息全球化快速发展的今天,政务信息化程度已然成为一个国家或地区在全球中的一个重要竞争力要素。

如何规划并搭建合理、科学的基于SOA的电子政务服务系统,同时充分融合、发挥当前的技术演进趋势,协助政府实现对国家的有效管理,保障企业、公民的公共服务体验度,并提升国家的全球竞争力,是实现电子政务的关键性问题。

电子政务服务体系的实现策略应主要考虑并致力于改善政府、企业、公民三者之间的关系,总体目标是选取合适的技术框架来搭建SOA服务系统,从而在这3个行为主体之间搭建有效、友好、精简、透明的交互接口。

随着网络技术的发展,以雾计算、边缘计算为代表的分布式技术框架,为面向服务的电子政务服务体系架构提供了可行的系统构建方案。

云中心-端、雾节点的中心分发/存储-分布式交付的体系可为基于SOA的电子政务服务体系提供从政府到公众的一体化服务架构。政府与政府之间的交互,主要包括首脑机关与中央及其他地方政府部门之间、中央政府与各级地方政府之间、政府内部各个部门之间的信息交换与共享。涉及基础信息的采集、存储、分析,如人口、地理、资源信息等;政府之间的各种业务流所需要采集和处理的信息,如经济管理、公安、国防、国家安全信息等;政府之间的通信信息,如突发事件、紧急状况的通报、处理等;政府内各部门的信息管理系统,如档案、人事、公文信息等；各级地方政府的决策支持系统和信息执行系统等。这些信息具有"中心化""存储持久化""集中分发""数据量大"的特点，可存放在各级政府根据标准规章自行搭建的云平台数据中心中，统一管理、更新和分发。同时根据政府的分级划分，在云平台之外部署一定数量的雾节点，以便在必要的时候推动云中心的流通，并根据公众的需要利用数据流构建服务逻辑，最终交付给终端用户。政府和企业、政府和公民之间的交互主要包括企业、公民对政府所提供的公共信息的查询，如政府规定、办事程序、相关主管部门的权责范围、公共事务信息、公共服务等，除了政府同企业和公民的信息流向，还涉及企业和公民向政府提供的各种信息及履行的义务，如向政府缴纳税款、向政府供应其所需商品及服务、按政府要求填报各类表格、群众意见征集上交、企业和公民参政议政等。这一类电子政务服务系统的特点是靠近用户、分散化、一对多，可采用边缘计算的思路收集、分析、处理终端节点（即企业、公民）的数据，从而提高政府服务系统的响应性能，并增强政府的信息采集、本地化处理能力[7-8]。

选取高度契合的技术框架实现由"现有政务"到"电子政务"的转变是一个较为复杂的问题，应审慎预期电子政务服务体系的长远发展目标，从大处着眼规划，小处迁移部署，最终实现跨越式的电子政务落地与发展。

（2）组织和实施

电子政务应用系统的开发，一般应成立由管理人员、技术专家在内的系统建设领导小组，并组成由技术雄厚、人员稳定的开发队伍和有关政府部门工作人员相结合的工作小组。在组织和实施的过程中，将目标项目分解成若干个较小的、易于实现的小任务作为起步，根据系统建设过程中各个项目模块的反馈，及时调整技术选型、服务抽象、业务逻辑设计，使电子政务服务体系的搭建朝一个相对稳健的方向发展。一旦系统部署初步完成并取得一定的实践经验及效益，便应加快系统扩张化、规模化的速度，一面加大对企业、公民的宣传力度，一面寻求政府和相关部门的支持，逐步扩大电子政务服务格局在公众中的渗透力和影响力，从而最终构造出一个信息化的政府形态。

2. 系统开发

为保证电子政务服务系统的鲁棒性、合理性及完备性，其开发需遵循如下流程。

1）需求分析。这是电子政务服务系统开发中最为重要也是最为基础的一项工作。需求在很大程度上直接反映了服务对象的真实需要。企业、公民与政府在社会生活中密不可分，随着社会的日益进步与经济的发展，传统方案下政府提供服务的方式已无法满足公众的需求，或者满足公众需求所需的成本代价与实际收益无法均衡。在建设电子政务服务系统的初期，应对这些矛盾点具有较高的洞察力，充分认识到公众需求的普遍性、复杂多样性及动态发展性，不断进行电子政务系统的更新迭代，以向公众提供更优质便捷的服务。

2）系统的总体设计。电子政务系统设计的优劣直接决定了整个系统最终的使用效果。应明确电子政务系统设计的总体目标，确定系统所支撑的政务活动的范畴，明确系统在其所属电子政务框架中的位置与作用，给出满足系统需求的一种解决方案，确保电子政务系统的无缝集成和预期目标的实现。

3）完成系统总体设计之后便可组织技术人员进行程序的开发与测试，测试成功后投入使用。

3. 设计原则

在电子政务应用系统开发设计和实现过程中应遵循以下原则。

1）先进性和成熟性：采用目前比较成熟、先进、可靠的技术和产品。

2) 开放性和标准性：优先考虑采用国际标准、国家标准和行业规范的技术和产品，保证系统的开放性。

3) 时效性：主要指能及时、全面、准确地采集有关的数据信息，使之根据需要动态地反映各种变化。

4) 安全性：采用有效措施来保障系统安全。通过权限控制模块来控制系统中的用户可以使用的功能和可以访问的数据的范围。

5) 共享性和兼容性：提供信息资源的共享和原有综合业务系统（电子化和非电子化）的兼容。

6) 可扩充和易操作性：能根据计算机系统的更新和制度的创新适时地扩充新功能，应具有良好的界面，减少各种特别培训，并具有在线帮助功能。

7) 准确性和完整性：系统对信息及各种数据必须按程序处理，反映事实，计算准确。

8) 易维护性：系统须具备良好的可维护性，在投入正式运行后，维护成本较低。

在电子政务系统设计与实际部署中，应充分考虑上述各项原则，从各个环节入手，力求实现整个系统的合理性与完备性。

8.2.2 电子政务服务体系的实施

电子政务的安全实施包括安全战略、安全技术及安全制度建设3个方面[9]。

电子政务关系到国家安全和政府工作的正常运转，其安全性不言而喻。制定安全战略时需要考虑如下内容。

1) 确立信息安全的战略目标和任务。我国信息安全的国家战略目标是，保证国民经济基础设施的信息安全，抵御有关国家、地区、集团可能对我国实施"信息战"的威胁和打击，以及国内外的高技术犯罪，保障国家安全、社会稳定和经济发展。

信息安全战略防御的重点是国民经济中的国家关键基础设施，包括金融、银行、税收、能源生产储备、粮油生产储备、水电气供应、交通运输、邮电通信、广播电视、商业贸易等。重中之重是支持这些设施运作的电子信息系统。

2) 加强国家信息安全机构建设。有必要成立国家信息安全机构或组织，研究确定国家信息安全的重大决策，发布国家信息安全政策，批准国家信息安全规划，对国家面临的重大信息安全紧急事件做出决断。在国家信息安全机构或组织的领导下，设立"国家信息安全技术委员会"，在国家执法部门建立高技术刑侦队伍，提高对高技术犯罪的预防和侦破能力。

3) 高度重视信息安全基础研究和人才培养。国家有关部门要对依靠国内力量建立起来的我国信息安全研究开发机构进行有机整合，在"国家信息安全技术委员会"的统一协调指导下，按照一定的进度要求完成我国信息安全所急需的关键技术和设备的研制和试制，形成高质量的批量生产。切实保证我国拥有自己独特的、有效的信息安全技术和装备体系，使我国有足够的能力预防和抗击有关国家、地区、集团或其他敌对势力可能对我国发动的信息战争和高技术犯罪活动。同时，要大力培养信息安全的专业人才，为各部门输送保障信息基础设施安全运行的骨干力量。

4) 推动信息安全产业的发展。要加强自主的信息和网络技术的开发，尽快推动开发和生产我国自己的计算机核心硬件和软件操作平台，并予以减税或免税等优惠政策。急需从安全体系整体的高度开展强有力的研究工作，从而为我国的信息与网络安全提供一个整体的理论指导和基础构件的支撑，并为信息网络安全工程的实现奠定坚实的基础，推动我国信息安全产业的发展。当前，急需重点组织研究、开发的关键技术如下：身份识别技术、数字签名技术、信息的完整性校验检测技术、信息的加解密保护技术、密钥管理技术、审计追踪技术、安全信息系统集成技术、系统的安全评价技术、电子信息系统电磁信息泄露防护技术等。

5）加快信息安全立法。应该加快有关法规的研究，尽早建立我国信息安全的法规体系。建议首先考虑制定以下法规：信息安全法、电子信息犯罪法、电子信息出版法、电子信息知识产权保护法、电子信息个人隐私法、电子信息教育法、电子信息出入境法。

6）加大信息安全投入。信息安全设备设施的研制需要大量的资金投入，建议通过国家投入、部门投入和社会融资等途径来筹措资金。国民经济信息化的信息安全不能完全依赖国家投入，如何运用市场机制来调动社会资金，走信息安全产业化的发展道路是值得探讨的问题。信息安全是敏感领域，国家需要加强对这一未来产业的控股，从而控制技术、控制经营管理权。

除了电子政务安全战略的设计，还应加大对电子政务安全技术的研究。能否科学、合理地进行电子政务系统的安全技术选型，及时发现和消除隐患，直接关系到电子政务能否高效、可靠地运行。电子政务的安全技术可以分为安全防御技术和安全认证技术。一般来说，网络安全包括系统安全和信息安全两个部分。系统安全主要指网络设备的硬件、操作系统和应用软件的安全；信息安全主要指各种信息的存储、传输的安全。威胁电子政务系统安全的因素一般有病毒和黑客入侵，病毒与黑客入侵也是网络上最常遇到的正面攻击；而保护信息安全的手段主要是信息加密、访问控制和CA认证等。安全防御技术主要指防火墙技术，即利用软、硬件把外来的病毒和攻击隔离。安全认证技术主要指通过数字密码等用户标识技术来确定用户身份的技术和标准。

另外，还必须做好相关安全保密制度的制定，并对相关人员进行培训及安全知识的普及，督促安全制度的推行。主要包括以下两个方面。

① 建立完善的信息安全组织机构，确定专门的安全管理责任人员。信息安全的管理机构通常包括政府上网信息安全领导小组、信息安全领导小组办公室和系统安全员。

② 建立和健全各种安全管理制度，规范安全操作规程。安全管理制度包括严密的物理隔离制度、事故预报和防患措施、事故处理和事后追究责任制度，应积极采取各种安全策略，确保电子政务系统的安全运行。

8.2.3 服务安全性考虑

考虑到电子政务服务系统在政府实际运行及公共服务提供中发挥的重要作用，一旦其服务安全性出现问题，必将会给社会公共事务运转及政府治理带来巨大的负面影响。因此，加强电子政务服务安全保障体系建设不仅必不可少，同时也刻不容缓。

具有自主知识产权的信息安全基础设施为电子政务提供了安全保障。具有我国自主知识产权的PKI信息安全平台已经研制成功，该平台采用以信息安全架构体系为核心的全新设计思路，将PKI安全服务的核心处理模块和核心业务处理模块从现有的主机平台中分离出来，并放置在独立可信的计算环境中运行，以解决我国信息安全系统依赖国外操作系统和底层硬件平台的问题。整个信息安全平台主要包括服务器端、网络端和客户端3个部分，其中服务器端是PKI核心安全服务的提供部分，网络端通过提高网络系统的可管理性为PKI安全服务向用户终端的延伸提供可信平台，而客户端则是PKI安全服务的终端应用平台部分。PKI信息安全平台从网络安全的多个层面提供安全服务，可以有效保证电子政务系统的安全可靠运行[10-12]。

从管理层面看，威胁网络信息安全的主要来源包括内部人员（包括信息系统的管理人员、使用者、决策者、信息系统的开发者、维护者等）、特殊身份人员（如审计人员、稽查人员、记者等）、外部黑客、竞争对手、网络恐怖组织、军事组织或国家组织等。

　　人们对内部人员破坏问题的关注程度远远不及对外部破坏的关注程度。据加拿大著名的 KPMG 调查与安全公司对 1283 家公司进行调查后发现，70%的黑客攻击事件与内部人员有关。当某个政府部门或系统完成联网之后，每个部门的信息安全也就很难为自己所控制。如果把电子政务系统比喻成一个链条，那么一旦最薄弱的环节出现问题，就有可能引起整个系统的崩溃。从这个意义上来讲，联网行为本身就降低了每个部门的信息安全水平。在所有部门成为一个整体的情况下，一旦有熟知电子政务系统结构和运行方式或掌握重要密码的内部人员，为了报复或销毁某些记录而突然发难，在系统中植入病毒或改变某些程序设置，那么就有可能引发极大的混乱。

　　内部人员的破坏活动并不局限于破坏计算机系统，还包括越权处理公务、窃取机密数据等。今后，随着电子政务的日益扩大，以及联网范围的不断延伸，内部人员的这些破坏活动所能造成的损失将直线上升。因此，在全力防范针对电子政务系统的外部入侵的同时，对存在于系统内部的安全隐患也要给予足够重视，应尽快制定更为详尽的规章制度及更为有效的管理手段，以杜绝内部破坏事件的发生。

　　部分电子政务发展较快的国家的成功经验包括：通过试点逐步扩大电子政务的应用，了解用户反应，测试系统功能，避免大的系统风险；为用户提供可供选择的服务手段；解决用户对安全和隐私问题的疑虑，如建立 PKI 系统安全结构；对政府业务流程进行必要的重组；重视对客户的需求调查；对企业和公民进行电子政务教育培训，与企业界、研究机构和其他组织达成共识，共同致力于信息社会的建设。

8.2.4　服务性能监管、评估与验证

1. 电子政务服务性能监管、评估与验证

对电子政务进行持续化的服务性能监管、评估与验证对于保障整个系统的长期稳定运行、动态更新发展具有重要意义。这一工作主要包括以下几个部分。

1）政府规划→施行→评估的循环。即周期性地结合具体的电子政务服务系统，通过制订计划对各个服务环节实施评估。

2）改进和优化电子政务。评估之后，积极进行分析，结合评估过程中暴露出来的问题，有针对性地对现有的电子政务体系进行整改，以不断优化系统运行，使之动态性发展。

3）提供政府决策过程中的数据。对于企业、公民提交上来的数据及信息，应在电子政务服务系统中设置相应的组件予以接收、采集、整合、分析，将这些结构化、非结构化的海量数据进行处理，从而将其转化为政府决策过程中的重要参考依据。

4）评估政府工作的效果。电子政务系统的一个重要目标是提高政府的公共服务能力，使政府自觉接受公众的监督。为达到这一目标，需定期开展对政府工作效果的评估，并根据评估结果调整、优化工作策略，以更好地提升行政效率，进一步降低行政成本，更好地发挥政府的社会管理职能。

2. 面向电子政务的数据分析解决方案

随着大数据时代的到来及信息技术的广泛普及，电子政务服务系统的数据量也随之增大，而传统数据库由于技术条件限制，无法对海量数据进行深层次的分析、关联、聚合与挖掘，无法很好地满足当代电子政务系统的需要，因此急需结合较为成熟的数据管理、挖掘技术，对现

有电子政务的数据分析方案进行改进[13-14]。

辅助决策系统是电子政务平台的核心应用之一。该系统结合各种搜索技术、信息智能处理技术，围绕基本的决策主体，并辅以自然语言处理技术，进行与目标决策主题相关知识库、政策分析模型库、情报研究方法库的构建，为政府决策部门提供全方位、多维度的决策支持和知识提供服务，是政府提高执政能力的重要手段。

如何在实现服务交付的同时，帮助各级政府及企业、公民建立畅通的协作管道和知识信息管理平台，是电子政务数据分析方案中应考虑的关键课题。电子政务服务系统中各个节点在交互过程中产生的知识，是政府部门进行公共事务管理及提高执政能力的重要依据。政府知识管理系统一般指辅助政府进行知识管理的计算机系统，借助这套系统，政府部门可从各种显性、隐性的信息中提取有价值的信息，进行分析存储，并在适当的时候为决策者所用，从而提高政府部门的决策能力[15]。

3. 面向电子政务的应急解决方案

作为政府部门的职能之一，电子政务服务系统应在突发公共事件发生时，协助政府相关部门迅速启动应急预案，高效利用有限的资源，对事件进行快速反应和风险抵御，并为公众提供便捷、可靠、及时的紧急救助服务。

当发生洪涝、泥石流、地震等自然灾害，煤矿塌方、城市火灾等事故灾害，或禽流感、非典等公共卫生事件时，应充分调动电子政务服务系统的各个组件，在政府部门的统一协调、统一调度下，借助政务平台发布各类信息，实现信息的层层分发，由高一级应急办及各部委局的应急管理部门进行总体的指挥和协同，下属各区、各地方的应急办在收到相关信息后，进一步协调各应急部门开展后续应急工作，服从应急机关的指挥和领导，实现信息的纵向互通与横向共享。

8.3 小结

随着信息技术的发展和互联网的普及，电子政务的部署已成为衡量一个国家和地区信息化建设水平及综合治理能力的重要指标。作为电子政务体系构建的重要环节，电子政务服务体系需要协同政府、企业和公民三个实体之间的信息交互与共享，对政府部门进行组织结构的重组及业务流程的再造，以提高政府部门的运行效率，并为公众提供便捷优质的服务。

在当代技术浪潮背景下，电子政务服务系统应结合自身松耦合、分布式的特点，与雾计算、边缘计算等先进技术进行探索性的融合，借助前沿信息基础设施和相关数据分析技术不断实现演化与迭代，向社会提供高水平的管理和服务。

8.4 思考题

1. 简述电子政务服务体系架构。
2. 电子政务应用系统开发设计和实现过程中应遵循哪些原则？
3. 电子政务中服务性能监管、评估与验证工作包括哪几个部分？

8.5 参考文献

[1] HASSAN M H, LEE J. Policy makers' perspective towards e-Gov success: A potent technology for attaining Good

Governance in Pakistan[C]//2015 Fifth International Conference on Digital Information Processing and Communications. IEEE, 2015:272-281.

[2] PAPADAKIS A, RANTOS K, STASIS A. Promoting e-Gov Services: e-Document Interoperability across EU [C]//2011 15th Panhellenic Conference on Informatics. IEEE, 2011:304-308.

[3] 龙怡,李国秋. 信息惠民政策下的政府信息生态链研究: 基于G2C电子政务中信息共享需求分析[J]. 电子政务, 2017 (2):106-116.

[4] CARROMEU C, PAIVA D M B, CAGNIN M I, et al. Component-Based Architecture for e-Gov Web Systems Development[C]//2010 17th IEEE International Conference and Workshops on Engineering of Computer Based Systems. IEEE, 2010:379-385.

[5] KIM Y H, PARK Y. e-Gov Net Based Emergency Management Service[C]//2008 Second International Conference on Future Generation Communication and Networking. IEEE, 2008:237-240.

[6] 安军. 电子政务大数据云中心体系架构分析[J]. 大陆桥视野, 2017 (6):83-84.

[7] SINGHAI A J, FAIZAN D. Transition of Indian ICT processes to smart e-services-way ahead[C]//2016 International Conference on Advances in Computing, Communications and Informatics. IEEE, 2016:1479-1486.

[8] 刘秀凤,徐华伟,张长立. "互联网+"理念下电子政务实验室建设与发展[J]. 实验技术与管理, 2017, 34 (7):219-221.

[9] 龙怡,李国秋. "互联网+政务"视域下G2C电子政务中信息共享的合作博弈研究[J]. 情报科学, 2017, 35 (5):34-41.

[10] KAMOUN A, KACEM M H, KACEM A H, et al. Feature Model based on Design Pattern for the Service Provider in the Service Oriented Architecture[C]//2017 17th International Conference on Sciences Enterprise Information Systems. 2017:111-120.

[11] BRUECHER H, KLISCHEWSKI R, SCHOLL J. Information technology and public administration it-enabled government services (e-gov-services) minitrack[C]//36th Annual Hawaii International Conference on System Sciences. IEEE, 2003:145.

[12] 丁艺,刘彬芳,刘越男. 我国电子政务在线服务发展现状评估: 基于中国338个城市的实证研究[J]. 情报杂志, 2017, 36 (1):136-141.

[13] MISHRA S, KUMAR C. Improving the trust of end users in enterprise SOA using combinatorial group testing methods[C]//2017 Twelfth International Conference on Digital Information Management. 2017:144-149.

[14] WADJDI A F, BUDIASTUTI D. E-gov adoption model of the military organization in Indonesia[C]//2015 International Conference on Science in Information Technology. IEEE, 2015:73-78.

[15] BORYLO P, LASON A, RZASA J, et al. Energy-aware fog and cloud interplay supported by wide area software defined networking[C]//2016 IEEE International Conference on Communications. IEEE, 2016:1-7.